덧붙이는 은혜

Added Grace

덧붙이는 은혜

김신혜 지음

좋은땅

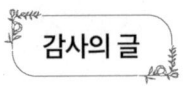

감사의 글

박사과정 중에 특별히 시간을 내어 책을 다듬어 주신 이장우 목사님께 감사드립니다. 존경하는 사역자님들, 사랑하는 지인들, 보석 같은 친구들 그리고 하나뿐인 남편, 추천의 글들이 큰 힘이 되었습니다.

특별히 내 삶에 큰 기쁨을 안겨 준 값진 선물 막내딸, 자기 이야기 써도 된다고 허락해 준 것에 대해 고마운 마음 가득입니다. 가출의 이유는 학교 가기 싫은데 학교 안 가면 큰일이라도 날 것처럼 난리 치는 집이 싫어서였다고 고백하는 어떤 이의 간증을 들으며 기다려 주지 못한 것이 후회로 남습니다.

변함없이 지원해 주는 남편과 성실한 네 아들 두 자부에게 감사를 전합니다.

우리 가족을 정말 훌륭히 섬겨 주시는 둔내감리교회 성도들과 이한 담임목사님께 감사드립니다.

마지막으로 전문적으로 친절하게 도와준 『나는 코아였다』 작가 허선화 선생님께 감사를 전하며 집필 중에 태어난 넷째 손주 '결이야, 할머니가 사랑해!'

무엇보다, 가장 진실한 감사를 나의 주 예수님께 드립니다. 어떤 말로도 주님이 나와 당신의 사람들을 위해 하신 모든 일에 대해 완벽하게 감사를 표현할 수 없을 것입니다. 내가 표현할 수 없는 이상으로 그분을 사랑합니다.

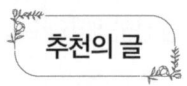

　이 책은 저자 딸과 어머니의 삶이 덧붙여 고난 속 불꽃 같은 삶의 이야기입니다. 저자는 글에서 어머니가 한 번도 평범한 인생을 살아 본 적이 없다고 하며 왜 그렇게 사셨는지를 묻습니다. 그리고 자신의 삶도 평범하지 않음을 절절히 말하며 어머니처럼 잘 이겨 내기를 바랍니다. 어머니께서 하늘나라에서 기도해 달라 합니다. 저도 그와 같은 마음으로 평범해 보이지만 결코 평범하지 않은 불꽃 같은 삶을 살아가는 많은 이들에게 커다란 위로와 깊은 지혜를 주는 책이 되기를 소망합니다.

- 둔내감리교회 담임 목사 이한

　친구(목사)가 이 책에 대해 평을 했다. 수많은 책을 읽으며 단번에 끝까지 읽기가 쉽지 않은데 이 책은 중도에 멈출 수가 없었다고. 그 이유는 읽는 내내 감동에 은혜가 더해지는 즐거움이었다고 내게 전해 주었다.
　글에 나오는 나의 아버지의 개척 정신은 우리 모두를 강하게 만들어 놓았고, 어머니는 각박한 살림으로 성미에 끼니를 의존하던 때, 쌀독에 쌀이 가득 차기라도 하면 손님과 거지들이 끊임없이 찾아오고, 쌀이 떨어지면 신기하게 손님도 거지도 뚝 끊어져 필요를 따라 채우시는 하나님에 대한 신뢰와 어떠한 형편에서도 자족할 줄 아는 어머니의 믿음 고백이. 내가 평생을 사역자로 묵묵히 갈 수 있었던 원동력이 되었다고 생각된다.
- 옥토교회 원로 목사 김신성, 저자의 큰오빠

  이 책은 북에 남으로, 도시 주변 마을에서 강원도 산골 마을로 등 여러 지역적 경계를 넘으며 100여 년에 걸친 질곡(桎梏)의 한국 근현대사를 배경으로 한다. 여기서 4대의 가족들은 시대적 아픔을 가슴으로 끌어안아 삼팔선과 같이 생명을 담보로 넘어야만 하는 혈육적 가족 개념을 이미 넘어 살아가고 있다. 책에서 두 모녀가 직면한 삶의 고난과 여러 정황을 영화 보듯 속마음과 행동을 진솔하고 섬세하게 글로 펼쳐 그려 내 순간순간의 장면은 연한 아침 풀잎처럼 시작하는 것 같지만 이내 긴 한낮의 불꽃 같은 사랑의 열정을 고뇌, 눈물과 기도가 범벅된 채 이리저리 끈질기게 지속하여 마침내 밀레의 만종(晩種)처럼 감사로 튼실한 열매를 맺어 가는 아름다운 장면으로 살아 낸다. 과연 무엇이 그런 삶을 살아 낼 수 있게 할까? 우리는 그 숨겨진 그들의 내면의 비밀을 이 책의 책장 하나하나를 넘겨 가며 기어이 찾아낼 것이다. 그래서 여성으로서, 엄마로서, 성경의 하나님을 믿는 신앙인으로서 수없는 감내의 수고로 일궈 낸 산 간증 하나하나가 누군가에게 살아갈 용기가 될 금광맥(金鑛脈)일 것이다. - 실천신학대학원 대학교 박사과정 목사 이장우

이 책은 현대사의 아픔 속에서 소명의 길을 걸어가고자 몸부림친 신앙 자서전입니다.

시대의 격랑을 온몸으로 겪어 낸 한 어머니의 불꽃 같은 삶과, 그 불꽃을 이어받아 "덧붙이는 인생"을 살아 낸 딸의 여정이 이 책에 깊이 새겨져 있습니다.

해방과 분단의 소용돌이 속에서 남과 북을 오가는 절박한 선택, 제주 4.3과 6.25를 지나 거문도, 강원도, 서울로 이어진 어머님의 삶은 고통의 기록인 동시에 신앙의 서사였습니다.

저자는 그 삶을 불꽃이라고 말합니다.

그리고 그 불꽃은 한 세대를 지나 딸에게, 곧 저자에게 이어졌습니다.

저자는 '덧붙이는 인생'을 살아갑니다.

낳은 아들 하나에 그치지 않고 네 명의 아이를 더 입양하며 가정을 이룹니다.

뇌 병변을 가진 아들을 품고, 끝내 재활의 성과를 이루어 낸 정성은 그 자체로 한 편의 헌신이자 사랑의 언어입니다.

막내딸이 감당할 수 없는 아픔을 겪고 있을 때도 그 과정을 통해 하나님의 사랑을 더 깊이 묵상하게 되었고, 본인 또한 뇌종양과 녹내장을 앓는 어려움 속에서도 묵묵히 신앙의 길을 걸어갑니다.

이 책은 '덧붙이는 인생'이 결코 무거운 짐이 아님을 증언합니다.

사랑을 덧붙이고, 눈물을 덧붙이고, 믿음을 덧붙이는 삶은 오히려 하나님 나라의 생명력을 가장 풍성하게 드러내는 길임을 보여 줍니다.

고난을 통과하며 더욱 투명해진 신앙, 사랑을 삶으로 살아 낸 이야기, 그리고 아무 말 없이 그 길을 걸어가는 한 사람의 증언이 독자들에게 깊은 울림을 줄 것입니다.

이 책은 지금도 '덧붙이며 살아가는' 모든 이들에게, 삶의 의미와 위로를 전하는 소중한 선물이 될 것입니다.

- 새기쁨교회 목사, 샬롬 자유 교육 공동체 대표 전택보

불모지와 광야 같은 이 세상에서 불기둥·구름 기둥으로 인도하셨던 에벤에셀의 하나님!

지난날의 아픔과 어려움 속에서도 감동을 주신 주옥같은 간증문을 집필하시고 가족을 통해 섬김의 축복을 주셨습니다.

주님께서 찾아와 주셔서 만남을 통해 새롭게 거듭남의 체험을 통해 주님의 은혜를 접하며 희망이 생겼습니다.

역전의 드라마 같은 믿음의 삶을 살아가며 하나님 사랑과 은혜 가운데 영광과 축복의 시간이 되었습니다.

- 푸른초장교회 장로 박수복, 교직 정년 퇴임

저자의 친정 가문의 신앙 역사와 저자의 간증을 접하면서 나름 장로로, 목사의 아버지로, 신앙인으로 살고 있다고 자부하고 살아왔던 나의 작고 초라한 모습으로 인해 부끄러워짐을 새삼 느끼게 됩니다.

이 책을 통해 많은 이들이 하나님은 살아 계시고 언제나 우리와 함

께 계시는 분이심을 깨닫게 되고, 입양을 두려워하는 이들이 자녀가 힘들게 하는 면이 있어도 그들을 통해 얻어지는 기쁨이 더욱 크듯이 입양 또한 큰 기쁨과 행복을 가져다주는 하나님께서 허락하신 은혜임을 깨닫는 소중한 기회가 될 수 있기를 간절히 기대해 봅니다.

- 횡성제일감리교회 장로 정병무, 횡성군청 정년 퇴임

  험한 세상 풍파 속에서 살다 가신 어머니의 숭고한 사랑과 믿음을 보면서 자란 작가는 어머니의 삶이 억센 가시덤불과 같은 굶주림 속에 상처와 고통으로 갈라지고 찢기고 터진 삶 속에서 하나님을 향한 믿음을 발견한다. 입양은 누구를 위한 것이 아니고 바로 나 자신을 위한 것이며 자신의 연약함을 정체성 혼란으로 방황하는 아이들을 위해 나의 정체성을 찾아간다는 것은 큰 축복으로 생각하고. 지금은 산촌에 살면서 5채의 농가를 구입하여 외국인 노동자들의 숙소로 내어 주고 두 부부는 무료로 성경을 나누어 주는 복음 전파의 한국 국제 기드온 협회 회원으로 활동하고 있다.
  '바람에 흔들리는 나무는 뿌리를 더 깊게 내린다'는 말을 생각나게 한다.

- 원주제일감리교회 장로 윤영한, 신림중학교 교장 퇴임

  저자의 부모 세대가 겪었던, 어쩌면 그 시대를 살아남은 분들의 애환이 저자의 붓끝에서 생생하게 살아나 온몸을 전율케 합니다. 첫 페이지를 열고나면 어느새 끝을 알리는 시그널이 아쉬움으로 다가옵니다.

어머님의 삶이 대를 잇는 사랑의 씨앗이 되어 저자의 마음 밭에 그 사랑의 열매를 맺어 가는 삶은 우리에게 큰 귀감을 주고 있습니다.

- 둔내 감리 교회 집사, 시인 황도정, 황금찬 시인 아들

일제 치하, 남북 분단, 6.25 전쟁, 제주 4.3 사건, 한강의 기적, IMF 그리고 현재에 이르기까지 격동의 우리 근현대사가 고스란히 기록되어 있기에 저는 마치 타임머신을 타고 역사 속으로 들어간 듯 저자와 호흡을 같이할 수 있었습니다.

평범하면서도 보통 사람과는 다른 듯한 저자의 인생 부침(浮沈)엔 늘 기적 같은 일들이 일어납니다. 그리고 그건 하나님의 뜻과 은혜가 아니었다면 도저히 이루어질 수 없었다는 걸 깨달으며 저자는 자연스레 하나님을 의지하며 경외하게 됩니다.

아무나 실천할 수 없는 입양을 몸소 행하는 저자를 지근 거리에서 지켜보는 것은 꽤 기쁘고 반가운 일입니다. 어떤 방식으로라도 우리 사회에 보탬이 되는 역할을 해야겠다는 속 다짐을 하게 만드니까요.

- 둔내감리교회 집사, 수필가 최우인

어머니라는 모티브(motif)를 통해 우리 속에 불씨로 남아 있는 어머니의 사랑을 생각나게 했습니다. '고난은 축복이다'라는 성경 구절이 있는데 아마 이 말씀이 저자의 삶을 대변하는 말씀이 아닌가 생각이 듭니다. 요즘같이 가슴이 메마르고, 영적으로 가뭄이 드는 이때 이 책

은 단비와 생수와 같은 아름답고 행복한 삶의 지표가 될 것입니다. 또한 답답하고 찌든 세상을 말끔하게 씻어 주는 귀한 책이 될 것입니다. 마지막으로 이 책을 읽는 자마다 무디어진 마음과 생각과 삶이 가슴 속에서 숨겨졌던 어머님의 사랑으로 다시금 일깨워지는 시간이 되기를 진심으로 기도합니다.

- 처음사랑교회 목사 이규호

　표현조차도 어려운 아픔과 고통, 괴로움을 견디어 내면서 예수님의 뜻대로 사랑과 봉사를 실천하기란? 쉽지 않았을 터인데, 저자의 주변에서 이 모든 삶을 지켜본 나는 '고통과 아픔, 괴로움은 하나님께서 주는 것이고 어떻게 헤쳐 나아갈 것인가? 그러나 당황하지 말고 마음속에 고난은 유익이라는 믿음으로 헤쳐 나갔다'고 했다. 저자의 살아온 여정, 역경을 눈물겹게 엮어 낸 참 기록이 담겨 있어 진한 감동이 가슴속 울림으로 다가왔다.

- 박상준, 육군 장교 복무, 불교

　내가 걸어 보지 못했지만 내가 걸었던 것같이 내가 살아오면서 마주했던 신앙이 또 나의 삶이 느껴 보지 못했지만, 저자의 생 속에 느낌이 어땠을까? 하는 생각으로 나의 생이 하나님과 어떻게 어우러져 지나왔을까를 느끼게 한다.
　믿음의 힘 또 삶 속에 믿음이 얼마나 다른 모양으로 비추어지는 것을 느끼게 하는 것들이 내가 살았던 세상과 다른 세상을 보게 하는 글로써 신앙 속에 있는 하나님이 또 다른 세상을 느끼게 하며 어떤 간증

보다 새로운 체험을 갖게 한다.

　우리가 지나쳐 온 걱정으로 주저했던 것들을 모두 다 하나님이 보여 주신 믿음으로 해결했음을 깨우쳐 주는 글을 읽게 되어 감사의 시간을 가지게 된다.

- 권용덕, 캐나다 거주 카톨릭

　글 속에는 가정에 대한 깊은 애정, 신앙의 고백, 그리고 일상 속에서 발견한 하나님의 은혜가 담담하면서도 깊이 있게 그려져 있었습니다. 특별한 수식 없이도 진정성이 느껴지는 문장 하나하나가, 읽는 이의 마음을 따뜻하게 감싸안아 주는 듯했습니다.

　평범한 일상을 살아가는 이들에게 위로와 공감을 전하는 귀한 글입니다. 한 사람의 독자로서, 또 삶을 함께 나눈 친구로서 이 책이 더 많은 분들에게 은혜와 사랑의 메시지로 다가가길 바랍니다.

- 둔내장로교회 권사 백승자

　인생의 오후를 지나 밤을 향해 가는 우리 삶 속에 때론 수고롭고 기뻤고 지쳤던 수많은 세월 속에 하나님 영광을 아름다운 천국 음악으로 빚어 낸, 서로가 무관심 속에 깊은 관심으로 수다스럽지 않게 하나님 나라를 향해 가는 믿음의 동지로 함께 가는 길이 행복합니다.

- 둔내감리교회 권사 전경애

　누군가의 삶이 한 권의 책이 된다는 것은 그 자체로도 놀라운 일입니다. 그러나 아내 김신혜의 이야기는 단순한 전기적 기록을 넘어, 하나님의 깊은 손길과 사랑이 스며든 살아 있는 증언입니다.

함께한 세월 동안 저는 그녀의 삶이 고난 앞에서 움츠리기보다는, 오히려 더 크게 열매 맺는 씨앗처럼 자라나는 것을 목격해 왔습니다. 입양이라는 길, 사역이라는 여정, 중보와 돌봄의 사명을 감당하면서도 감사와 기쁨을 놓치지 않았던 그녀의 걸음걸이는 저에게도 늘 도전이자 은혜였습니다.

그녀는 많은 사람에게 '대단하다'는 말을 들어 왔지만, 그 안에 숨어 있는 수많은 눈물과 기도, 고백은 오직 하나님만이 아시리라 믿습니다. 이 책을 통해 그녀의 삶과 고백이 누군가의 불 꺼진 마음에 다시 불을 지피는 위로와 소망의 등불이 되기를 바랍니다.

하나님께서 한 사람의 삶을 통해 이토록 깊은 이야기를 써 내려가셨다는 사실이 감사할 뿐입니다. 그리고 그 곁을 함께 걸을 수 있었던 것이 제 인생에 주어진 가장 큰 선물 중 하나였습니다.

- 시동 중앙 교회 장로 유영선, 저자의 남편

부모님의 서사와 입양 자녀를 키우며 경험한 자신의 이야기를 한 권의 책으로 엮어 냈습니다. 길게는 조부모 대부터 자녀 세대까지 사대를 아우르는 긴 가정사이고, 짧게는 부모님과 저자의 개인사라고도 할 수 있는 책입니다. 1부는 소설처럼, 영화처럼 숨 막히는 긴장감을 느끼게 하는 믿기 어려운 부모님의 이야기를 전달합니다. 전쟁의 포화 속에서 살아남기 위해 목숨을 건 탈출을 감행한 에피소드들은 우리 부모 세대의 보편적인 경험을 녹아 낸 것으로 감동을 자아냅니다. 긴박감을 잘 살린 문체와 탁월한 비유들이 돋보여 읽는 즐거움을 배가시킵니다.

2부는 저자가 입양 자녀, 특히 딸의 특별한 사춘기를 지켜보면서 엄마로서 자신을 성찰하며 성숙해지는 내용을 담고 있습니다. 비슷한 경험을 공유한 독자로서 저자의 마음이 깊이 다가왔습니다. 별개의 두 이야기 같지만, 세대를 통해 흐르는 신실한 신앙이 책에 통일성을 부여합니다. 인생의 후반기에 기억 속의 부모를 글로 소환하고 자신의 이야기를 진솔하게 들려준 이 책을 통하여 많은 이들에게 공감과 감동을 선사하기를 진심으로 바랍니다.

- 러시아 문학 연구, 번역가, 한남대 탈 메이지 교양 융합 대학 강사,
『나는 코아였다』 작가 허선화

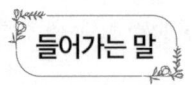

'덧붙이는 은혜'

다섯 남매가 엄마와 함께 있을 때는 교회 열심히 다니고 가정예배 꼬박꼬박 참여했다.

어느, 순간 결혼도 하고 취업도 하고 기숙사로 부모 곁을 떠나는 순간 환경에 지배를 받으며 주님도 떠난다.

'어머니, 언젠가는 꼭 돌아올 거예요. 너무 조바심 내거나 강요하지 마세요 그러면 더 오래 걸릴 수도 있어요' 유일하게 배 아파 낳은 큰아들 전도사의 충언이다.

그래서 생각했다. '외할머니의 하나님 엄마의 하나님을 아이들에게 말해 주어야겠다'고.

친정 부모님은 신앙을 지키기 위해 목숨 걸고 삼팔선을 넘어오셨다.

내가 고등학교 다닐 즈음, 1970년대 잠실 개발로 어느 날 아침 눈을 뜨니 친정어머니는 상상 못 할 거부가 되어 있었다.

그러나 한순간 그 많은 재산을 다 날리는 고통 중에 친정어머니는 칠순을 맞았고 그때 그 이야기를 기록으로 남겼고 그 이후 어머니는

23년을 건강하게 사시다가 93세에 하나님 품에 안겼다.
많은 사람들이 그 이후의 일을 궁금해한다. 잘 사셨을까?
나 또한 칠순을 맞아 이제 그 답을 해야겠다고 펜을 들었을 때, 33년 전 어머니가 겪었던 고통 못지않은 시간 속에서 이 고통이 끝나면 멋지게 기록을 남기리라 계획했으나 여전히 끝나지 않은 고난 속에 4년을 질척거리다가 '아니다 그 대답은 나의 다섯 자녀 중에 누군가 해 주리라' 결정하고 여기서 나의 이야기도 어머니처럼 고통 중에 필을 놓기로 한다. 고난이 없는 것이 진짜 고난이라고 어떤 목사님의 설교를 들으면서 큰 위안을 받기도 했다.

불꽃처럼 살다 가신 친정어머니의 이야기를 정리하면서 나 또한 어머니 못지않은 불꽃이었음을~
그렇게 되면 3대 그리고 4대의 불꽃 같은 덧붙이는 은혜의 간증이 나오지 않을까?
유자녀 1명 입양 자녀 3명 위탁 자녀 1명 지적 장애 할머니 한 분과 함께 하면서 영광만 있었을까?
'어떻게 그런 삶을 사세요? 대단하세요!' 과분한 칭찬과 부러움을 사면서 변명이든 해명이든 해야 할 것 같아 펜을 들고 끄적이기 시작했다.
그러나 책을 엮기까지 두려움으로 다가온 것은 나의 연약함을 적나라하게 파헤쳐 벌거벗은 나를 보게 될 것이기 때문이다.

어머니의 삶이나 나의 삶이나 가장 지쳐 있고 힘들어할 때 주님도 가장 가까이 계셨다.

상처와 고통으로 갈라지고 터진 틈 사이로 여지없이 하나님의 은총이 스며들었다.

어머니의 삶은 찔리고 피 흘리는 것을 두려워하지 않는 삶이었다.

누구나 갈 수 있는 길은 아닌 것이 분명하다.

하나님은 나를 뛰어난 사람이 아니라 온전한 사람으로 만들고 싶어 하셨다. 책망할 것이 없는 사람, 누구와도 잘 어울릴 수 있는 사람, 혼자 뛰어난 사람이 아니라 그리스도 한 분 만으로 기뻐할 수 있는 사람으로 빚어 가셨다.

나의 의로움은 나의 행위에서 나오는 것이 아니라 하나님이 주시는 것이고 나는 그것을 믿어야만 했다. 나의 노력 안에는 분명 나의 행위로 의롭게 되고 싶다는 마음이 늘 있었던 거 같다.

국제시장 영화의 마지막 장면이 오버랩되며 황정민의 독백 '아버지 저 힘들었어예.' 패배자의 말이 아니라 치열하게 살았다는 고백으로 들렸다.

비참한 자리가 축복의 자리가 되기까지 긴긴 시간이 필요했다. 고난의 자리를 사용하시는 하나님, 악한 자가 우리를 만지지도 못하게 하시는 하나님, 성도의 고난을 허락하시는 하나님, 까닭 없는 고난이 있을까?

어머니의 삶을 엮으며 거기에 내 삶을 빗대어 이어 가다 보니 우리 모녀의 삶이 많이 닮아 있었다.

　어머니의 이야기도 고통 중에 글이 끝났고 나의 이야기도 고통 중에 글을 마감했다.

　해피엔딩을 기대했던 독자들은 허탈감에 빠질지도 모르겠다. 그러나, 지금도 고난 중에 있는 분이 이 책을 읽는다면 지금의 고난에 당황하지 말고 '고난은 유익이라' 고백할 수 있기를 기대한다.

　나의 고난은 어머니의 그 고난처럼 다시 또 대를 이어 갈 수 있는 은혜이길 바라 본다.

　고난은 브레이크와 같다는 생각을 늘 했다. 나를 더 이상 전진하지 못하도록 멈추게 하는 브레이크, 악으로 달려가는 발길을 끊어 내는 브레이크, 고난이 아니었다면 난 멈추지 못하고 많은 사람들에게 상처를 주었을 것이고 나 역시 실패한 삶을 살았을지도 모를 일이다.

　바울은 안디옥 교인들에게 '우리가 하나님의 나라에 들어가려면 많은 환난을 겪어야 할 것이니라(행 14:22)'라고 말했다.

　바울은 고난이야말로 하나님의 나라를 위해 우리를 준비시키시는 그분의 방식이라는 점을 자신의 서신들에서 반복적으로 설명한다.

　베드로는 하나님께서 시련을 통해 우리 믿음을 황금으로 아름답게 정련시키는 용광로로 사용하신다고 말한다.

"요한복음이 21장에서 끝나고 있으나 22장 한 장 더 붙이는 것이 은혜입니다.

사도행전이 28장으로 끝나고 있으나 29장 한 장 더 붙이는 것이 은혜입니다."라는 담임목사님의 설교 말씀을 듣는 순간 제목을 '덧붙이는 은혜'로 잡았다.

어머니의 역사 기록은 70에서 멈추었고 그리고 23년 침묵하시고 93세에 하나님 품에 안기셨다.

그리고 나 또한 어느덧 어머니의 그 나이가 되어 있었다.

흔들릴 때마다 다시 사명의 자리로 이끌어 주신 어머니의 삶의 역사가 은혜다.

'그래 나는 어머니의 은혜에 덧붙이는 삶을 살았구나.' 그럼 나의 자녀들도 나의 은혜에 덧붙이는 삶을 이어 나갈 것을 기대하는 마음으로~

어머니의 결말을 궁금해하시는 분들에게 나의 삶을 통해 답을 드릴 수 있어 기쁘다.

이 책을 읽으시는 분들이 나의 남은 삶에 대해 궁금해하지 않을까? 그 답은 다섯 자녀 중 누군가 할 것이라 기대하면서~

목차

감사의 글 4 | 추천의 글 6 | 들어가는 말 16

1부 친정어머니의 이야기

요람기 24 | 삼팔선의 봄 27 | 제주도 4.3 사건 50 | 두 딸의 죽음 54 | 제주도에서 58 | 6.25 전쟁 발발 67 | 거문도섬으로 81 | 강원도에서 서울로 91 | 싸우고 미워하고 106 | 입양 115 | 도시 개발 122 | 문제를 자꾸 주십니다 128 | 불의한 청지기 139

2부 엄마를 닮은 딸 이야기(수필)

우리 가족 이야기(2015년 샘터 수기 당선작) 142 | 입양한 둘째 아들 장가 가던 날 148 | '완치가 불가능하다'는 녹내장 152 | 바디매오의 기적 156 | 뇌종양으로 주님을 인격적으로 만나다 159 | 나는 행복한 암 환자 165 | 식품위생법 위반에 걸리다 173 | 고질병인 염려 근심 사라지다 177 | 회전근개파열 180 | 우리 품에 안기다 181 | 반전의 묘미 186 | 막내딸이 사랑에 빠지다 189 | 아이들이 꿈을 꾸다 193 | 거꾸로 사는 삶 195 | 성실한 게 죄라고요? 200 | 방학은 자꾸 길어지고 있었다 202 | 칭찬 릴레이 206 | 마음이 가난해지는 복 210 | 넷째 아들의 격동기 213 | 위기는 언제나 기회로 216

3부 정체성 찾아가기

사춘기와 갱년기의 격돌 221 | 딸 버티어 주어서 고맙다 228 | 단식원에서 사춘기를 고친다고? 231 | 최악의 상황이 최고의 간증이 되다 239 | 보기 싫은 그 사람에게서 왜 내 모습이 보일까? 246 | 어머니는 나의 멘토 252 | 없고 없고 없어도 259

4부 하나님이 하셨구나!

거룩한 장소 267 | 나는 왜 일을 하는가? 273 | 사람들이 종종 나에게 이런 질문을 한 적이 있다 279 | 이는 너를 낮추시고 너를 시험하사 네게 복을 주려 하심이라 286 | 맹수일수록 두려움이 많다는 거 아시나요? 290 | 막내딸 학교에 특강을 가다(샬롬자유학교) 294 | 전도 편지 307

나가는 말(에필로그) 312

1부
친정어머니의 이야기

요람기

　신앙의 대선배이신 나의 든든한 뿌리로서 늘 힘이 되어 주신 어머니에 대해 이야기를 시작해 보려고 한다. 평안북도 신의주와 선천읍 중간 지점에 신부면 논곤리라는 한 마을이 있다.
　그 마을 입구에서 산모퉁이를 돌아서면 초가집 두 채가 나란히 있는데 그중 하나가 바로 어머님이 태어난 고향 집이다. 집 앞 오리정도 내려다보이는 산 아래로 6~70호 정도의 초가집들이 평화스러운 전형적인 농촌의 모습을 하고 있는 그 마을엔 어머니가 다니던 논곤교회가 있었다.
　장년들의 수만 70여 명 되었고 장로님들만 해도 다섯 분이 계셨고 외할머니와 외삼촌은 집사의 직분을 가지고 있었다.
　교육적 차별과 개화를 부르짖던 일제시대에 우리의 사상과 풍속을 보존할 힘을 잃은 채 속박과 수탈의 한이 가슴 깊이 새겨졌던 시절 1922년 11월 어머니는 4남매 중 막내딸로 태어나 귀여움을 독차지하며 자랐다고 한다.

외할머니가 계시는 곳에는 반드시 막내인 어머니가 곁에 있어야 당연한 것처럼 아무튼 끔찍이도 할머니를 따라 다녔다고 한다.

주일이면 온 식구가 5리 정도 떨어진 교회로 향하곤 하는데 특히 어머니를 예뻐해 주신 외할아버지께서는 여섯 살이 되도록 업고 다니셨다고 한다. 추운 겨울엔 두루마기 속에 업으시고 두루마기 옆구리에 손을 넣도록 뚫린 구멍으로 어머니는 얼굴을 내밀고 밖을 살피며 갔다.

동네 사람들은 어머니 고향 집이 산모퉁이에 있다고 하여 모름 거리 집이라고 불렀다.

5일에 한 번씩 열리는 장날이면 선천읍에 있는 장터에 가기 위해 이웃 동네에서도 으레 산모퉁이를 돌아 어머니 집 앞 큰길을 지나야 했다.

외할아버지는 그들을 위해 집 앞 도로 양쪽 편으로 버드나무를 심어 놓고 그 나무 밑둥이에다 열서너 개쯤 편편한 큰 돌판을 하나씩 받쳐 놓아 나뭇짐 혹은 쌀 짐을 지고 장에 가던 사람들이 그 돌판 위에 앉아 쉬어 갈 수 있도록 했다.

또 추운 겨울엔 아예 방을 하나 비워 두고 화롯불 피워 놓은 채 시린 손발을 녹여 가라고 내주기도 하였다.

'여보게! 모름 거리 집에 들러서 몸 좀 녹여 가세' 하는 말이 장을 보러 다니는 그들 사이엔 공공연한 얘기로 오고 갈 정도로 모름 거리 집을 모르는 사람이 없었다고 한다. 특히 명절 때만 되면 어머니 집 앞에서는

"계십니까?"

"뉘시오."

"몸 좀 녹여 가려구요!"

"들어 오시오!"

명절을 지내기 위한 생선 옷가지 등을 사 들고 가던 사람들로 북적대곤 했다.

생각해 보면 누구에게나 인자하시고 다정다감하셨던 외할아버지가 눈에 그려진다.

외할머니는 가정의 평화를 무엇보다도 중요시했던 참으로 지혜로우신 분이셨다.

할아버지 할머니 외삼촌 둘 외숙모 둘 이모 그리고 어머니를 비롯해 친척들이 끊일 사이 없이 며칠씩 묵곤 했었고 동네 분들도 줄곧 드나들었고, 누구든지 불평이라도 할라치면 중간 역할을 잘해 외할머니 앞에서는 함부로 남의 험담을 늘어놓질 못했다고 한다.

흔히 있는 고부간의 갈등이란 걸 모르는 집안이라고 칭찬이 자자했었다.

외숙모들의 성격이 좋지만은 않았음에도 불구하고 외할머니는 늘 동네 분들께 우리 며늘아기 없이는 못 살겠다며 자랑을 하셨고, 그런 칭찬을 받은 외숙모들은 외할머니를 지극한 정성으로 극진히 모셨던 것으로 어머니는 기억하고 계셨다.

어머니가 어느 정도 성장했을 땐 산새 우는 소리가 들리고 졸졸 흐르는 시냇물 소리도 들으며 여느 아이들처럼 공깃돌 주워 공기놀이도 하며 새끼줄 잡고 일본 노래 부르며 고무줄 하던 어린 시절을 보냈다.

특히 잊을 수 없는 일은 청년 시절 교회 청년들과 어울려 이 교회 저 교회 부흥회마다 몇 십리 길을 마다 않고 열심히도 몰려다녔다.

그럴 때마다 찬양 시간에 들었던 오르간 반주하는 소리에 넋을 잃곤 하셨는데, 흰 무명 저고리 소맷부리가 넘실넘실 춤출 때마다 '나도 결혼을 하면 꼭 딸을 낳아서 교회 반주를 시켜야지' 하며 소원을 빌었는데 어머니의 둘째 딸인 나로 인해 그 소원을 이루었다.

어머니가 20세 되던 해 외사촌 언니의 중매로 선천읍에 살고 있는 한 청년을 소개받게 되었고 청년의 아버지는 상업을 하고 계셨으며 청년의 어머니는 성경학교에 다니신다고 했고 청년은 신앙이 매우 좋다는 한마디에 다른 것은 아무것도 물어보지 않고 결혼하셨다. 그분이 나의 아버지 김두혁 목사님이다.

삼팔선의 봄

1942년 20세 되던 해 줄을 잇던 좋은 혼처 자리를 다 마다하고 신앙만을 고집하던 어머니는 21세였던 아버지를 선택하신다.

그다음 해 큰오빠를 낳았고 아버지는 일본인 회사 철도국에 근무하던 중 만주 즙안현으로 파견 나가게 되었다. 한국의 끝이라 불리는 강계를 지나 통화성에 3년 동안 근무하게 되면서 찾아갔던 교회는 다 쓰러져 가는 초가집이었고 성도는 나이 많으신 할머니 한 분뿐이었다.

당시 집사였던 아버지가 열심히 사역하는 가운데 교회는 점차 부흥되었고 연로하신 목사님을 모시고 30명 정도의 성도가 자리 잡아 갈 즈음 1945년 8월 15일 해방을 맞아 아버지와 함께 두 남매를 데리고 고향인 평안북도 선천으로 돌아오게 된다.

당시 그곳엔 우리나라의 선교 요지로서 동교회 남교회 서교회 북교회 네 교회가 자리하고 있었는데 아버지는 북교회 집사로 봉사하고 있었다.

곧이어 삼팔선이 막히고 소련군들이 점령한 이북에선 '김구 이승만 타도'를 외치며 아버지에게 선전부장을 맡아 줘야겠다는 압력이 왔는데 그들의 요구를 거절하자 협조하지 않는다는 이유로 그들에게 불순 인물로 주목을 받게 되었고 결국 아버지는 가족들을 고향에 남겨 둔 채 혈혈단신으로 삼팔선을 넘게 된다. 갑자기 변화한 경직된 공산독재 체제 속에서 처음에는 질식할 것 같은 답답증을 느꼈지만, 그것을 누구에게도 말할 수는 없었다. 악착같이 끈질기게 물고 늘어지는 공산 측의 온갖 흉계를 실제로 체험한 아버지는 가족을 뒤로한 채, 친구와 단둘이 밤을 이용하여 남하할 수밖에 없었다고 한다.

철도청에 근무했던 아버지는 황해도 해주를 잇는 해주 선을 이용하기로 한다. 바다와 가까운 데다 산을 등지고 있어 그 방향이 가장 유리

할 것 같은 예감에서였다.

무거운 침묵 속에 웅크리고 있는 산등성이가 차츰 내려앉는 어둠 속을 헤치며 한참을 걸었다. 험준한 산에 비하여 의외로 나무가 적었기 때문에 능선의 우묵한 곳이나 바위 그늘에 몸을 숨겨 가며 어려운 전진을 계속하고 있었다.

실눈썹 같은 그믐달마저 구름 속으로 숨어 버리자, 산은 완전히 칠흑 같은 어둠으로 둘러싸였다. 그 어둠 속에서 오랫동안 끈질기게 남쪽을 향해 전진하고 있었다. 가는 길목이 모두 전방 지역이기 때문에, 아버지는 인민군 초소를 피하기 위해 산길로 우회해야 했다.

둘은 이미 수소문해서 대강 알고 있는 방향을 어림하여 계속 위태로운 걸음을 옮기고 있었다.

어느 산모퉁이를 돌았을 때였다.

숨 막힐 듯한 무거운 침묵을 견디기 어려웠는지 아주 작은 오그라진 소리로 둘은 주고받았다.

"아직 멀었나?"

"글쎄 거의 다 온 듯도 싶은데."

하며 두 그림자가 황해도 해주에 도착한 것은 새벽 한 시가 넘어서였다.

썰물이 되어 물이 빠져 버린 해주 모래사장을 바라보며 조심스럽게 전진하고 있을 때 어둠 속에서 부스럭거리는 소리가 들리더니 발소리가 그들을 향해 다가오고 있었다.

곧이어 급박한 소리가 날아 왔다.

'멈춰라.'

계속해서

'누구냐 암호를 대라.'

'자! 뛰어!'

누가 먼저랄 것도 없이 두 사람은 날쌘 동작으로 마침 썰물이던 해변을 향해 달리기 시작했다.

어디서 그런 힘이 솟아오르는지 모르게 그들은 무작정 치달리기 시작했다.

갑자기 사방에서 총소리가 들리기 시작했다.

'잡아라.'

머리 위로 총탄이 지나가고 있었다.

'주여 도와주시옵소서.'

입에선 자신들도 모르게 기도가 나오고 있었다.

사격은 점점 더 거세어지고 있었다.

소총 소리가 콩 볶듯이 들려왔고 사방에서 총탄이 튀고 있었다.

두 사람은 이를 악물고 달렸다.

사력을 다해 달렸다 어느새 밀물이 되어 들어오는 물을 가르며 힘겹게 건넜다 싶어 안심을 하고 보니, 함께 동행했던 친구가 보이지 않는 것이다. 아버지는 갯벌을 오르락내리락하며, 불러 보았으나 대답이 없다. 생사를 같이한 친구였는데, 그렇게 헤어진 것이 자꾸만 가슴이 아팠다.

'어딜 갔을까? 아마도 물에 휩쓸려 떠내려간 것이 아닐까?'

불길한 예감이 들었다. 이제 완전히 외톨이가 된 것은 아닌지 쓸쓸하고 허전하였다. 그 저주스럽던 북한 공산당들의 공격에서 벗어나긴 했지만 끝내 친구를 못 만난다면 어쩌나 해서 바다를 향해 소리쳤다.

'민구야.'

큰 소리로 불러 보았지만, 그의 모습을 찾을 수가 없었다. 그러나 단념할 수가 없었다. 갯벌 바닥에 꿇어앉아서 친구를 위해 간절히 기도했다. 하나님의 가호가 없어는 친구를 만난다는 것이 불가능하게만 느껴졌기 때문이다.

어느새 땅거미가 걷혀 가고 있었다.

이제는 몇 걸음 앞의 사람 얼굴을 분간할 수 있을 만큼 날이 밝아오고 있었다.

서러움과 허탈감에 북받쳐 썩은 나무토막 모양 맥없이 그 자리에 폭삭 주저앉고 말았다.

그렇게 주저앉은 채 멍하니 어떻게 해야 좋을지 미처 갈피를 못 잡고 있는데 그에게로 헐레벌떡 달려오는 그림자가 있었다. 씨익씨익 가쁜 숨을 몰아쉬면서 다가오고 있었다.

한 낯익은 얼굴을 발견하고 깜짝 놀랐다.

앗! 너는 민구! 친구였다.

믿기지 않는 듯 두 눈을 비벼 가며 그림자를 향해 소리쳤다.
"민구야!", "두혁아!"
어느새 두 손은 잡혀 있었고 곧이어서 상체가 서로 안겨졌다.
눈에는 축축한 것이 고이고 있었다.
서로 얼싸안고 울기를 얼마였을까 둘은 정신을 가다듬고 걷기 시작했다 두세 시간을 걸었을 때 두 사람 눈에 나타난 역, 그들은 뛸 듯이 기뻤다. 곧이어 열차가 도착했고 둘은 서울로 향하는 새벽 기차를 탔다. 출발한 기차가 요란한 굉음을 울리면서 서서히 북녘 하늘을 벗어났다. 차창을 통해 내려다보이는 건물들이며 밋밋한 야산들이 얼핏 얼핏 다가오는가 하면 휙휙 숨 돌릴 사이 없이 바쁘게 뒷걸음질 치고 있었다.
그처럼 스쳐 지나가는 차창 밖의 광경들이 마치 지난 일들의 온갖 사연을 일깨워 주는 환영의 토막처럼 보였다. 내린 곳은 용산역, 그곳에서 다시 버스를 타고 의정부 송추골에 사는 작은 할아버지 댁을 겨우 찾아 그곳에서 아버지는 머물게 되었다.
특별한 직업이 없어 고심하는 가운데 하루는 뒷산에 올라가 기도하고 내려오는 길에 바람에 날려 발에 채이는 신문 조각을 주워들었는데 경찰 모집 광고가 눈앞에 클로즈업되면서 응시하기로 결심한다.
특별히 책을 사 볼 형편도 못 되었고 작은 할아버지 댁 선반을 뒤적이다가 몇 권의 책을 골라 대충 공부를 한 것이 필기시험엔 무난히 합격을 하였다. 그러나 신체검사를 하는 과정에서 키가 작다는 이유로 불합격 판정을 받게 되었다. 그런데 옆에 앉았던 심사위원이 그다지 작아 보이지 않는데 다시 한번 재 보는 것이 좋을 것 같다며 재심사를 하게 되었고, 결국 합격하게 되어 경찰에 입문하게 된다.

작은 할아버지 댁을 나와 거처를 경찰관사로 옮겨 혼자 자취하며 밤 시간을 이용하여 야간 신학교에 입학을 한다.
아버지가 서울로 간 그 이듬해 어머니는 아버지의 소식을 듣게 된다.
그때만 해도 서울 중구 저동에 소재한 영락교회에 가면 이북에서 피난 온 성도들을 쉽게 만날 수 있었다.
아버지는 그곳에서 고향교회 성도들을 만날 수 있었다. 그 성도는 약장사를 하며 삼팔선을 넘나들었다. 그 당시엔 짐이 없는 맨몸으로는 자유롭게 드나들던 때였다.
아버지는 그에게 물었다.
"언제 또 이북에 갑니까?"
"예 이제 곧 갈 거예요."
"그럼, 우리 집에 가서 전해 주시오, 제가 용산 경찰서에 취직이 되어 어느 정도 자리를 잡았으니 아무 미련 없이 모두 이남으로 내려오시라고 전해 주시오."
아버지의 소식을 가져온 그 성도는 한밤에 어머니에게 찾아와 이불을 뒤집어쓴 채 귀엣말로 남편의 부탁을 전해 주고 돌아갔다.
5월 어머니는 가족을 이끌고 삼팔선을 넘기로 한다. 시아버님은 홀

이불과 옷가지, 냄비, 밥그릇, 수저 몇 개를 싸서 등짐 지고 시동생과 큰아들(당시 4세), 두 딸(2세, 1세) 그리고 어머니 이렇게 여섯 식구가 시어머님만 고향에 남겨 둔 채 삼팔선을 넘기로 하였다.

시어머님은 재산에 미련이 남아 끝내 고집을 피우시는 바람에 시아버지께서 "그럼 내가 아이들만 데려다주고 난 다시 돌아올 테니 기다리구려." 하셨다.

어머니는 그해 5월을 잊을 수가 없다고 하신다.

아침 일찍 밥을 뜨는 둥 마는 둥 시어머님만 홀로 남겨 둔 채 선천읍에서 기차를 타고 출발했다.

기차가 더 이상 갈 수없는 종착역 삼팔선에서 20리 못 미친 이북 어딘지 기억은 나지 않는데 내리고 나니 이쪽 어귀에서부터 오른쪽 등성이를 돌아 인민군들의 행렬이 시야를 막는다.

"예! 아가 인민군들이 어디 가느냐고 물으면 남쪽에 간다, 하지 말고 남편 만나러 해주에 간다고 하거라."

시아버님께서 일러 주신다.

그런데, 밖으로 나온 어머니는 깜짝 놀랐다.

역 앞에는 커다란 군용 트럭들이 다섯 대가 늘어서 있고 트럭의 조수석과 적재함마다 완전 무장한 인민군들이 타고 있어서 삽시간에 도로는 살벌한 분위기로 변해 있었던 것이다.

맨 앞의 트럭에서 허리에 권총을 차고 모자와 어깨에 붉은 별을 단

장교 하나가 뛰어내리더니 어머니 앞으로 다가왔다.

재빨리 주위를 돌아보았으나 뒤쪽으로 갈 수 없게 통로는 차단되어 있었고, 어차피 그들과 마주치지 않을 수 없는 형편이었다. 그는 할아버지를 막아서면서 말했다.

"어디 가시오?"

"아들이 해주에서 가마와 검은 솥 만드는 데서 일하는데 만나러 가오."

"조사할 것이 있으니 짐을 내려놓으시오. 아니! 이건 삼팔선을 넘으려는 짐 보따린데, 무슨 얘기를 하고 있는 거요?" 하고 고함을 지른다.

"허허 거짓말 못 하겠네, 그래요, 이남 갑네다. 아그들 애비가 이남에 있는데, 이 늙은이가 이 아그들을 어찌 키우갔오. 그래서 제 애비한테 데려다주고, 난 다시 고향으로 오갔시오, 부탁이니끼니 그냥 보내주시라요."

"김일성 반대하고 가는 것 아니오?"

"아니요, 절대 그런 것 없시오."

"그럼 가시오."

그냥 순순히 보내 주는 그들의 생각 저편에는 설사 우리가 너희를 놔준다 해도 결국 다시 붙들려 올 것이 분명하다는 속셈이 있었고, 어머니는 그것을 알 리가 없었다.

인민군들로 가득 메운 행렬을 따라 도로가 비교적 잘 정비되었다 싶은 길을 따라 계속 걷고 있는 어머니에게 왠 낯선 사내가 말을 걸어왔다.

"왜 이리 가시오, 이쪽으로 계속 가면 인민군의 소굴이니 저쪽으로

가 보시오."

그가 가리키는 방향으로 다시 가 보았지만 역시 인민군들이 들끓고 있었다.

득실대는 그들의 눈길을 피할 방법은 아무 데도 없었다. 그들을 만날 때마다 밭고랑에 앉아 쉬는 척하며

'주여! 저들의 눈을 가리어 주소서.'

기도하며 그들이 지나가기를 기다리는 수밖에 어쩔 도리가 없었다.

산은 갈수록 험했고, 길은 갈수록 가시밭길이었지만, 생존을 위한 필사적인 몸부림은 더 이상 지체할 수가 없었다.

초소를 피하는 행진은 계속되면서 마을로부터 좀 떨어진 산기슭에서 준비해 온 주먹밥을 먹으며 다시 남쪽을 향해서 걷기 시작했다.

이제 가족들은 휴전선의 북방 한계선을 향하여 가고 있는 것이다.

어느새 삼팔선에 가까이 왔다는 느낌을 받아 흥분을 감추지 못하며 조심스럽게 전진하고 있을 때 조그만 사내 녀석이 다가와서는 자기가 안내를 해 줄 터이니 따라오라는 것이었다. 그러나 왠지 마음이 내키지 않아 거절하고 어느 마을에 들어섰다.

조용한 것으로 보아 모두 숙청을 당했는지 개미 한 마리 볼 수 없는 빈집들만 즐비했다.

그날이 바로 5월 4일 삼팔선을 넘으려는 모든 사람들과 남한에서 이북으로 넘어오는 사람들을 모두 붙잡아 놓은 곳에 어머니도 함께였다.

족히 수백 명은 되는 듯했다. 함께 잡혀 있는 여자들에게 자세히 알

아보니 고개 하나만 넘으면 미군들을 만날 수가 있어 무사히 이남으로 갈 수 있는데 인민군들이 지키고 있어 그것 역시 어렵다고 했다.

그러나 한번 끌려 들어가기만 하면 다시는 빠져나올 수 없는 완전 폐쇄된 공산 지옥이라는 것을 뼈저리게 경험한 어머니는 이처럼 안심할 수만은 없다고 생각했다.

'아버님! 우리가 먼저 나갈 테니, 산모퉁이를 돌아서면 아버님도 즉시 따라 나오세요.'

라고 일러 드리고는 놀러 가는 양 아이를 하나씩 들쳐 업고 어느 산모퉁이를 돌았다.

살금살금 발을 옮겼다. 언제나 그랬듯이 그들이 꼭 뒤를 따라오는 것만 같았다.

그러나 아무 기척도 없다.

쌔엥 바람이 스쳐 갔다. 자세를 한껏 움츠리며 사방을 살폈다.

덮쳐오는 긴장으로 심장만이 줄기차게 고동치는 것을 느낄 수 있었다. 둔덕을 백 미터쯤 실히 온 것 같다. 뿌우연 안개에 휩싸인 주위는 어쩐지 괴괴하고 무시무시하였다

그러나 인민군의 추격을 받을지도 모른다는 두려움에 사로잡혀서 정신없이 걸었다. 그때였다.

"얘 아가야. 빨리 오너라 이놈들이 보내 주어야 가지 너희 마음대로 갈 수 있냐? 어서 오라니까." 외치는 시아버님의 고함 소리에 갑자기 오싹 소름이 끼쳤다.

'왜 그러시지?'

확실히 뭔가 잘못되었다는 것을 재빨리 감지한 어머니는 걸음을 멈추고 바싹 자세를 낮추면서 뒤를 살폈다.

헌데 이게 어찌 된 일인가? 인민군들의 모습이 나타났다.

그냥 나타난 것이 아니고 어머니를 향하여 잔뜩 긴장된 눈초리로 이쪽을 뚫어지게 노려보며 총을 겨누고 있는 것이었다.

그들이 국민 학생 정도의 사내아이들을 보초로 세워 놓은 걸 미처 생각지 못한 것이 실수였다.

확인해 두지 않은 자신을 나무랐지만, 이제 와서 그게 무슨 소용인가 빨갱이들의 악랄한 성품을 몰라보고 한 경솔한 판단이었다.

미안하다고 사과를 하고 다시 제자리에 돌아온 어머니는 삼팔선을 넘는 것은 역시 무리인 거 같다는 생각이 들어 허탈감에 빠졌다.

어느덧 바깥에는 땅거미가 짙어 오면서 차츰 어둠이 내려 깔리기 시작했다.

"동무들 전부 나오라요."

모두 나오라는 고함에 점점 긴장의 도는 높아지고 인민군들의 태도는 서릿발처럼 서늘해지기 시작했다.

그리곤 예리한 관찰을 게을리하지 않는다

줄을 주욱 세우더니 재빨리 출발 준비를 서두르는 것이었다.

어디론가 행진이 시작되었다.

한참을 이리저리 끌려다닌 끝에 도착한 곳은 어느 큰 집 마당이었

다. 집이 꽤 큰 것으로 보아 상당한 부잣집이라 생각되었다. 무작위로 마구 쓸어 넣더니 칼빈을 거머쥔 채

"죽은 듯이 엎드려 있으라우!"

라고 한마디 내뱉고는 베개만 한 자물쇠를 밖에서 철커덕 잠그는데 가슴이 덜컹 내려앉는다. 이대로 영영 공산 지옥으로 압송되는 것은 아닌가? 하는 의구심이 부쩍 일어나서 은근히 당황하고 있었다.

'이들은 이제 어쩌자는 것인가? 아예 여기서 물고를 내버릴 작정인가? 생각하면 생각할수록 마음속에는 시커먼 먹구름만 끼이는 것 같다.' 그곳에 함께한 이들도 모두 혼비백산하여 어쩔 줄을 몰라 하는 것이었다.

우리가 호랑이 굴에 갇혀 있는 것이 분명했다. 생각 들면서 어머니는 마음이 떨려 왔다. 혹시 엉뚱한 곳에 납치나 되는 것이 아닌가 하여 공포에 질려 있었다. 우리를 개나 돼지로 보지 않는 바에야 어떻게 이럴 수가 있는가? 싶은 게 이제 여기서 꼼짝없이 죽었구나! 하는 생각이 드니 겹쳐 누운 잠자리의 불편함보다는 눈앞에 벌어지는 광경이 일장의 악몽으로 끝나 주기를, 간절히 바라는 마음뿐이었다.

살아서 다시 햇볕은 보게 될 것인가? 남편은 나를 눈이 빠지게 기다리고 있을 터인데.

"하나님 나를 굽어살피소서, 제발 살아 나가게만 해 주시옵소서."

비몽사몽간을 헤매며 마치 도마 위에 오른 물고기의 신세처럼 불안한 심정일 뿐이었다. 그 와중에 드르렁 코를 골며 자는 사람도 있었다.

빠드득빠드득 소름이 끼치는 소리로 이를 가는 이도 있었고 맹꽁이 우는 소리와 같은 기묘한 소리를 아주 기술적으로 이를 가는 사람도 있었다.

거기다가 구질구질한 악취마저 풍겼다.

밖에서는 이따금 총성이 요란하게 밤공기를 흔들고 있었다.

곧 무슨 일이 일어날 것만 같았다.

그러나 무슨 수를 써서라도 살아남아야 한다고 속으로 다짐을 한다. 그러나 어떻게 무슨 수로 가족도 살리고 나도 살 수 있단 말인가? 아무리 자문자답해 보아야 별 뾰족한 수가 생각날 리 없었다. 생각을 거듭하면 할수록 그저 막연한 한숨만이 깊어 갈 뿐이었다.

정말 생각만 해도 아찔한 순간들이었다. 그렇게 두려움과 긴장 속에서 아침을 맞았다. 애기가 울고 보채는 바람에 달래느라 나와 섰는데, 어디선가 두런두런 사람들의 말소리가 들려와 귀를 쫑긋 세웠다.

그 말소리는 점점 또렷하게 들렸다. 갑자기 가슴이 쿵쿵거리며 뛰기 시작했다. 바짝 긴장이 되어 엿들으니 아무래도 지휘자인 것 같았으며 그 말투로 보아 장교임이 분명했다.

16, 7세 이하의 아이가 있는 자들은 다 내어 보내라는 것이었다. (법률상으로 아기는 감옥에 들여놓지 못하게 되어 있다는 사실을 아주 오랜 후에 들어서 알았다.)

어쨌든 어머니는 가족 모두가 함께 살아야겠다는 일념으로 꾀를 생각해 낸 것이 시동생에게 열여섯 살이라고(당시 18세) 답하라고 일러

두었고 두 딸은 시아버님과 하나씩 나누어 업었다.

오후 5시경 본소로 재판받으러 들어가는데 이남 가는 사람 이북 가는 사람을 양편으로 갈라 세운다.

이북으로 가겠다는 사람은 그냥 다 보내 주고 이남에 가겠다는 사람들을 향한 재판이 시작되었다.

휴전선 주변의 분위기는 점점 험악해져 가고 있음을 알 수 있었다.

'왜 가느냐? 김일성을 반대하느냐?' 대충 그런 질문이었다.

"나는 늙어서 이 어린것들을 거느리고 살 수가 없습니다. 그러니 남한에 있는 지 애비한테 데려다 주고 난 다시 이북으로 옵랍니다."

"그러지 말고 이북으로 가시오, 고향에 가서 사시오, 영감님!"

"아니요, 이북으로는 못 가요. 공민증을 다 걷어가 버렸는데 어떻게 갑니까?"

"그건 염려하지 마시오, 고향에 가면, 경찰서에서 다시 해드립니다."

"그럼 그렇게 하지요." 그렇게 약속을 하고 그 자릴 빠져나왔다.

그러나 어머니가 고향으로 돌아가지 않는 이유는 월남한 불순분자의 가족이라는 낙인 때문에 어디에 가도 발붙일 수 없을 터인데 고향에 가면 반동분자로 몰려 꼼짝없이 당하는 건 불 보듯 뻔한 사실이기 때문이다.

남자라면 몰라도 여자이니만치 죽이지는 않을 테지만 더욱이나 노동력이 부족한 북한이고 보면 한 사람이라도 살려서 노동력이나 착취하지 않을까? 하는 의구심도 들었고 천상 잘해야 강제노동이나 할 터이니,

어머니 나름대로 느낀 것은 공산주의자는 지극히 교활하고 현실적인 동물이라는 것이다.

살얼음판 같은 공산 체제 속으로는 다시 돌아가고 싶은 생각은 추호도 없었다.

그런데 단지, 한 가지 우리의 살길이 있다면 무슨 일이 있든지 이북으로 돌아가지 않는다는 초지를 관철하는 일이었다.

이북의 공산 지옥으로만 끌려가지 않는다면 그 어떤 곳에서 살든지 그곳보다는 나을 것이라는 확고한 신념만은 변함이 없었다.

그리고 이왕에 고향으로 다시 끌려가지 않을 바에는 그래도 남편이 있는 남한 쪽이 낫겠다는 것이 어머니의 한결같은 생각이었다.

그러나 한편으론 도망가는 것도 만만치는 않을 것 같아 그 숨 막히는 공산주의 분위기가 싫어서 반대해 놓고는 슬그머니 걱정이 아닐 수 없었다.

일찍이 경험해 보지 못한 심각한 갈등 속에서 조바심을 내고 있는 그 착잡한 심정은 이루 말할 수 없을 지경이었다.

시아버님은 남쪽으로 꼭 넘어가야 한다며, 끝까지 고집 이셨고, 난 건너편 산등성이를 개미 떼처럼 에워싸고 있는 황혼빛에 번쩍이는 인민군들의 계급장들을 눈부시게 바라보며 갈수록 첩첩산중이라더니 자유를 찾는 일이 이렇게 어렵고 그 앞길이 험난하다는 것을 새삼 절감하며 꼼짝없이 잡혀 죽을 것만 같은 공포감에 사로잡혔다.

그렇게 되면 십중팔구는 기껏해야 가족도 못 만나 보고 강제 노동

아니면 처형될지도 모를 텐데.

과연 그럴까? 무거운 바위에 짓눌린 듯 가슴이 답답했다.

공산 체제 속에서 5년간 살아 본 경험으로 비추어 그럴지도 모른다고 생각됐다.

"이북으로 다시 돌아가는 것이 어떨까요? 아버님."

"아가, 그래도 애써 보자꾸나!"

굳은 결의를 보이시는 시아버님을 거역할 수가 없어 따르기로 마음먹는다.

시아버님 시키시는 대로 인민군들이 붙잡고 물으면 공민증을 떨어트려 찾고 있는 중이라며 핑계를 대기로 했다.

자포자기나 절망 속에 빠지기보다는 이렇게 적극적이고 긍정적인 태도로 앞에 닥쳐오는 위기를 헤쳐 나가겠다는 자세를 갖는 일이 유리하다고 생각되었다.

아무튼 시아버님의 지혜는 눈앞에 보이는 세계만 보는 나의 어리석은 신앙을 무색게 했다고 고백한다.

할아버지는 엘리사가 영적으로 수많은 불 병거와 불 말들이 아람 군대를 둘러 진 치고 있는 것을 본 것처럼 눈에 보이지 않는 영적 세계를 보는 믿음을 가지고 계셨던 것이리라.

엘리사가 기도하여 게하시로 하여금 그 세계를 보게 했듯이 할아버지는 어머니에게 이와 같이 보이지 않는 세계에 대한 믿음을 현실로 옮겨 놓는 역할을 하신 것이다.

오늘날도 마찬가지인 거 같다.

하나님은 엘리사와 같은 신자를 찾고 계시지 않으실까?

왜냐하면 너무나 많은 사람들이 환경을 바라보고 원수만 바라보고 두려워하고 있기 까닭이다.

기독교 신앙은 이런 사람에게 보이지 않는 세계에 대한 믿음을 심어주고 보게 함으로 환경에 지배당하지 않고 고난에 짓눌리지 않으며 절망과 고난을 이기는 승리자와 창조자를 만드는 것이리라. 어머니는 생각하기조차 섬찟했던 그 5월을 시아버지와 함께한 것은 참으로 다행한 일이었다고 한다. 마치 광야에서 안내자를 만난 듯 마음이 든든했다고 한다.

그러나 공산당의 악랄함을 어머니는 잘 알고 있었기에 긴장할 수밖에 없었다.

콩밭이 가득한 5월의 산등성이를 바라보며 또다시 시아버님의 지시를 받는다.

"콩밭을 가로질러 산을 넘어라. 누가 어디 가느냐고 물으면 얼른 보따리를 풀어 아이들 밥 먹이는 시늉을 하거라. 난 그놈들이 쫓아오면 이 등짐 집어 던지고 뛸 테니 뒤돌아보지 말고 힘껏 앞만 보고 뛰어야 한다."

산등성이에 올라서니 이삼백 미터쯤 빤히 내려다보이는 곳에 미군들의 모습이 보였다.

험하고 가파른 산맥을 좌우로 바라보면서 길을 재촉했다. 나도 모르게 다리가 후들후들 떨려 왔다.

　자꾸만 가슴이 두근대고 심장이 조여들었다. 무성한 나무숲을 가르며 걸었다. 그들에게 다시 잡혀 어떤 위험이 닥쳐올 것인가 하는 것은 당시엔 생각하고 싶지도 않았다.

　아니 그런 것을 한가하게 생각할 여유가 없었다.

　그저 온몸이 불타고 난 뒤의 삭정이 재처럼 팍삭 사그러질 것만 같았다. 아기는 업고 네 살짜리 큰아들 손을 놓칠세라 꽉 붙든 채 나무등걸에 어깨가 부딪치고 가시에 찔리고 돌부리에 걸어 채이며, 자신도 모르는 이상한 힘에 이끌리어 내리막길을 내달리고 있었다.

　밭고랑을 두세 개씩 건너뛰며 현기증이 날 정도로 정신없이 달리는데 한 아주머니가 풀을 뜯고 앉았다.

　"아주머니 여기가 이남입네까? 이북입네까?"

　"니북이야요 빨리 가시라요."

　어머니는 불같이 독촉을 해 댔다.

　"빨리빨리."

　를 연발하면서 줄곧 뛰었다. 잘 닦인 도로라면 몰라도 잡목과 가시덩쿨이 살갗을 찌르고 할퀸다.

　땀은 비 오듯 하고 다리는 천근이다.

　이럴 때는 종이 한 장 아니 머리칼 한 올이라도 몸에서 떼어 놓고 싶은 심정이다.

　그렇게 지칠 대로 지쳐 있으면서도 자신도 믿을 수 없는 힘이 치솟는 것이다.

오랫동안 어미와 떨어졌던 젖먹이 송아지가 저쪽에서 어미를 발견한 순간 중간에 그들 사이를 가로막는 함정이 있는지 도랑창이 있는지 가릴 것 없이 무작정 그쪽을 향해 달려가는 것과 흡사하다는 느낌이 얼핏 들었다.

급히 서둘러 뛰어 내달리니 탄탄대로가 활짝 눈앞에 펼쳐졌다.

온몸에서는 땀이 비 오듯 했고 얼굴도 땀으로 뒤범벅이 되어 눈을 뜰 수가 없었다. 참았던 갈증이 엄습해 왔다. 목구멍에 단 불이 확확 풍겨 나오는 갈증이었다.

모두들 어느새 지쳐서 허덕거리고 있었다. 잦은 심장의 고동으로 숨이 멎는 것 같았다.

아아, 얼마나 그리던 자유냐 어머니는 뒤에서 계속 빨리 빨리를 외치고 있었다.

조금 마음이 놓여 주위를 살피는데 알아들을 수 없는 함성과 박수 소리에 놀라 고개를 돌려보니 대기하고 있던 미군들이 달려와 손목을 부여잡으며

"고생들 하셨습니다." 하며 환영해 주었다.

비로소 꿈에서 깨어난 듯 정신을 가다듬었을 때 그때야 뒤처진 시아버님이 생각나 뒤를 힐끗 돌아보니, 마치 성난 표범이 뛰어 날듯이 산을 깔아뭉개듯 하면서 치달려 오고 계셨다.

인간이란 급박한 상황에서는 과연 자기도 모르는 초능력이 발휘되

는가 보다.

그것을 증명이라도 하듯 단숨에 달리는 모습이 장애물 경주하는 경마장의 말을 생각나게 했다.

그때의 아슬아슬했던 기억은 참으로 알 수 없는 것은 인간의 잠재력이 아닌가 생각된다.

다리가 아파 더 이상 못 걷겠다며 가쁜 숨을 몰아쉬며 길바닥에 주저앉은 큰아들을 살펴보니 싸리나무를 잘라 낸 밑둥이 뾰족한 곳에 발바닥이 찔려 구멍이 나 있었다. 급히 달리느라 만신창이가 된 팔과 다리의 무수한 상처에서는 피가 흐르고 있었다.

부근의 민가로 찾아 들어갔다.

방을 하나 빌려 잠자리에 누우니 그렇게 편안할 수가 없다. 3일 밤 3일 낮을 긴장과 초조 속에 조바심 내다가 오랜만에 맛보는 평안을 음미하듯 잠자리다운 잠자리를 가져 보는 것이다. 아침부터 강행군을 했기 때문인지 눕자마자 눈이 감겨 오고 깊은 잠에 빠져들었다.

꿀보다 더 단 휴식이 아닐 수 없다. 아침이 되어 남편이 있는 서울로 향하기 위해 큰아들을 일으켜 세우니 풀썩 주저앉아 일어서질 못하는 것이다. 시아버님 등짐 위에 아들을 태우고 기차를 타기 위해 정류장으로 갔다. 서울을 향해 달리는 기차 차창 밖으로 멀어져 가는 북녘 하늘을 멍하니 바라보며 맥을 놓고 말았다.

때마침 기차가 차츰 속력을 더하는 통에 멀어져 갔기에 망정이지 눈물이라도 펑펑 쏟으면서 퍼질러 앉아서 한바탕 울음을 터뜨리지 않고는 도저히 그 고비를 넘길 수 없을 것 같다.

　기차에 점점 가속이 붙으면서 한 맺힌 사연들이 아득히 멀어져 가고 있었다.
　'이러한 울적한 심정이 어찌 나 한 사람뿐이겠는가? 저마다 정도의 차이는 있을망정 고향을 떠나야만 하는 나와 같은 신세를 한탄하지 않는 사람은 거기에 아무도 없었을 것이다. 무엇이라고 입으로는 표현할 길이 없었다.'라고 하신다.
　꽤 긴 시간이었지만 지루하거나 따분한 줄 모른 채 용산역에 당도했다. 남편을 만날 생각을 하면 덮어 놓고 가슴이 울렁거리고 숨이 막힐 듯한 감격으로 가족들과는 색다른 감격에 사로잡혀 목까지 겨워 오는 것을 꾹 참는다.
　발걸음에도 어쩐지 힘이 솟아 오른 것 같고 어쨌든 승리자의 일원으로 수도 서울에 입성했다는 기묘한 긍지를 느끼지 않을 수 없었다. 용산 경찰서를 찾았다.
　시아버님은 경찰서 직원에게 물었다.
　"여기 '김두혁'이라는 사람 있습니까?"
　"네 그런데요. 어디서 오셨습니까?"
　"나 그애 애비 되는 사람인데 니북에서 왔시오."
　"아, 그러세요! 잠깐 기다려 주세요."
　안으로 들어갔던 그분은 잠시 후 남편을 데리고 나왔다.

"아버님."

"여보."

"아버지."

"형."

일곱 식구는 한 덩어리가 되어 끌어안은 채 떨어질 줄을 몰랐다.

시어머님이 빠져 있다는 사실을 나중에야 알게 된 남편은 물었다.

"어머님은요?"

"못 내려오셨어요."

"아니 왜?"

"집 때문에."

"아이 어머님두 어서 내려오시라고 기별을 해야겠네."

가족들은 경찰서 뒤편에 마련된 관사로 들어갔다.

그곳엔 미리 내려와 계셨던 시할머님이 남편과 함께 생활하고 계셨다.

남편이 물었다.

"어머님은 안녕하셔?"

"당신 때문에 걱정을 많이 하시는 것 같아요."

"나 때문에??"

"평소에는 그렇지 않으신 것 같더니 그래도 장남이 중하기는 중한가 봐요."

"장남이든 차남이든 부모는 자식 일에 마음을 쓰게 마련이지."

그렇게 해서 친 할머니를 제외한 온 가족의 서울 생활이 시작되었다.

제주도 4.3 사건

경찰이라는 직업은 주일을 지켜야 하는 신도에겐 분명히 힘든 직업 중의 하나이다. 그래서 직업의 선택은 매우 중요한 것이다. 특히 크리스챤의 직업 선택은 더욱 중요한 의미를 내포하고 있다고 할 수 있겠다. 그 이유는 크리스챤은 직업을 통해서도 하나님께 영광을 돌려야 하기 때문이다.

직장인 각자가 세상 속에서 겪는 갈등을 이겨내는 모습을 보여 줌으로 '의와 평강과 희락'의 하나님 나라(롬 14:17)를 보여 주어야 할 것이다.

직장생활에서의 승리는 곧 세상에서의 승리요, 하나님 나라의 승리와 직결된다고 보인다. 하나님은 오늘도 직장에서 고뇌와 갈등을 겪는 크리스챤 직장인들에게 똑같은 축복을 허락하시리라고 믿는다

아버지는 주일만 되면 예배에 참석하기 위해 자리를 비워야 했고 그럴 때마다 다른 직원을 대리 근무시켜야 하는 번거로움이 늘 따라다녔다.

바로 이런 어려움에서부터 시작해서 그리스도인이기 때문에 직장 일이나 활동으로부터 소외되기가 십상이었다. 이와 같은 갈등은 불신자들과의 대인 관계에서도 많이 나타난다.

상관이 불신자일 경우는 말할 것도 없고, 믿지 않는 동료들과의 관계에서도 갈등은 계속됐다. 그래서 예수쟁이라는 따돌림을 받는 중에 4.3 사건을 맞았다.

4.3 사건이란 일명 제주도 폭동 사건이라고도 하는데 1948년 4월 3

일을 기해서 제주도 전역에 걸쳐 남로당의 사주를 받은 공산 폭도들이 일으킨 대폭동 사건으로 8.15 광복 직후의 혼란기를 틈타 서울을 중심으로 조직을 펴던 남로당은 김달삼 이호제를 두목으로 제주도에 지하 조직을 폈다.

광복 전의 15만 인구가 광복 후 해외 거주자 도민의 귀국으로 30만으로 늘어났으며 이중 에는 공산주의 사상에 물든 자들도 섞여 있었다.

그리하여 도내의 공산 조직이 강화되고 군사 조직도 무상병력 500명(동조 세력 1,000명)에 이르자 이들은 全島(섬의 전체)의 적화를 획책하여 행정 기능을 마비시켰다. 이에 정부가 서북 청년단과 경찰 병력을 파견, 좌익 세력을 약화시키므로 치안 상태가 호전되자 당황한 남로당 조직은 악선전으로 순박하고 양순한 도민을 선동하여 1948년 4월 3일에 무장봉기로 폭동을 야기시켰다.

폭동 발생 1개월 만에 반도 들의 습격으로 경찰관의 가족을 포함해서 전사 18명, 부상 24명, 공무원이 피살 5명, 부상 9명 민간인이 피살 37명, 부상 58명의 희생자를 냈으며 경찰관 2명과 양민 19명이 피납되었다.

또 그들의 방화로 경찰관서 12개소 면사무소 5개소 기타 공공건물 34개소 우체국 1개소와 250개 부락의 민간 가옥이 소실되었다.

폭동 진압에 제주도 주둔 제9연대와 각 도에서 동원된 경찰 병력 1,700명이 출동했으나 연대에 침투한 공산 푸락치 때문에 군 경간에 마찰이 생기는 등 작전이 여의치 않았다.

그러나 제11연대가 증파되면서 소탕 작전이 강화되자 반도들은 한라산 속으로 잠적하였고 각 도의 경찰 병력은 철수할 수 있었다.

10월에 반도들이 다시 습격해 왔을 때 증원 부대로 예정된 여수의 제14연대 일부 병력이 여순 반란 사건을 일으키기도 하였으나 11월 잔존 반도의 주력이 섬멸되자 소탕 작전이 일단락 12월 계엄령이 해제되었다.

폭도 사살 약 8,000명 포로 약 7,000명 귀순 약 2,000명 아군의 군경 전사 209명 부상 142명 그리고 약 9만 명의 이재민과 민간 사상자 약 3만 명의 희생자를 낸 이 사건은 광복 후 분단 민족이 처음으로 겪은 시련이란 점에서 큰 충격을 주었다.

그러나 지난번 드라마 '여명의 눈동자'에서도 보여 주었듯이 이 사건이 남로당의 조종이었음은 사실이지만 처음 발단은 미군들의 통치에 반발하는 일부 뜻있는 분들의 민중을 위한 사건이었음을 재조명하므로 관심 있는 분들에 의해 재검토되고 있음을 알고 있는 바이다.

그것을 계기로 아버지는 순경에서 경사로 진급을 시켜 주면서 제주도로 파견근무를 나가게 된다.

아버지의 임무는 한라산에 숨어 있는 공비들을 선도하여 자수시키는 일이다.

아버지는 가족을 서울에 남겨 둔 채. 중문에서 5리 떨어진 변두리에 방을 하나 얻어 근무를 마치면 밤 시간을 이용해서 교회를 시작했다.

의외로 주민들의 호응이 좋아 부흥회식으로 매일 저녁 40일 동안 예배를 드리는데 5~60명의 신도들이 모였다고 한다.

어느 날 그 동네의 유지라 할 수 있는 국민학교 선생님으로부터 모친이 오랫동안 병으로 누워 계시는데 기도 한번 받아 보았으면 좋겠다고 요청이 들어와 그 가정으로 갔다.

그때 그 선생님은 교회에 나오지 않았고, 여동생 두 명이 날마다 예배에 참석하고 있었다.

방문해 보니 어르신이 정신을 잃고 누워 계셨다. 그 환자분을 붙들고 기도를 얼마나 오래 했는지 아주 늦은 밤에야 집으로 돌아올 수 있었다.

다음 날 아침 환자가 일어나 앉았다는 기쁜 소식을 듣게 된다. 그날 저녁 예배를 드리는데 구석 자리에 앉아 설교를 열심히 듣고 있는 그 환자분의 아들인 학교 선생님을 발견하고 기뻤다.

예배를 마친 후 그 선생님과 반갑게 인사를 나누게 되었다.

"아, 오셨습니까? 감사합니다."

"아니, 전 다만 어머님이 병이 다 나으신 걸 보고 하도 신기해서 감사 인사를 드리러 온 것입니다."

"예, 잘 오셨습니다. 이왕 이렇게 오셨으니, 선생님께서도 예수님을 영접하고 우리와 함께 영생 얻도록 하십시다."

"아, 글쎄요 아직은."

하고 그대로 돌아갔다.

그 후 결국 그분은 다시 교회의 문을 두드렸고, 너무나 순수하고 진실한 자세로 예수님을 만나고 있었다는 사실에 감사했다고 한다.

이제 제주도에서 경찰의 임무를 마치고, 다시 본소로 돌아가야 할 때가 되었다.

그러나 4~50일 동안 성장한 믿음들을 보면서 심한 갈등과 도전을 받는다.

"꼭 돌아가야만 하는가?"

씨를 뿌려 놓기만 하고 가꾸지 않으면 우린 결국 죽고 만다는 성도들의 간곡한 요구를 뿌리칠 수 없어 일단 가족들과 의논해 보기로 하고 서울로 상경했다.

그 결과 모든 것을 주의 뜻으로 받아들이고 경찰 옷을 벗고 가족과 함께 제주도로 향한다.

제주노회에 전도사로 등록을 한 후 타 교회의 보조를 받아 시무 전도사로 사역을 시작하게 된 곳이 지금 중문에 있는 예리교회이다.

앞에서 병 고친 분의 아들인 학교 선생님이 자기 소유인 산을 내주며 나무를 마음대로 베어다 쓰라고 해서 교회를 짓기로 한다.

두 딸의 죽음

아버지가 전투 경찰로 있으면서 제주도 한라산 공비들을 선도하고 있을 무렵이었다. 작은언니는 돌도 채 되기 전이었는데 홍역을 앓게 되었다.

열꽃과 몰아쉬는 숨소리가 가쁘기만 하였다. 점심으로 수제비를 끓여 먹으면서 어머니는 먼저 먹은 삼촌에게 내가 먹을 동안 아이 좀 업고 있으라고 수건을 씌워 업혀 내보냈던 것이 돌이킬 수 없는 실수를 저지르고 말았다. 돌아온 아기를 받아 안아 보니 얼굴이 백지장처럼 하얗게 변해 있었다고 한다. 그때만 해도 홍역 예방약이 없었고 홍역을 앓으면 바람을 쐬지 않도록 뜨거운 방안에 가두어 두는 것이 고작이었는데, 그 사실을 몰라 바람꽃이 나올 무렵 바람을 쐬어 열꽃이 안으로 다 들어가 답답했던지 계속 울고 보채며 증세는 점점 더 악화되어 갔다.

전등 불빛이 가물거리는 한밤이 되면 가냘픈 호흡만 계속되었고, 애처로운 숨소리만 가득 고이곤 했다.

그 아픔의 적막 속에서 어머니는 아이의 손을 놓고 창가로 다가가 '공산당의 손에서도 건지신 주님이시여 한 번만 더 은총을 베풀어 주소서'라며 간절히 기도드린다.

술도 먹여 보고 며칠을 병원도 다녀 보았으나 연일 설사를 좍좍 하더니 그만 숨을 거두고 말았다. 가혹한 현실이었다. 그날 오후 아이를 묻고 돌아오면서 어머니는 깊은 생각에 잠겨 그저 모든 것이 불투명하고 우리의 장래도 남편의 생사도 암담하기만 하고 무엇하나 속 시원하게 풀려 나가는 것 같지 않았다고 한다.

요즘 세상 같으면 간단히 치료가 가능한 병인데 어두운 문명 속에 생명을 잃고 말았다는 생각에 지금도 가끔 허탈해지곤 하신단다. 곧이어 큰언니도 마마를 앓기 시작했다. 얼굴과 손에 옥수수 알맹이만 한 것들이 나오는데 가려운지 잡아 뜯기 시작을 하는데 시할머님과 교대로 밤을 밝혀 가며 지키고 앉았었다.

그러다가도 졸음을 참지 못하고 깜박 졸기라도 할라치면 어느새 손을 잡아 빼 날쌔게 잡아 뜯는데 감당할 수가 없었단다.

어느 날 시아버님께서

"너희들 고생하는데 생선이나 좀 사다 먹여야겠다."

"애 아픈데 어딜 가려고 하세요?"

말리시는 당신 어머니를 뿌리친 채 인천까지 가서서 조기를 한 두름 사 오셨다.

그날 저녁 조기의 비늘을 쳐서 구워 먹는데 남편의 편지를 받게 되었다.

공비 토벌 작전이 이제 다 끝나고 공비들이 모두 항복을 했다는 내용이었다.

죽으러 간 거나 다름없는 상황에서 그 소식은 집안을 온통 잔치 분위기로 바꾸어 놓았고 기쁨에 들떠 있었다.

그리고 삼일이 지나 정말 아버지는 서울로 돌아오셨다.

증조할머니는 "아구야! 내가 죽기 전에 너를 못 볼 줄 알았는데 하나님께서 오늘 내게 너를 만나는 복을 주셨구나, 잘 됐다 정말 잘됐어!" 하며 좋아하셨다.

아버지의 양팔엔 식구 수대로 선물 보따리가 한 아름 안겨 있었는데, 마마를 앓고 있는 언니에게는 꽃신을 사 오셨다.

  꽃신을 받아 쥐고 좋아 어쩔 줄 몰라 하는 언니에게 증조할머니는 조기 한 마리를 구워 언니에게 주니 언니는 두 눈을 꼭 감고 밥도 먹지 않고 시름시름 앓더니 일주일 후 하늘나라로 갔다.

  어머니는 가슴이 저리고 아팠다며 연속되는 어이없는 일에 맥을 놓고 땅 위에 주저앉아 아이들을 한꺼번에 잃어버린 슬픔과 불안감으로 미어지는 괴로움을 주체할 길 없어 울고 또 울었다고 한다.

  시간이 지날수록 하나님의 뜻과 인간의 뜻이 다르다는 깨달음이 왔다고 한다.

  자식을 속수무책으로 잃어버린 어미의 마음은 문득문득 서러움과 한에 사로잡히고 수십 년의 세월이라도 그 아픔 그 상처를 잠재울 수는 없다고 하셨다.

  누구나 짧지 않은 인생을 살다 보면 견디기 힘든 고난의 순간과 종종 마주하지 않을 수 없는 것이겠지만, 인생의 고민은 심각하게 겪은 사람일수록 생명의 존귀함을 아는 법 한 때는 그 두 아이가 우리를 인민군의 소굴에서 벗어나게 해 주었는데,

  그 후 병마에 시달리며 또한 6.25를 겪으면서 남편도 없이 혼자 아이들을 거느리고 난리를 겪는 것을 불쌍히 보시고 하나님께서는 두 아이를 거두어 가신 것이리라 그리고 훗날을 기약하여 반드시 내게 돌려주시리라.

  괴로움 중에도 믿음은 확신으로 변했다. 그리고 나의 확신은 틀리지

않아 그 뒤로 두 아들과 두 딸을 더 주셨다.

제주도에서

아버지가 제주도에서 개척을 하고 있을 때였다. 어머니는 너무 힘들어 몸이 지치기 시작했고 게를 많이 먹은 관계로 폐가 약해지기 시작했다.

병명은 폐디스토마다. 이 병은 디스토마가 폐에 기생하므로 발생한다.

이병의 감염은 유충을 가지고 있는 게 또는 가재를 생식하거나, 또는 유충을 포함하고 있는 물을 마심으로 일어나게 된다.

인체에 들어온 유충은 장을 천통하고 복강 내로 나오고 횡경막을 고 흉막감을 지나 폐 실질에 들어가게 된다는 것이다.

이 충은 한국에 가장 많고 그 외에 중국 일본 대만에도 있다고 한다. 처음에는 감기와 같은 증세를 보였다. 몸이 오싹오싹 춥고 기침이 자주 나왔다.

단순한 감기인 줄 알고 치료를 했으나, 점점 시간이 갈수록 증세는 심해지기만 했다. 몸이 축나고 떨리는 증세를 보였다.

서울로 올라가 큰 병원에 가 검사를 받아 보라는 아버지의 권유도 있고 해서 하는 수 없이 아버지 혼자 제주도에 남고 할아버지 어머니 두 아들만 서울로 올라와 검사를 받아 본 결과 폐디스토마란 진단이 나왔다.

제주도 사람들이 흔히 이병으로 죽기도 한다는 것이었다. 꾸준히 병원을 다니며 치료한 결과 힘겹게 고칠 수 있었다.

그런데 얼마 후 또 다른 증세를 보여 미군 병원을 찾았는데, 이번엔 고생을 너무 많이 해 얻은 병이라며 복막염이란 진단이 나왔다.

'배에 물이 너무 많이 차서 가망이 없다'며, 치료를 거부당한 채 사형선고를 받은 것이나 다름없는 상황이었다.

그 당시 시동생이 전차 운전사로 일해서 받은 봉급으로 밥이나 겨우 먹던 때였다. 감히 고쳐 보겠다는 생각은 할 수도 없었다.

절망 가운데 방문을 닫아걸고 자리 펴고 누워 기도하기 시작했다. 간절한 기도가 있으면 어떻게 고쳐지지 않을까? 하는 생각과 설사 살아나지 못한다 해도 천국에는 가야겠다는 생각이었다.

증세는 얼굴이 창백하고 콧날이 서며 오한과 함께 고열이 나고 맥박이 약하고 빠르며 호흡도 얕고 촉박하여 얼른 보아서 중증인 것을 알 수 있었다.

심한 복통이 나며 배가 점점 불러 오며 팽만해 왔다. 구토가 심하게 나고 장맛비가 오면, 토분증 즉 똥물까지 토하기도 했다. 점차로 의식이 혼탁해져 오는 것 같았다. 자신의 죽음에 직면해서 잠 못 이루며 소리를 질러 대야만 했던 무엇이라 말할 수 없는 그 한스러움의 고통에 대해 어머니는 형언키 어려운 아픔을 느꼈다. 가슴을 옥죄이듯 울어 댔고 삶에의 몸부림이 한없이 서글펐다. 사람들은 이 땅에 살면서 '항상 인간의 능력 한도 내에서만 살 수 없음을 그때 알았다'고 한다. 인간의 능력으로 어찌할 수 없는 위기에 처할 때가 많이 있기 때문이다.

왜 자꾸만 몇 년 전 두 딸아이의 죽음이 새삼 겹쳐지는지 그 생각에 가슴이 아파 왔다.

비록 인간은 잠깐 왔다 사라지는 안개에 지나지 않는다고 성경에 쓰여 있지만 어찌 가고 옴이 바람과 같을 수야 있겠는가?

아직 서른도 안 된 나이와 나와 같은 평범한 사람에게는 죽음을 생각하기엔 이르다는 생각이 가슴을 짓누른다. 스물아홉의 생애가 허황되고 서글펐다. 그러다가 언뜻언뜻 세상사 인간사의 무상함을 떠올리고는 허무감에 젖기도 했다.

그러나, 죽음이 나이의 많고 적음을 가려서 오는 것은 아니지 않던가 이제 죽음이 이십 대의 추상적인 것이 아닌 조금씩 구체적인 모습으로 내게 다가서고 있는 것을 나는 부인할 수 없었다.

사랑하는 사람과도 나누어 가질 수 없는 것이 세상에 있다면 그건 바로 죽음일 것이다.

죽음은 개체로서의 각 존재가 덜도 더함도 없이 그대로 받아들여야 하는 엄연한 현실임도 알았다.

우리가 이 세상에 올 때 순전한 아이로 오듯 떠날 때도 아무런 고통 없이 올 때처럼 순전한 마음으로 편안히 떠날 수 있게 해 주어야 않겠느냐고 항의하고 싶다. 왜? 하필이면 내가~

그러나 이건 어린아이의 투정과도 같은 것 오고 가는 일이 우리의 의사와는 전혀 관계없는 신의 독단이므로 그렇다.

'하나님이여 이렇게 헛되이 죽어야만 한단 말입니까? 그렇다면 지금까지 겪어 온 일이 한갓 물거품으로 끝난다는 말입니까?

또 제 가슴속에 고이 간직해온 남다른 소망은 어찌 된단 말입니까? 그 소망이 있었기에 삼팔선을 넘기까지 모진 고생을 하면서도 이것이 오히려 전화위복의 계기가 되리라고 스스로 위안을 삼아온 것이 아니옵니까? 부디 목숨만은 살려 주시기 바랍니다. 부디 무슨 기적을 베풀어 주시기를 간절히 바라옵니다. 어떻게든지 살아서 제 소망을 이룩해야만 죽더라도 제 눈이 감기겠사옵니다.' 정성껏 기도를 한다.

어쩐 일인지 들뜬 마음이 다소 가라앉으면서, 앞뒤가 막혔던 가슴 한 귀퉁이가 뚫리고, 숨통이 트이는 것 같기도 했다. 그러나 모든 것이 여느 때와 조금도 달라진 데는 없었다. 세상만사가 귀찮아지고 정작 이제 정말 죽는다고 생각하니 생사조차 알 수 없는 이북에 계신 친정 부모님과 오빠와 언니 그리고 친하게 놀던 친구들의 모습이 떠올랐다가는 하늘 저쪽으로 멀어져 간다.

무엇보다도 남편과 아이들의 모습이 차례로 눈앞을 스쳐 지나간다.

그러나 이것은 세상을 하직하는 마당에 이 세상의 삶을 정리해 보는 그 누구에게나 공통된 심리 현상인지도 모른다.

그것은 마치 먼 길을 떠나는 나그네가 일단 그때까지 살아온 생활을 정리해 보는 것과 같은 심리 작용일 것이다. 그러자 나는 마지막 순간까지 자신이 죽지 않을지도 모른다는 가냘픈 희망에 매달려 보기도 한다.

부질없는 망상에 사로잡혔던 자신을 뉘우쳐 보기도 했다.

끈질긴 생의 애착 그것은 이제라도 당장 부러질 듯한 가냘픈 버팀목이 죽음이라는 거대한 바위를 떠받치고 있는 것과도 같았다. 죽는 순간까지 절대로 혼을 빼앗기지 않겠다고 다짐을 한다.

아무래도 이대로는 너무 억울해서 죽을 수가 없을 것만 같았다. 어떤 초자연적인 기적 같은 데라도 의존하고 싶은 강렬한 기대를 품고 스르르 눈을 감았다.

지루하고 따분한 죽음의 시간이 자꾸만 흘러간다. 이런 상태가 무한정 계속된다는 것은 죽음의 고통을 자꾸만 연장시키는 것밖에는 아무것도 아니라고 생각되었다.

그러면서도 뜻밖에 구원의 손길이 뻗쳐 오기를 간절히 바라는 심정이 되었다.

퇴근해 온 시동생이

"아주머님, 그렇게 누워만 있지 말고 청량리 산밑에 안암동 모 교회에서 부흥회 하는데 환자들이 벌떡벌떡 일어난대요 한번 가 보세요."
라고 한다.

이제부터 차차 무더운 여름이 시작되려는 그런 평범한 맑은 날씨였다.

작은 아들은 시할머니에게 맡기고 큰아들만 데리고 부흥회에 참석을 했다.

교회 문을 열자 환한 불빛과 함께 찬송 소리가 크게 쏟아져 나왔.

'천부여 의지 없어서 손들고 옵니다. 주 나를 박대하시면 나 어디 가

리이까?'

문 안쪽에는 넓은 마루가 마련되어 있었다.

백 명도 넘어 보이는 사람들이 바닥에 담요를 하나씩 깔고 둘러앉아서 감동적인 표정으로 찬송을 부르고 있었다.

설교하시는 목사님의 눈에는 눈물이 번쩍거렸고 많은 사람들이 수건으로 눈물을 닦아 내고 있었다.

어딘가 분위기가 이상했다. 무엇인가 꼬집어 말할 수는 없지만, 조금씩 마음이 들떠가고 있는 것을 어렴풋이나마 느낄 수 있었다.

그것은 논리와 사유를 뛰어넘은 직감이었다. 좌우간 이런 이상한 예감을 안은 채 하룻밤을 지냈다.

다음 날 아침 함께 있는 분들이 목사님께서는 기도해 보면 죽을병인지 살아날 병인지 다 알고 계시니 한번 여쭤 보라는 것이다.

"목사님 저 죽겠어요, 살겠어요?"

"죽지 않으면 살지."

하고는 돌아서 가 버리신다.

그 당시 어머니는 결혼 때 시집에서 함에 넣어 보내 준 비로드 치마를 입고 있었다. 한번은 목사님께서 안수하시며 그 비싼 치마를 입고 다니지 말고 팔아서 병원 가서 병 고치라고 야단을 치신다.

삼일 밤을 아무 생각 없이 지냈다. 기도도 안 나오고 하나님이 받으시지 않는 것 같지만 그래도 애쓰는 가운데 밥 먹는 시간만 뺀 하루 3번씩 새벽 예배, 아침 예배, 밤 예배를 드렸다. 환자들이 담요 한 장씩

편 채로 자리하고 앉았는데 그 수는 실로 엄청났다.

3일째 되던 저녁 답답한 마음 어쩌지 못해 몸부림치는데 다음 날 새벽에 세상의 약을 의지하지 말고 하나님을 전적으로 의지하라는 것과 회개 없이는 절대로 나을 수 없다는 깨달음이 왔다. 나의 부족함을 느끼며 참으로 오랜만에 많은 눈물을 흘렸다.

'오 전능하신 하나님 아버지시여!, 당신은 내 모든 죄악을 다 사하시며 내 모든 병을 고치실 수 있나이다' (시편 10:3)

'오 주님은 우리의 온갖 구하는 것이나 생각하는 것에 더욱 넘치도록 능히 하실 수 있는 분이십니다' (엡 3:20)

'자비로운 주여! 내게 자비를 베풀어 주옵소서 주여! 나는 슬픈 자로소이다, 나의 깊은 상처를 더 이상 숨기지 않겠나이다, 당신은 의사이시면 나는 병든 자로소이다, 당신은 자비로우시니 내게 자비를 베풀어 주옵소서.'

회개 기도가 터졌다. 눈물은 회개의 영약임에 틀림없다.

하나님은 눈물의 호소를 물리치는 일이 없음을 나는 깨달았다.

몸이 붕 뜨는 느낌과 나의 마음이 아닌 진심으로 회개하는 과정에서 옛날 어렸을 적 고향에서 있었던 일들이 활동사진처럼 언뜻언뜻 스쳐 지나가고 결혼 후 시어머님과의 좋지 않았던 감정들이 가슴에 와닿았다.

모든 것을 회개하는 심정이 되어 하나님께 부르짖어 기도하였다.

'그가 찔림은 우리의 허물을 인함이요, 그가 상함은 우리의 죄악을 인함이라 그가 징계를 받음으로 우리가 평화를 누리고 그가 채찍에 맞

으므로 우리가 나음을 입었도다 (이사야 53장)

그분은 여러분을 위해서 십자가에 달리셨습니다. 그분이 흘리신 피가 여러분을 모든 죄에서 자유롭게 하셨습니다.

그분은 여러분을 목숨보다도 더 사랑하신 하나님의 아들이셨습니다.'

늘 자주 듣던 말씀이었는데도 그날은 유달리 가슴을 흔들어 놓았다.

새벽기도회를 마쳤는데 소변을 볼 수 없었던 극한 상황에서 그 즉시 화장실로 달려가 소변을 볼 수 있도록 돕는 약을 변기에 버리고 주를 받들어 충성하기로 결단을 한다.

통통 튀는 심장과 힘찬 숨소리에 뿌듯한 흥분이 치밀어 오르며 찾아온 보람으로 기쁨이 넘쳐흘렀다.

그러나 더욱 뜻밖의 일들이 기도하는 시간에 일어났다. 기도에 응답하신 것이다.

하나님이 나를 도우신 것이다. 느헤미야는 하나님 앞에서 기도할 때에 먼저 자기 죄와 열조의 죄를 회개(느 9:2)하면서 기도하였음을 깨닫게 되었다. 창피함도 잊은 채 몹시 울면서 어렸을 때부터의 잘못을 낱낱이 하나님께 아뢰고 용서를 구했다.

신기하게도 내 마음은 날아갈 듯이 가벼웠고 아버지의 집에 돌아온 탕자처럼 편안했다.

절대로 죽지는 않는다는 자신감이 솟구치는 것을 의식했다. 사모로서의 자격이 부족했던 나 자신을 발견하게 된 것이다.

사모의 길을 가리란 생각을 해본 적이 없던 난 경찰관이었던 남편이

갑작스레 개척의 길을 들어서면서 타의에 의해 사모란 자리에 섰고 사모라는 명칭만 가졌지, 기도는 늘 습관적이었고 평범하게 믿음의 길을 걷던 나는 이번 기회에 살려주시면 주의 종을 받들고 평생 주를 위해 살겠다고 맹세하는 과정에서 사모로 쓰시기 위한 하나님의 연단이었음을 알게 되었다.

아침이 되었다. 참으로 놀라운 일이 일어나기 시작했다. 어제저녁까지도 손발이 퉁퉁 부어 손가락으로 집어도 잡아 지지 않았던 상태였으나 몸이 가벼워짐을 느꼈고, 붓기가 빠진 듯한 기분 좋은 아침이었다.

깜짝 놀랄 만한 일이 벌어졌다. 밖으로 나가 세수를 하고 손을 씻은 후 꼬집어 보니 살이 손가락 안으로 접어졌다. 그것은 참으로 기적이 아닐 수 없다. 우리를 구원하시기 원하시는 하나님의 선행적 사랑과 섭리가 아니고는 그런 일이 일어날 수 없는 것이다.

'감사합니다, 감사합니다.' 결국 나는 쏟아지는 눈물을 훔치며 중얼거렸다.

자신도 알 수 없는 강한 힘에 이끌려서 강권적으로 기도는 계속되고 있었다. '진리 되신 주님이시여 당신은 무소 편재 하시어 당신께 고통을 호소하는 모든 사람들의 호소를 언제든지 들어 주십니다.

모든 각양의 질문을 한순간에 그리고 단번에 모든 사람에게 들려주십니다. 인간은 그 연약함으로 분명하게 당신의 음성을 듣지 못하는 경우도 있지만, 당신의 대답은 언제나 분명하십니다. 새 사람이 되어 다시는 과거의 잘못을 되풀이하지 않겠나이다.'

6.25 전쟁 발발

기도원에 3일을 더 묵으면서 새로운 주일을 맞이했다.

목사님은 다른 교회로 부흥회 장소를 옮기신다고 한다. 그 장소를 정확히 기억은 안 나지만 어머니는 짐보따리를 챙겨 목사님을 따라 이동하는 것이다. (짐 보따리래야 냄비 하나와 쌀 조금) 나뭇가지를 주워다 밥을 지어 먹곤 했었다.

6월 25일 주일 새벽 3시경 잠자리에서 일어나 새벽기도회에 참석했는데 무슨 일이 벌어진 것 같은 막연한 예감이 있었다. 아니나 다를까 전쟁이 터졌다.

1950년 6월 25일 바로 일요일 새벽 네 시였다. 왜 하필이면 주일에 전쟁을 일으켰을까? 왜 하필이면 일본 제국주의자들은 일요일 미명에 하와이 진주만을 기습공격했을까?

떳떳지 못한 전쟁을 일으키는 이상 전쟁에서 선제권을 장악하자는 여우와 같은 간사한 속셈 때문일 것이다.

6.25 전쟁은 1950년 6월 25일 일요일 새벽 4시경 북한군이 암호명 '폭풍224'라는 사전 계획에 따라 북위 38도선 전역에 걸쳐 대한민국을 선전포고 없이 기습 남침하여 발발한 전쟁이다.

어머니는 전쟁을 한번 겪어본 일이 있기 때문에 이제 앞으로의 일이 여간 걱정이 아닐 수 없었다.

그날 새벽 목사님께서 "삼팔선에서 전쟁이 났으니, 서울이 괜찮으면 나도 그냥 서울에 있을 것이고 서울이 위험하면 나도 떠날 것이니 그리들 알고 계시오." 광고하셨다.

어머니는 용산 서빙고에 2만 원 주고 매입한 집으로 돌아왔다. 주일 오후가 지나 월요일 아침부터 귀청이 터져 나갈 것 같은 총소리가 요란하게 들려오기 시작했다. 주위에서는 피난을 간다고 야단법석들이었다. 날이 새어 오면서 대로는 피난민 행렬로 꽉 차 있었다. 그러나 어머니는 정보에 어두웠고 피난민을 인도하는 행정적인 배려 같은 것도 전연 기대할 수 없었다. 무질서한 피난민의 대열이 그저 남으로 남으로 물결 마냥 밀려 나가고 있을 뿐이었다.

너도나도 뒤질세라 허우적대며 그 대열에 끼어들었다. 그 대열에 끼지 못하면 당장 지옥으로 떨어질 운명을 감수해야 한다는 것을 잘 알고 있다는 듯 사람들은 자꾸만 그 대열 속으로만 끼어드는 것이다.

저마다 그 대열에 끼어든다는 것은 마치 생명의 줄을 붙잡는 것과 같은 것으로 여겨졌기 때문일 것이다. 그 대열에 끼지 못한 어머님은 의논 끝에 다음과 같은 결론을 내렸다.

이렇게 피난민 대열이 강물처럼 자꾸만 불어나다가는 나중에 무슨 변을 당할지 모른다는 생각이 들었다고 한다.

전쟁통에 사람들이 많이 몰리는 곳에서는 희생도 많은 법이니 무작정 이 많은 군중을 따라갈 것이 아니라 난리가 평정되기를 기다리고 있을 수밖에 별 도리가 없겠다는 것이었다.

문득 초저녁부터 발이 묶여 버린 시민들을 집안에만 가두어 놓고,

밖에 나돌아 다니는 사람에게 무조건 총을 난사하며 서슴지 않고 살상하던 5년 전 소련군들의 만행이 머리에 떠올랐다. 이제 인민군들은 그와 같은 소련군들의 역할을 대행해야 한단 말인가? 생각지 않으려고 도리질을 하면 할수록 이런 생각은 끈질기게 진드기마냥 달라붙어 떨어질 줄 몰랐다.

분위기는 갈수록 침통해지고 있었다. 얼마 전 이북에서 넘어오신 시어머님은 둥근 나무상을 배 위에 올려놓고 주무시다가 총소리만 나면 머리에 덮어 쓰곤 하셨다.

그것은 마치 잡히지 않으려고 바위 밑에 필사적으로 몸을 감추는 게의 생리를 연상케 했다. 다음 날 새벽 한 시에 한강 다리는 끊기고, 어머니는 서울에 갇힌 몸이 되었다.

'우르릉 꿍' 멀지 않은 곳에서 울려오는 8인치 거포의 우람한 포성이 마치 천둥소리와도 같은 위엄마저 띠고 하늘과 지축을 동시에 뒤흔들어 놓았다.

아침 일찍 일어나 불안해서 더 이상 그대로 머물러 있을 수 없다는 생각에 어디 다른 곳으로 피하자고 했지만 시동생이 말을 들어 주지 않았다. 시어머님은 방공호라도 들어가자면서 싫다는 아이들을 억지로 끌고 들어가 양철로 만든 다라를 머리 위에 쓰고 앉아 군인들이 철모를 쓰는 이유를 생각하는지 안심하는 듯했다. 12시에 점심을 먹고는 시아버님만 집에 남겨 둔 채로 시어머니께선 가족을 다 데리고 송추에 계시는 작은 아버님 댁으로 가야겠다고 하니 시동생은 남으로 가야 살지 북으로 가면 죽는다고 고집을 피우길래 시동생을 설득하기 시작했다.

　병 고침을 받은 후 신앙이 부쩍 성장하여, 주님의 뜻은 오로지 주님만이 아신다는 깨달음을 얻은 터라, 구원의 확신을 가진 후부터 성격까지도 변화가 왔다.

　"서방님, 하나님께서 병 고쳐 주실 때 서원한 것이 있어요. 시어머님의 말씀엔 어떤 일이 있어도 순종하기로 했기 때문에 나 역시 싫지만 하는 수 없어요. 어서 준비합시다."

　옷 몇 벌 챙기고 보따리를 하나씩 짊어졌다.

　의정부 못 가서 창동쯤 갔을 때 해는 이미 기울어 어둠이 짙게 깔리고 있었다.

　"어머님, 저 동네에 들어가서 자고 가야겠어요. 해가 저물었으니 더 갈 수도 없잖아요."

　길옆에 큰 방앗간이 하나 보였다.

　알아보니 그 집이 바로 이장님 댁이었다. 시동생과 두 아들. 할머니 그리고 어머니 이렇게 다섯 명이 문간에 앉아 쉬고 있는데, 40대쯤 되어 보이는 남자가

　"어디 가시오?" 하고 묻는다.

　"네, 서울서 왔는데, 송추에 계시는 작은 아버님 댁을 찾아가는 중입니다." 하니

　"그럼 안으로 들어와 하룻밤 묵고 내일 아침 떠나시오!"

　"이렇게 식구가 많은데 미안해서 그렇게 할 수는 없습니다. 그냥 여

기 방아 찧는 터에서 자게 해 주시면 내일 아침 떠날 터이니 그렇게만 해 주시면 고맙겠습니다."

"에이, 노인도 계시는구먼, 그만 고집 부리고 들어오시오."

라며 자꾸 권해서 하는 수 없이 안으로 들어갔다.

그때 주인 할머니가 쓰시는 안방을 내어 주시는데 상당한 부잣집이었다.

그 댁 할아버지 내외와 막내딸 그리고 우리 다섯 식구가 함께 잠을 자는데 새벽 6시경 엎드려 주무시던 할머니가 깜짝깜짝 놀라신다.

일으켜 바로 눕혀 드리니 온 전신이 마비된 상태다. 이게 무슨 날벼락이란 말인가 놀라서 업고 병원으로 갔으나 의사를 만날 수가 없었다.

방에 눕히고 군불을 지폈다. 12시가 되어서야 의사 선생님이 오시더니 심장마비임을 알리고 가망 없음을 진단하였다.

오후 2시경 숨을 거두었다. 짐작은 했지만 정작 사망했다는 말을 들으니 마음이 흔들리며 어지럽다.

서울에서 이곳까지 오는 도중 여러 차례 보았던 끔찍한 장면들이 큰 충격을 주었던 거 같다. 아군인지 적군인지 분별할 수는 없었지만, 군인들의 즐비한 시체들과 강변에 동그랗게 앉아 밥을 먹던 한 가족이 폭격에 맞아 그대로 쓰러져 누운 모습과 산처럼 쌓인 시체 더미들을 보시곤 가슴 아파하시더니,

어머니는 명주옷을 찢어 손발을 묶어 담요에 싸서 마침 그날 묵었던 이장님의 동생이 인민군의 수하에 있었고 그러한 청년들의 도움으로

장례를 치렀다.

전쟁이란 참으로 예측할 수 없는 무서운 현실이라는 느낌이 들었다. 자연은 아무렇지도 않게 제 갈 길을 가고 있는데 인간들만이 서로 원수가 져서 기를 쓰고 피투성이가 되어 아귀다툼을 벌이고 있는 것이다. 자연은 그러한 인간들의 어리석음을 은근히 비웃고 있는 것만 같았다.

어딘지 알 수 없는 창동 뒷산에 묻고 돌아오는 발길은 천근 같았다.

누구에게나 시련은 있게 마련이지만 그 시련이 내게 닥쳐 왔을 때 마음이 상하게 되고 삶의 의욕을 상실하게 된다.

그러나 고난에는 하나님의 섭리가 있음을 오랜 후에 헤아리게 되었으니. 시편 저자는 '여호와는 마음이 상한 자에게 가까이하시고 중심에 통회하는 자를 구원 하시도다.'라고 찬양했다.

저녁 5시가 되어서야 다시 짐을 싸 가지고 작은 할아버지 댁으로 출발을 했다. 의정부에 들어서는데 해가 뉘엿뉘엿 지고 있었다.

날은 어두워 오고 교회가 보여 들어가 하룻밤 묵으려 골목으로 들어서니 안에 있는 사람들이 들어오지 말라고 손을 가로저으며 말렸다. 다시 돌아서 큰길로 나오니 길옆에 40대 후반의 남자가 담배를 피우며 앉아 있었다.

어머니는 그 당시 20대 후반의 젊은 여인이었기에 두려움이 앞섰다. 18세이던 삼촌을 시켜 빈방 있나 물어보라고 했다.

그 남자는 대뜸

"잠 잘려고? 우리 집에 빈방 많지, 가족들이 모두 뚝섬으로 피난을 갔는데, 들어와 자고 가시게, 그런데 어딜 가는가? 송추? 여기서 시오리쯤 되는데 오늘은 못가네. 자고 가게."

멀찍이 서 있는 어머니에게 삼촌은

"아주머님, 아저씨가 방 있대요. 자고 가래요."

곧 저녁때가 되어 밥을 먹으려고 하니 아저씨가 자기가 해 주겠다고 하는 걸 마다하고 창동 이장댁에서 모시 적삼에 싸 가지고 온 밥을 풀어 놓고 마루에 앉아 먹고 있었다.

반찬 없이 먹는 것이 안 되어 보였던지 아저씨는 고추장과 여러 가지 반찬들을 가져다주었다.

할머니가 임종하셨던 병원 의사댁에서 솥을 하나 내어 주면서 밥을 담아 가지고 가라고 했지만, 부흥회 때 은혜받으며 남의 것 절대로 손 안 대겠다고 약속한 것이 생각나

"남의 그릇 가져갈 수 없어요, 피난 갔다 다시 돌아오면 찾을 텐데요." 하고 거절했던 생각이 나서 역시 잘한 일이라 여겨진 것은

'누구든지 여호와께 신실치 못하여 범죄 하되 곧 남의 물건을 맡거나 전당 잡거나 강도질 하거나 늑봉 하고도 사실을 부인하거나 남의 잃은 물건을 얻고도 사실을 부인하여 거짓 맹세하는 등 사람이 이 모든 일 중에 하나라도 행하여 범죄 하면 이는 죄를 범하였고 죄가 있는 자니'
(레 6:2)

아침 일찍 떠나려고 마음먹고 마루에 그냥 누웠다.

그런데 주인 사내가 모기에 뜯긴다고 자꾸 안으로 들어가라고 한다. 괜찮다고 극구 사양했더니 주인 말 안 듣고 고집을 피운다고 마구 역정을 낸다. 더 이상 버틸 수 없음을 알고 방으로 들어가 자리 깔고 누웠다.

마루를 사이에 두고 건넌방에는 주인이 자고 있었고, 어머니는 마루로 통하는 문이 두 개나 있는 아주 큰방이었다. 어렴풋이 잠이 깼다.

방안엔 어둠이 가득한데 덜커덩하는 인기척에 문소리가 나서 눈을 떠 보니 아랫문이 열리며 발 뻗은 쪽에 팬티만 입은 발가벗은 사내가 버티고 섰다.

순간 "이런!" 하고 거의 비명을 지를 것처럼 놀랬다.

마치 떡방앗간 절구공이 마냥 쿵쿵 울리는 심장의 고동을 억제할 수 없었다. 눈앞이 캄캄하였다.

"아이구, 하나님 어떻게 하실랍니까? 날 살려 주십시오."

눈을 뜬 채로 기도하는 그때의 다급함은 마치 고문을 당하는 느낌이었다. 그때 하나님께서 지혜를 주시는데 아이들을 깨우라는 것이었다.

그러나 그렇게 하면 아이들에게 또 무슨 짓을 할지 몰라 난감했다.

"하나님 저 사람 나가게 해 주세요." 그런데 이게 웬일인가 쪼그리고 앉는 것이다. 점점 더 잦은 가락으로 고동치는 심장의 동계 때문에 머리가 멍해질 정도였다.

바로 옆에 누운 작은아들과 그 옆에 큰아들을 거쳐 삼촌 발을 어머니는 발로 꼬집어도 보고 툭툭 쳐 보았지만 미동도 없다.

"하나님 저 사람 나가게 해 주세요, 나에게 어려움 당치않도록 지켜 주세요."

계속 기도드리며 담요 속으로 손을 디밀어 시동생의 볼을 꼬집어 깨우고는 재빨리 검지를 입에 대고

"쉿 쉿."

아무 소리 말라는 표정을 지었다. 시동생의 고개를 그 사내 쪽으로 향하여 돌려주며 바라보게 했다. 이어서 담요를 홱 잡아 두르며 "춥지 않냐?" 하며 깨어 있다는 표를 했다.

연이어 기도했다.

"하나님 저 사람 빨리 좀 나가게 해 주세요, 그냥 나가기가 미안할 터이니 요라도 하나 꺼내 들고 방을 나가게 해 주세요, 그래야 저분의 체면도 세워지지 않겠습니까?"

궁지에 몰린 것을 깨달은 어머니는 열심히 기도하고 참회하는 심정이 되었다.

발 쪽에는 유리문으로 된 이불장이 하나 있었는데, 거기엔 색동으로 된 이불들이 가지런히 가득 포개져 있었다.

눈을 뜬 채로 동정을 살피며 어머니는 계속 기도를 했다. 땀이 머리끝부터 발끝까지 흥건히 베어 왔다. 속수무책이었다.

시계가 두 시를 뗑뗑 쳤다. 그 남자는 벌떡 일어나더니 이불장 문을 열고는 색동요를 하나 꺼내 들고 방을 나가는 그의 뒷모습이 새벽의 어스름 속으로 멀어져 갔다. 어머니는 다시 잠들 수가 없었다.

뜬눈으로 밝기만을 기다리니 5시를 알리는 시계 종소리가 불안하고 초조했던 마음을 치유하고 있었다.

세 시간이 3년처럼 길게 느껴지는 아득한 시간이었다.

이번에 큰일을 당하는 줄 알았는데 지금 살아 있고 생명의 은총 속에 깨어 있음을 더없이 하나님께 감사드리며 살았음을 확인이라도 하듯이 벌떡 일어났다.

이미 새벽이 서서히 일어나는 시간 창이 훤히 밝아오기 시작했다.

삼촌을 깨워 밖으로 나와서 화장실을 가려는데 그 사내 어제 밤엔 아무 일 없었다는 듯이 마당을 벅벅 쓸며 이제 밝았으니 어서 떠나라는 것이었다.

아이를 하나씩 업고 대문 밖을 나서니 인민 군인들이 천막을 치고 웅성웅성 모여 있다.

그때만 해도 군인이나 경찰 가족들은 무조건 잡아 죽이는 상황이었다. 빨리 가자며 서둘러 뒤도 못 돌아보고 뛰어 산모퉁이를 돌아서니 이제 살았구나 싶은 것이 안도감에 피로가 몰려왔다.

그런 일을 당했을 당시는 말할 수 없는 격분과 증오를 느꼈었지만 따지고 보면 그 치욕스런 현장을 떠나게 된 것만도 다행스러울 뿐이었다.

시오리를 언제 걸어가나 싶어 속상한 마음에 울음이 터져 나오는데 시동생이 왜 그러느냐고 자꾸 묻는데 설움이 더 복받쳐 오르며 이사야 41장 10절 말씀이 큰 위로가 되었다.

'두려워 말라 내가 너와 함께 함이니라 놀라지 말라 나는 네 하나님이 됨이니라 내가 너를 굳세게 하리라 참으로 너를 도와주리라. 참으로 나의 의로운 오른손으로 너를 붙들리라'

　작은 할아버지 댁은 농사를 많이 짓고 있었다.

　하나님께 기도하기를 '앞으로는 무슨 일이 있어도 주일은 거룩히 지키겠습니다.'

　라고 약속을 했었는데 이곳에 온 후로는 주일을 지킬 수가 없었다.

　모내기하느라 한창 바쁜 때였고, 일꾼들이 부족해 눈코 뜰 새 없이 바빴다. 주일만 되면 마치 우리 속에 갇혀 버린 사자나 호랑이 모양 부질없이 발걸음만 분주히 옮기면서 안타까워할 뿐이었다.

　이렇게는 더 이상 못 살겠다 싶어 시아버님 홀로 계신 서울로 향하기로 마음을 다지고 작은 아버님께 말씀드렸다.

　"작은 아버님 내일은 집에 가야겠어요. 아버님 홀로 계시는데 걱정이 돼요. 어머님 돌아가신 줄도 모르고 계시는데, 빨리 가서 말씀드려야 할 것 같아요."

　실은 아버님 걱정보다는 주일을 지키지 못한다는 것이 무엇보다도 고통스러웠다.

　그러나 위험하다는 이유로 안 된다는 것이다. 아버님을 뵙고 다시 오겠다는 약속을 하고 겨우 허락을 얻었다.

　토요일 아침 시동생과 큰아들은 그곳에 남겨 두고 작은 아들만 업고 나오려는데, 작은할머니가 감자 한 관을 싸 주시는 것이었다.

　먹을 것이 귀해서였을까? 어른의 성의를 저버릴 수 없어서 아무튼 감자 한 관을 머리에 이고 세 살 된 작은아들을 등에 업고 50리 길을 걸어 어느 틈에 미아리 고개에 접어들었다. 그때도 한여름이어서 무더운 햇볕이 쏟아져 내리고 있었다.

벌써 다리가 풀려서 제대로 걸음이 옮겨지지 않는다.

어느덧 긴긴 여름 해가 이제 도봉산 너머로 핏빛 같은 노을로 온통 서쪽 하늘을 물들이면서 서서히 가라앉고 있었다. 우측에는 고도 7백 미터쯤 되는 도봉산이 떡 버티고 말없이 굽어보고 있었다.

밤이지만 7월의 무더위라 땀이 비 오듯 했다. 땀은 얼굴에서 방울방울 구슬이 맺혀서 이마로부터 양 눈 위로 하여 눈망울 속으로 스멀스멀 기어들기 시작했다.

소금기 때문인지 아릿하면서 눈앞이 흐릿해 왔다. 손수건도 이제는 벌창이 되어서 물기를 흡수할 수가 없었다. 물기로 흥건해진 손수건을 짰다.

물기를 짜낸 수건을 눈으로 가져간다. 수건에서는 시큼한 땀 냄새와 함께 알 수 없는 열기가 얼굴에 확 끼쳐 온다.

그런 식으로 몇 시간을 걷고 나니 정신까지 몽롱해 왔다.

땀은 등줄기를 타고 허리를 거쳐 장딴지로 자꾸만 흘러내렸다. 나중에는 바짓가랑이가 땀으로 푹 젖어 왔다. 푹 젖은 가랑이가 자꾸만 장딴지에 거추장스럽게 척척 감겨 왔다. 등도 땀으로 축축했다. 자꾸만 정신이 아득하게 멀어져 갔다. 마치 안개 속을 헤매는 기분이 되기도 했다. 졸음이 엄습해 오며 다리가 아프고 발은 부르텄다 바늘방석 위를 걷는 것처럼 마냥 발바닥이 뜨끔댄다. 몸뚱이가 바윗덩이나 쇳덩이 같다. 도저히 마음대로 움직여 주지 않는다

 엄청난 힘이 자꾸만 밑으로 당기는 것만 같았다. 감자고, 아이고, 심지어 옷가지라도 모조리 벗어 버렸으면 한결 숨이라도 트일 거 같았다.

 그것은 현실적으로 어려운 일이라 하더라도 감자라도 던져 버렸으면 좋겠다. 감자가 납 정이 마냥 머리를 눌러 오기 때문이다.

 그러나 그것은 바램일 뿐 여기까지 이고 온 품이 아까워서 그럴 수는 없었다.

 몸에 지닌 종이 한 장이라도 실오라기 한 가닥이라도 뽑아 버리고 싶을 정도로 온갖 것이 무겁기만 했다.

 감자도 무겁고 등에 업은 아기도 무겁고 머리도 무겁고 다리도 무겁고 무겁지 않은 것은 이 세상에 아무것도 존재하지 않는다는 생각이 들 정도였다. 한쪽 머리를 갈라 낼 것처럼 무게를 더해 온다. 그러나 집까지 날이 밝기 전에 도착해야 한다. 날이 새기 전에 집에 도착하기 위해서 또 뛰어야 했다. 의정부서 서빙고까지 줄곧 이런 식으로 걷고 뛰고 하면서 꼬박 하루가 걸린 것이다. 사력을 다하여 그것을 끌어 집에까지는 도달할 수 있었지만, 온몸이 완전히 해체되는 것 같은 허탈감에 대문간에서 마침내 쓰러지고 말았다. 집의 잠자리가 이처럼 소중한 줄은 전에는 미처 몰랐었다. 앞으로 어떤 불의의 돌발사태만 벌어지지 않는다면 그것은 온전히 나 자신만의 안식의 시간이라는 것을 새삼스레 확인하곤 한껏 만족의 웃음을 웃어 보았다.

다음 날 아침 잠자리에서 일어날 수가 없었다. 뼈마디마다 있는 대로 쑤셔 대고 전신이 녹아 없어지는 것만 같았다. 저녁때가 되었을 때는 온몸이 뻐근하긴 했지만, 어느 정도 정상적인 기력을 회복할 수 있었다. 할머니가 돌아가셨음을 할아버지에게 말씀드리니

"그 여편네가 죽으려고 거기 간다고 그랬나 보다 공연히 너희들만 고생시켰구나!" 하신다.

"아버님 저는 작은댁에 다시는 안 가겠어요."

"그럼, 여기서 어떻게 사느냐."

"죽을 먹어도 여기 그냥 있겠어요."

"그럼, 네 마음대로 하려무나."

"아버님 감사합니다."

그 당시 삼각산에 있는 삼각교회를 다니고 있었다. 옆집에 채소 장사를 하는 집사님에게 같이 하고 싶다고 하니 그렇게 하자고 해서 호박 오이 가지 등을 팔아 얼마씩 버는 것으로 밀을 사다가 볶아 맷돌에 갈아 죽을 쑤어 먹었는데 얼마나 고소한지 그 맛은 오래 기억이 남았다. 지금도 확신할 수 있는 하나의 분명한 사실은 행복이란 외형으로 드러난 성취라든가 부에 의해서 결정되지 않는다는 사실이다. 작은오빠가 세 살 때쯤 어머니는 장사를 나가며 이웃분들에게 "우리 아이 잘 놀고 있나 좀 봐주세요." 하고 부탁하곤 했었다. 전쟁이 끝나고 보니 먹을 것이 없어 할아버지는 의정부 작은 할아버지 댁으로 가셨고, 삼촌은 군밤과 신문을 팔며 겨우 먹고 살았다.

어머니 병은 다 나았고 제법 건강해지셨다. 전에 어떻게 아팠는지 또한 그것이 어떻게 사라졌는지 자신도 알 수 없을 만큼 신비스러운 일이었으므로

'오 나의 하나님 나의 주님이시여' 그저 놀라지 않을 수 없었다.

왜냐하면 이 같은 일은 평생에 전혀 경험하여 보지 못한 일이었기 때문이다. 하루하루 벌어 먹고사느라고 정신이 없는 가운데 어느새 단풍이 드는 가을산을 바라보며 이제는 내가 죽고 주님 홀로 내 안에 사시기를 진정 원하거니 남은 날들에는 아주 순하고 착한 양이 되어 그의 지팡이가 가리키는 방향으로만 내 눈과 귀와 가슴을 열고자 결심의 결심을 한다.

우리나라 역사에 일찍이 없었던 끔찍한 민족상잔의 전쟁이 일어난 뒤 어느덧 첫해를 넘기게 되었다.

1951년 중공군의 개입으로 아군이 후퇴하게 되자 정부가 부산으로 이전하기 위하여 서울을 철수하면서 다시 아버지가 개척하고 있는 제주도 모실포 교회로 갔다.

그것이 바로 1.4 후퇴 때의 일이다. 아버지는 6.25도 모른 채 전쟁에 가족이 모두 죽은 줄로만 알았다가 감격 적인 상봉을 이루게 되었다.

거문도섬으로

1.4 후퇴로 인해 아버지가 다니던 서울에 있던 신학교가 부산으로

이전을 하게 되었다. 아버지는 가족을 제주도에 남겨 둔 채로 혼자 방을 얻어 자취하며 다시 공부를 시작했다.

그때 학교에서 개척 잘하는 학생을 뽑으라는 공고가 났는데 아버지가 뽑히게 되었다.

집에 돌아온 아버지는 그 일로 걱정을 하더니, 얼마 후 한 장로님과 배낭을 짊어지고 거문도로 떠났다.

산만 있고 배만 있는 섬에서 전도를 시작하기 위해 동네 유지를 찾아 나섰다. 그곳에 의사 선생님이 한 분이 계셨는데, 그는 섬사람은 아니고 육지에서 들어와 병원을 차렸다고 한다. 섬사람들은 그를 김 의사 혹은 왕초라는 호칭으로 부르고 있었다.

전도하러 왔다고 인사를 드리니 '이곳 주민들은 전도를 잘 받아들이지 않습니다.' 하며 함께 걱정해 주었다고 한다.

아버지와 장로님은 뒷산으로 올라가 아래를 내려다보니 마을 가운데 길 하나를 중심으로 양쪽으로 집들이 죽 늘어서 있었다.

아름드리 큰 나무들이 드문드문 서 있는 산등성이에 가랑잎이 1미터 이상 높이 쌓여 있었다.

굴을 파듯 가랑잎을 헤치고 들어가 담요를 뒤집어쓴 채 기도를 시작했다.

"하나님이 같이해 주셔야만 합니다, 믿는 사람 생기게 해 주십시오."

금식을 하며 마을까지 다 들리도록 울며 간절히 기도하고 찬송을 불렀다.

드디어 아버지가 당초 계획했던 3일째 되던 날 김 의사가 찾아 올라왔다.

"아니 산에서만 이러고들 있을 거요? 내려와서 전도를 해야지, 동네 사람들이 저 사람들은 도대체 뭐하는 사람들이냐며 온통 야단이 났어요."

"예 지금 저희가 작정했던 3일을 다 마치고 내려가려던 참이었습니다. 그나저나 의사 선생님부터 전도를 시작해야겠습니다."

"저도 믿고 싶은 마음은 있지만, 아버님이 살아 계시는 동안은 제사 때문에 어쩔 수가 없소이다."

"그건 우리 기독교식의 제사 방법을 몰라서 그러는 것이요. 당신 아버지를 만나 내가 이해를 시킬 터이니 그건 염려하지 마십시오. 우선 우리가 기거할 방을 하나 구해 주십시오."

"이 동네에 부모 없이 아이들 셋이 모여 사는 집이 있는데 그 집에 방이 하나 비어 있어요. 어디 한번 물어봅시다."

그 집엔 17, 8세쯤으로 되어 보이는 고아 셋이 살고 있었는데 그 아이들은 도둑질하는 좋지 않은 버릇들을 갖고 있었다.

먼저 아이들을 전도하여 예배를 드리기 시작했다 5명에서 어느새 10명으로 불어났다.

교회를 지어야겠다는 생각으로 육지로 나와 큰 교회들과 신학생들의 도움을 얻어 2층으로 된 일본 집을 매입했다.

가족들을 다 불러들여 아래층에서 살림하고 2층을 교회로 개조하여 개척이 시작되었다.

아버지의 부름을 듣고 어머니는 두 아들을 데리고 제주도에서 여수로 나와 여수에서 네 명이 탈 수 있는 거문도행 통통배를 탔다.

그런데 뜻하지 않은 사건이 벌어졌다. 거문도라면 육지와 거의 인접해 있는 섬인 줄 알았는데, 우회하기 때문에 가도가도 끝이 없는 것처럼 느껴졌다. 아들들은 정신을 못 차리고 멀미에 시달리고 있었다. 점점 더 깊은 바다 한가운데로 진입할수록 밀려오는 파도가 선체로 부딪치면서 좌우로 흔들리며 배를 요동케 하는 통에 배에 익숙하지 못한 아이들은 현기증과 구토증으로 시달리기 시작했다.

기차나 자동차를 탔을 때보다는 망망한 바다 한가운데를 항해하는 배에 올랐을 때는 누구나 나그네의 깊은 우수에 한 번쯤 사로잡히지 않는 사람은 없을 것이다. 한참을 통통거리며 가던 배가 갑자기 멎으며 표류하기 시작했다. 이번에는 배가 앞뒤로 심하게 피칭해 대기 시작했다. 눈앞이 어지럽다. 큰아들은 똥이 마렵다고 졸라 대 갑판 위로 올라오니 물이 배안으로 철썩 넘쳐 들어오는데, 그 물을 뒤집어쓰며 여기서 죽는구나 싶어 자신의 운명이 어떻게 될지 한 치 앞을 내다볼 수 없는 신세가 되어 버린 것이다.

어쩔 수 없이 자신의 운명을 순전히 타의에 맡겨버린 가슴에는 만감이 서린다. 자연 고향 생각이 나고 남편과 부모가 그리워지고 가슴이 터질 것만 같았다. 급한 생각에 기도를 시작했다.

'주의 일 하러 가는데 여기서 이대로 죽어야 합니까?' 이제 배는 멎고 풍랑이 일기 시작하는데 아비규환의 아수라장으로 변하고 말았다. 혼비백산하여 정신을 차릴 수가 없었다. 순간 두려우리만큼 거대한 힘이 우리를 감싸안는 것이었다. 통통 울리는 엔진 소리가 들려오는 것 같았다. 귀를 의심했다. 분명히 통통 소리가 다시 들리기 시작했다. 답답하고도 꽉 막힌 것 같던 가슴 한 귀퉁이가 뻐근해 오면서 무언가 확 뚫리는 기분을 느끼며, 그 속으로 맑은 물이 힘차게 흐르는 것 같은 시원함과 상쾌함마저 느꼈다. 그동안 가슴속에 쌓이고 쌓였던 온갖 시름과 불안, 고민, 심적인 고통이 이 순간 홍수에 밀려 나가는 쓰레기 더미 모양 씻겨져 나가는 통쾌함을 맛보았다. 귀를 의심할 정도로 놀라운 일이 일어나고 있었다. 이윽고 배가 서서히 움직인다. 아득히 멀어지는 해안의 파도 소리만이 철석 한가로이 들려온다. 이제는 그 파도 소리도 들려오지 않게 되었다. 배는 표류할 때의 큰 요동도 멈추고 정상적인 항로에 접어든 것 같았다. 배는 다시 항해를 계속했다.

'우린 살았구나.'

어머니는 두 무릎을 꿇고 '감사합니다'를 연발했다. 아들들의 손을 꼭 잡은 채로 눈을 감았다. 그 무서운 풍랑 속에서 우리를 지켜 준 하나님께 감사드리지 않을 수 없었다. 시편의 노래가 떠오른다.

'여호와는 너를 지키시는 자라 여호와께서 네 우편에서 네 그늘이 되시나니 낮의 해가 너를 상치 아니하며 밤의 달도 너를 해치 아니 하리로다'

그리고 찬송이 흘러나왔다.

'나의 갈 길 다 가도록 예수 인도 하시니 내 주안에 있는 긍휼 어찌 의심하리요.'

결국 쏟아지는 눈물을 훔치며 중얼거렸다. 이미 해는 서산에 지고 있었고 싱그러운 바닷바람과 소금기에 절은 갯내음이 한꺼번에 쏴 하고 배안으로 몰려들어 온다.

그러니까 네다섯 시간이면 족히 갈 수 있는 거리임에도 어머니는 종일 천신만고 끝에 어렵게 섬에 다다랐다.

참으로 어렵게 할아버지도 들어오시게 되어 다섯 식구의 생활이 시작되었다.

섬사람들은 모두 순진하고 가난하여 찾아 주는 이 없이 외로워서 그런지 오랠수록 정감이 넘쳐나는 사람들이다. 어쩌다 고깃배가 들어오기라도 하면 고등어를 마구 던져 준다. 던져진 고등어를 가져다가 냄비에 넣고 끓인다.

쌀이 귀한 터라 밥은 반 공기에 고등어는 그 이상의 많은 양을 먹게 된다. 어느 것이 주식이고 어느 것이 부식인지 착각이 들 정도다.

시간이 흐름에 따라 교회에는 어른들도 제법 모이기 시작하면서 아버지는 다시 공부를 계속하기로 마음먹는다. 그곳엔 후임으로 다른 전도사님을 모시게 되었고 부산으로 이사하던 1953년 무렵 한국전쟁 도발의 진짜 원흉인 스탈린이 그해 3월 5일에 사망함으로써 새로운 전기가 마련되는 것 같았지만 포로 교환 문제로 여전히 줄다리기가 계속되고 있었다.

그해 7월 나의 바로 위 언니를 낳았다. (현 시동중앙교회 사모) 아버지는 부산 초량교회에 출석하면서 다시 대구로 이전된 학교를 따라 기숙사로 들어갔다. 토요일과 주일은 부산으로 돌아와 가족들과 함께 지내곤 했다.

그렇게 오게 될 때도 아버지는 어려운 개척교회를 찾아다니며 잠시도 쉴 사이도 없이 사역을 감당해 나갔다.

집안 살림은 도리 없이 어머니의 몫이 되었다. 아버지를 대신해서 가정을 꾸려 가야 된다는 책임감에 부끄러움 따위는 생각할 겨를이 없었다.

교회에 다니는 동안 장사하고 있는 집사님 한 분을 사귀게 되었다.

장사를 한번 해보고 싶다고 했더니 그럼 내일부터 함께 나가자며 반색한다. 아침이 되니 부르러 왔다.

"집사님 오늘은 안 되겠네요. 내일은 꼭 갈게요."

하고 미루던 것이 한 달을 넘겼다.

도저히 마음에 용기가 생기지 않고 발길이 떨어지지 않아서였다.

그런데 이제 더 이상 나서지 않으면 안 될 만한 사건이 생겼다.

식량이 다 떨어지고 돈도 바닥이 났다. 아이들과 함께 살아갈 길이 막막하기만 하였다. 이제 어쩔 도리가 없어 고심 끝에 그 집사님을 따라나서서 찾아간 곳이 부산에서 가장 크다는 중앙 시장이었다.

갓 낳은 딸을 등에 업고 멸치와 김을 받아다 좌판을 벌여 놓고 장사를 시작하는데 처음에는 아무리 애쓰고 소리 지르려고 했지만, 목청이 밖으로 나오질 않는다.

그렇게 며칠을 보낸 후, 차츰 용기가 생겨 소리를 내 보았다. 그럼에도 저만치서 교인들이라도 누구 하나 올라치면 부끄러워 얼굴에 화톳불을 뒤집어쓴 것처럼 달아올랐다.

그럴 땐 얼굴을 돌리고 지나가기만을 기다리면 오히려 상대방이 민망하여 모른 척 지나가 주곤 했다.

한번은 여전도사님이 다가오시더니

"사모님 왜 그렇게 부끄러워하세요, 용기를 가지세요. 주의 종 받들어 섬기는 일이 얼마나 큰 일인데 힘내세요. 네?"

그 말에 어머니는 힘을 얻어 본격적으로 장사를 시작했는데 오히려 데려간 집사님보다 더 잘 팔려 미안할 지경이었다고 한다.

그때 초량교회에서 부흥회가 있었다. 부흥회 참석 안 하고 벌면 얼마나 벌겠나 싶어 10시부터 12시까지 부흥회 참석한 후, 밥 한술 얼른 떠먹고 물건 받아다가 파는데, 어찌나 잘 팔리던지 지나가는 사람들이 이 물건 저 물건 흘끔흘끔 살필 때 어머니 물건을 보고 있다 싶으면 얼른 입버릇처럼 소리가 튀어나온다.

"이 김 맛있는 김이에요, 한번 사다 잡숴 보셔요."

하고 한마디만 권하면 열의 아홉은 쾌히 사 간다. 그럴 때마다 일하는 행복감을 느낀다.

멀리서부터 내 쪽을 향해 걸어오는 사람들의 표정을 살피며 발길을 머뭇거릴 때마다 기회를 놓치지 않는다.

그렇게 한 고생은 헛되지 않았다. 장사를 시작하면서 십일조를 시작했다.

저녁마다 하루 번 돈을 계산하는 과정에서 밑천 들어간 것은 따로 떼고 이익금에서 십일조를 떼 놓는 것이 아니고 몽땅 합친 금액에서 십의 일을 갈라 다른 봉투에 정성스럽게 모으곤 하던 무식한 십일조 생활이 그때 어머니에겐 상상 못 할 큰 갑부로 만들어 준 계기가 되기도 하였다.

그 후 오늘날까지 십일조는 한 번도 거르지 않고 이행해 오고 있다는 것이 부끄러운 자랑인 줄 알면서도 습관이란 참 다행한 것이란 생각이 든다.

8월 명절 콩나물 고사리는 제사상에 빠지지 않던 때이다. 힘껏 사다가 구공탄 불에 삶아 나물 다라 들고 시장 바닥을 누비던 모습이 떠오른다.

그 한날에 갈색 하늘이 보일 때까지 몇 번씩 물건을 해다 팔 정도였으니 그날 종일 번 돈으로 그동안 늘 부러워 못 견뎌했던 명주 처녀 포대기 하나 사고 명주 누비저고리를 딸에게 사 입혔던 그 기쁨은 세월이 많이 흐른 지금도 기억이 생생하다.

그 후부터 돈이 들어오는 대로 몽땅 쌀을 사서 모은 것이 두 가마니쯤 되었다. 아버지도 이 점을 항시 고맙게 여기며 한편으로는 안쓰러운 마음으로 내조를 치하하곤 하셨다. 이제 나라도 어느 정도 안정되고 학교는 다시 서울의 남산으로 복교하면서 아버지는 학교를 따라 다시 서울로 올라오게 된다.

그때가 졸업반이었다. 서대문구 응암동에 소재한 응암교회 전도사로 부임하게 되면서 온 가족은 서울로 이사를 오게 된다.

어머니는 그동안 모은 쌀 두 가마니를 팔아 서울로 올라오는 데 큰 보탬이 되었다.

1955년 4월 둘째 딸이 태어났다. (현 둔내교회 권사) 아버지는 졸업과 함께 강원도 정선으로 다시 개척을 떠난다. 아무튼 불모지만 골라 다니며 복음을 전하겠다는 그 열정 하나만큼은 누구도 막을 수가 없다.

아내도 자식도 부모도 걸림돌이 되지는 못했다.

아버지는 개척을 떠나고 큰오빠는 신설동에 있는 대광중학교에 입학했다. 동대문에 방을 얻으려고 이른 아침 집을 나섰다.

나를 등에 업으시고 오빠, 언니를 양손에 하나씩 잡은 채 지금처럼 복덕방이 있는 것도 아니고 집마다 다니면서 '빈방 있느냐?' 묻는다.

아이가 너무 많다는 것이 거절의 이유였다. 사택에서만 주로 살았던 터라 방 얻는 데 아이들이 문제가 될 줄은 미처 생각지 못했다. 할 수 없이 찾아간 곳이 동대문에 있는 동문교회로 찾아가 장로님 한 분을 어렵게 만날 수 있었다.

사정을 들어 보시더니, 마침 그 교회 집사님 댁에 빈방이 하나 있을 터이니 알아보자 했다.

우리의 형편을 딱하게 여기신 집사님께서 부엌이 가운데 있고, 양쪽으로 방이 하나씩 붙어 있는 집인데 그중 한쪽 방을 내주셨다.

1년 반 정도 그곳에서 머물렀는데 아버지는 서울에 오실 때마다 가족이 모두 함께 내려갈 것을 종용했다. 그러나 문제는 큰오빠의 거처가 문제가 되곤 했다.

하숙을 시킬 형편은 못 되고 결국 생각해 낸 것이 하숙비를 얼마씩 드리기로 양해를 얻고 방을 소개해 준 장로님 댁에 머물기로 했다. 그 후, 아버지는 서울에 갈 때마다 큰오빠를 만나고 오면 걱정하는 것이다.

"아버지 저 여기 더 이상 못 있겠어요." 하고 사정을 한다는 것이다.

그래서 다시 삼촌 집으로 거처를 옮겼다. 삼촌은 이제 막 신혼이고 방이 하나뿐인지라 다락에 기거하며 공부하는 아들을 생각하며 어머니는 늘 걱정이 한가득이셨다.

또다시 못 있겠다고 조르는 오빠는 이번에는 응암동에 있는 어머니의 친정 조카인 사촌 누나 집으로 보내졌다.

응암동에서 대광 중고등학교까지는 상당한 거리였기에 그때만 해도 교통이 불편해 차를 몇 번씩 갈아타야 하는 불편함을 겪어야 했다.

그 후 큰오빠가 졸업할 무렵에 다시 온 가족이 서울로 올라오게 되어 함께 살게 되었다.

강원도에서 서울로

그리고 얼마 후 서울 용산 삼일교회 모 집사님의 파송으로 아버지는 다른 사역자들이 다 마다하는 강원도 정선으로 보따리 들고 떠났다.

3, 4개월 수고를 해보지만, 전혀 반응이 없어 다시 서울로 돌아오기 위해 짐을 챙기고 있는데 40대 후반의 정 씨 아주머니가

"이대로 가면 어떻게 하십니까? 개척하려고 왔으면 끝까지 해봐야지요."

"하나님 뜻이 아닌가 봅니다, 가야 하겠습니다."

"그럼 내가 협조할 터이니 보따리를 푸시오."

"글쎄요 기도 좀 더 해보고 마음을 정하겠습니다."

하곤 다시 눌러앉게 된다.

그 정 씨 아주머니는 첩으로 있으면서 자기 집도 가지고 있었고 돈도 꽤 있는 시골 부자였다.

그런데 하나님을 믿겠다고 나서고부터는 자기 남편과의 인연을 딱 끊고 목사인 아버지와 교회를 짓기로 약속한 후 우선 천막 하나 짓고 열심히 기도하는 가운데 하나둘 모이기 시작했다. 하루는 정 씨 아주머니가

"목사님 교회 건축을 시작합시다. 제가 70만 원을 내놓을 테니 목사님도 70만 원을 내놓으시오."

제안을 했다.

"제가 장사를 해서 수익금을 모두 바칠 터이니 축복기도 해 주시오."

그 길로 아버지는 곧 서울로 올라와 큰 교회들에 도움을 요청했다.

정 씨 아주머니는 5일에 한 번씩 대구에서 장을 봐 오는데, 아무리 많은 양의 옷을 가져와도 물건이 하나도 남지 않고 다 팔리는 놀라운

일이 연일 벌어졌다.

그 여인의 전폭적인 희생을 통하여 교회는 한두 해 걸려 다 지어졌다.

교회를 다 짓고 뒷산을 헐어 교회 뒤뜰을 넓힐 생각으로 교인들이 모두 동원되어 산을 파헤치는 과정에서 산 위에 있던 강대상 크기의 바윗돌이 굴러 내려오는 것을 미처 알지 못한 가운데

"목사님 위험해요."

성도들의 고함 소리와 함께 아버지는 돌 아래 깔리고 말았다.

그런데 다행히도 그 돌이 교회 벽에 부딪히면서 돌과 벽 밑 공간 사이에 끼였던 아버지는 머리털 하나 다치지 않았다.

또 교회 천장에 전기 시설을 하는데 상당히 높은 곳에서 실수로 아래 바닥으로 떨어지는데 전기 스탠드를 그대로 가슴에 안고 떨어지며 주저앉았는데, 전구 하나 깨지지 않고 발가락 하나 다치지 않았다고 한다.

하나님께서는 늘 새롭고 놀라운 사건들을 준비하고 계셨다.

조금 아픈 기억은 그 정 씨 아주머니가 교회 살림을 다 맡아 하는데, 목사에게 주는 성미를 제때에 주지 않아 끼니를 이을 수 없는 고통 중에서도 주의 종의 신분으로 남의 집에 빌리러 갈 수도 없고 밀가루로 하루하루 연명하며 아이들은 밥 먹고 싶다고 수저들 생각도 않고 눈물만 뚝뚝 흘리던 일들이 종종 있었다.

방학을 맞아 집이라고 찾아왔던 큰아들에게도 그럴 수밖에 없었던 어머니는 짐짓 모른 체하며

"왜 안 먹니?"

"엄마, 밀가루가 싫어요."

힘들게 내뱉는 깊은 우물 속에서 울려 나오는 듯한 소리로 큰아들은 말했다.

어리고 철이 없다고 하기엔 정체를 알 수 없는 슬픔에 젖곤 했다.

이곳을 떠나기로 결심하기까지 그때 그 아픈 상처들이 오래오래 기억을 괴롭히면서 그 후 어머니는 전도사님들 성미 드리는 일만큼은 날짜를 넘기지 않도록 신경 써서 챙기는 버릇이 생겼다.

이삿짐을 싸 놓고 출발하려는데 노회에서 만나 알고 지내던 인계 계시는 신 집사님께서

"목사님 저희 집으로 오셔서 교회 하나 세워 주시오. 아무리 찾아봐도 목사님이 꼭 적임자 같습니다."

"집사님 죄송합니다만 서울에 있는 큰 아들놈 교육 때문에 안 되겠습니다."

하고 거절하였으나 집사님은 막무가내로 차를 가져와 이삿짐을 마구 싣는 바람에 어쩔 수 없이 끌려가다시피 가게 되었다.

1958년 막내아들을 그곳 인계에서 태어났다.

신 집사님은 꿀을 치고 있는데, 우리 가정의 생활비를 자신과 똑같은 금액으로 늘 대 주었다.

처음엔 가게 방 20평을 세 얻어 교회를 시작 했는데, 어느덧 20여의 성도들이 모이기 시작해서 방 3개에 대청마루 달린 30평 정도의 일본

집을 사서 방의 벽을 다 트고 교회로 개조하였다.

그곳에서 15리 정도 떨어진 골지리라는 곳을 방문하여 그곳 청년들을 전도하여 다시 교회를 세웠다.

인제교회에서 아침 예배를 드리고 오후엔 아버지 혼자 골지리 교회 가서 오후 예배를 드린다. 그곳은 유난히 눈이 많이 오는 곳으로도 유명한 터라 한번 눈이 오면 무릎을 덮는 것은 다반사였다.

다리가 너무 아파 눈 위에 풀썩 주저앉아서는

"하나님, 저에게 자전거 하나 주세요. 다리가 아파 못 걸어 다니겠습니다." 기도하곤 하셨다고 한다.

그리고 얼마 후 서울에 계신 김창신 권사님으로부터 한 통의 편지를 받는다.

'김 목사님 시골 다니면서 전도하시느라 애쓰시지요. 자전거 하나 사도록 하세요.' 하시며 돈을 부치셨다.

우리가 당연히 하는 것이 하나님에 의해서 계획된 것이라는 사실을 안다면 우리는 훨씬 더 감사하는 생활을 하게 될 것이다.

김창신 권사님은 고인이 되셨으나 어려울 때마다 헌신적으로 도움을 주시는 분이시다.

큰아들 중고등학교 학자금도 다 부담해 주셨고, 어려움이 있을 때마다, 물질적으로 큰 도움을 주셨던 분이다.

언제나 그랬듯이 어머니는 혼자 서울에서 공부하고 있는 큰아들이 늘 염려가 되어 다시 서울로 가기 위해 준비 중이었는데 노회에서 만나 알고 지내던 주문진 교회 이 장로님께서

'목사님 우리 교회 와서 부흥 좀 시켜 주시오.' 부탁을 하는 것이었다.

그렇게 시간은 자꾸만 흘러가고 어머니는 한 번도 큰아들에게 제대로 된 엄마 노릇을 못 한 것이 늘 마음에 짐으로 남아 있는 듯했다.

주문진 교회는 오래된 교회였지만 성도들이 몇 되지 않았다. 다시 그곳에서 3년간 사역하다가 큰아들이 고등학교 졸업반이 되어서야 서울로 올라오게 된다.

그때가 여름이었다. 아들이 기거하고 있는 서대문 응암동에 있으면서 뒷산에 올라가 어머니와 아버지는 서로 기도 소리가 들릴까 말까 한 거리를 두고 개척할 장소를 달라고 기도하다가 하루는 도시락 하나 들고 아버지는 무작정 집을 나선다.

남한산성으로 올라가 광활한 들판을 내려다보는 중에 송파구 석촌동이 눈에 들어왔다.

가운데 길을 중심으로 양쪽으로 길게 늘어선 200세대 정도의 마을인데 내려와 가 보니 교회가 없었다.

그 당시 경기도 광주군 중대면 돌마리였는데, 서울에 편입되면서 성동구로, 강남구로 강동구로 또다시 송파구로 바뀌기까지 삼십 년의 시간이 흘렀다.

아버지는 이장님을 만나
"전 예수 믿는 사람인데요. 이곳에 전도하러 왔습니다."

"이 동네는 예수는 절대로 받아들이지 않습니다. 전에도 댁 같은 분들이 여러 번 다녀갔는데, 이 동네 청년들이 그냥 놔두질 않아요.

방을 얻으려 해도 아무도 방을 주지 않습니다. 그래서 천막을 치면 칼로 못 쓰게 다 찢어 놓곤 합니다. 그러니 젊은 양반 공연히 괜한 고생 하지 말고 그냥 돌아가는 것이 좋을 거요."

"저를 위해서 말씀해 주시는 것은 고맙지만 사람이 하는 것이 아니고 하나님이 하시는 일이지요."

"글쎄 이 마을엔 받아들이지 않는다니까요, 젊은 양반 고집 한번 세구먼."

그러나 아버지는 어디엔가 믿는 사람이 한 사람이라도 있을 것 같았다. 그러나 쉽게 만날 수는 없었다.

'주여! 소돔 고모라 성과 같은 이곳에 나를 보내셨사오니 도와주소서.' 기도를 드린 후 포기할 수 없어 다시 찾기 시작했다.

그런데 동네 맨 끝부분 아랫마을에 함태영 부통령의 양딸로 있다가 이 동네로 시집을 왔는데, 지금은 과부가 되어 보따리 장사를 하며 딸과 함께 살고 있음을 알고 찾아갔다.

"나는 목사인데 이 댁에서 과거에 교회를 다닌 적이 있다기에 협조 좀 부탁드리려고 찾아왔습니다."

"안 됩니다. 바로 이웃에 큰댁이 살고 있는데 아주 핍박이 심합니다."

하며 거절했다. 그러면서 자신 스스로도 그리스도인이 되는 것은 전혀 불가능한 일이라고 하였다.

그러나 '하나님은 저를 긍휼히 여기셨고 저뿐 아니라 또 우리를 긍휼히 여기셨다' (빌 2:27)

라는 성경 말씀을 생각하며 마당이라도 좋으니 좀 빌려달라고 사정을 하니 그는 어쩔 수 없다는 듯이 그럼, 그렇게 하라며 언제까지든지 예배드릴 수 있도록 배려해 주었다.

주일이면 도시락 싸 들고 7시경 서대문 응암동을 출발하면 3시간 정도 걸려 도착한다.

먼저 아이들을 불러 모은 것이 10여 명이 되었다. 오전 예배를 드리고는 집 앞에 일본 정치 때 일본인들이 특별한 행사가 있을 때마다 제사를 드리곤 하던 절터에 올라가 점심으로 가져온 도시락을 먹곤 했다.

발밑에는 무시무시하게 생긴 돌비석들이 엎어 지고 자빠져 무질서하게 어질러져 있었다.

하나님께서는 이곳 석촌동에 새로운 관심을 가지기 시작한 것이 틀림없었다.

집주인 옥자 엄마는 예배 시간만 되면 보따리를 이고 장사를 나서곤 했다.

그렇게 한 달쯤 지났을 무렵 교회에 나오는 숫자는 어느새 40여 명으로 불어났고, 옥자 엄마도 조금씩 마음이 열리기 시작했는지 마루까지 예배 장소로 내주게 되었고, 육신의 병 고침을 통하여 주님을 만났고, 그 후 집사 직분을 받아 잘 감당했다.

그때 우리의 형편을 누구보다도 관심 있게 지켜보시던 권사님이 한

분 계셨다.

큰아들 중고등 학비를 부담해 주셨던 김창신 권사님이시다.

그 당시 500원이면 집을 하나 얻을 수 있었다. 권사님께서 생활비에 보태 쓰라며 10만 원을 부쳐 주셨다. 그 돈으로 방을 얻으려고 다리가 아프도록 동네를 헤매고 다녔으나, 동네 사람들은 이미 소문을 다 들은 터라 예수쟁이 나타났다고 수군대며 피해 달아나던 모습들을 어이없게 바라보며 허탈감에 발길을 돌려 정거장으로 가기 위해 동네를 빠져나오려는 순간 한 젊은 아저씨가 자기 집 마당 거름더미 앞에서 담배를 질겅질겅 씹으며 피우고 있었다.

"아저씨 혹시 빈집 구할 수 있을까요?"

"글쎄, 일본 정치 때 소학교로 사용하던 큰 집이 하나 있긴 한데."

난 귀가 솔깃하여 관리자가 누구냐고 물었다.

송파에 있는 중대 초등학교에서 관리하고 있다기에 학교로 찾아가 알아보니 공매 처분할 계획이라고 했다.

건물을 자세히 살펴보니 타마구를 입힌 검은 판자벽을 둘러친 육중한 일본풍의 단층 학교 건물은 공회당으로 사용하고 있었는데 아이들의 놀이터가 되어 형편없이 헐어 있었고 관사엔 사람들이 살림하고 있었다.

경기도 광주 군청에서 입찰 날짜를 알아냈으나 돈 마련할 일이 막연하였다.

기도하던 중 통일 연고(안티푸라민) 회사 사장인 김 집사를 만나게 되었다. 연고는 얼마든지 줄 테니 원금만 가져오고 이익금은 교회 사는 데 보태라는 것이다.

'우리가 구하는 것이나 생각하는 모든 것 위에 항상 더욱 넘치도록 풍성하게 이루어 주시는 분이 바로 우리 주님이시다' (엡 3:20)

박카스 상자만 한 약통 속에 연고를 가득 넣어 날마다 큰 교회 찾아 도움을 구하니 그때만 해도 순박한 성도님들이 열심히 팔아 주었다.

입찰 날짜가 되었는데, 아직도 돈이 부족한 상태였다. 일주일을 앞두고 밤을 새워 기도 하던 중 응암동에 살고 있는 조카가

"고모부 우리 집 전당 잡힐 테니 우선 사도록 하세요." 하고 권한다.

30만 원을 준비해야 하는데 3만 원이 부족했다.

아버지와 어머니는 응암동에서 버스를 타고 가다가 청량리에 내려 한약방을 운영하시는 동도교회 길 장로님(왕성교회 길자연 목사님 부친)을 찾아갔다.

사정을 말씀드린 후 '3만 원만 빌려주시면 꼭 갚겠습니다.'

하니 십일조 떼어 놓은 것이 있으시다며 빌려주셨다.

입찰 장소에 가 보니 세 사람이 신청했는데 아버지와 관사에 살고 있는 중대 국민 학교 교사 그리고 또 한 사람이었다.

첫 번째 적어 낸 것은 모두 미달이라며 다시 적어 내라고 했다. 두 번째 적어 낸 것이 아주 근소한 차이로 아버지에게 돌아왔다.

군청 직원은 아버지에게 어떻게 그렇게 정확한 금액을 적어 낼 수가 있었느냐고, 놀라면서 이렇게 되면 기밀이 누설된 것으로 오해를 살

수 있으니 다시 조금만 더 높여서 적으라고 요구해 그렇게 할 수밖에 없었다.

1961년 9월 3일 교회는 새로 산 건물로 이사 해 첫 예배를 드렸다. 여러 가지 어려운 여건 속에서 친절과 도움이 아쉬울 때 곁에서 후원과 협조를 아끼지 않으신 고마운 분들 그때의 감격은 잊을 수가 없다고 하신다.

벼가 누릇누릇 익어 가던 가을 들판을 가로지르며 아버지와 어머니는 큰오빠를 데리고 주일마다 예배드리러 가곤 했다.

12월 추운 겨울 온 가족이 이사를 하게 되었는데 이사 할 때마다 이번만은 정을 붙이고 오래 살아야지 마음으로 다짐해 보지만 그런 일은 한 번도 일어나지 않았다고 한다.

이삿짐을 싣고 떠날 때마다 배웅하시며 손수건으로 눈시울을 닦으시던 성도님들을 볼 때마다 떠나는 마음이 무겁다고 했다.

어쨌든 이사란 묵은 정을 뒤로하고 헤어져야 하는 아픔이 있다. 그러나 새로운 터전을 향하나 부푼 희망도 없지 않다.

지금까지의 이사 횟수만 헤아려 보고 어머니는 소스라치게 놀란다. 무려 20여 차례나 되기 까닭이다.

가장 오래 머물렀던 기간이 3년 정도밖에 되지 않았다. 하긴 1년에 두세 번 옮길 때도 있었으니까, 이사 경력으로는 누구에게도 지지 않을 것 같다. 이제 이사라면 진저리 칠 정도가 되었다. 누군들 이사를 좋아할 리 없지만, 집을 얻는 일부터 시작해서 짐을 싸고 나르고 정리하다 보면 어느새 피로가 쌓이기 마련이다. 그리고 이사라면 여자의 할 일이 좀 많은가. 비록 좀 더 나은 환경으로 옮긴다 해도 지치긴 마찬가지다. 신체적 피로와 시간적 낭비는 정신적으로도 많은 소모를 가져온다. 이사 경력은 그 사람의 인생 역정을 그대로 담고 있는지도 모른다.

어머니는 지금도 과거에 살았던 집을 짚어 가면 그 당시의 모습들이 줄지어 떠오른다.

어찌 되었거나 한군데에 오래 정착하지 못하고 자주 옮겨 다녀야 하는 사람은 그리 행복해 보이지 않는다.

고향을 떠난 후 지금까지 한자리에 3년 이상 살아 본 적이 없다는 사실은 어머니에게 많은 것을 생각나게 한다. 복음을 전하겠다는 사명감이 불길처럼 일어났던 그 열정 하나는 누구도 막을 수 없었다. 그럴 때마다 예루살렘에서부터 시작하여 땅끝까지 파고 들어가는 복음의 위력에 새삼스레 놀라곤 했다.

그러나 이젠 더 이상 여기에서 움직일 수 없다는 어떤 고정관념을 지워 버릴 수가 없다. 왜냐하면 막내아들만 빼놓고 위에 네 남매가 모두 학교 다니고 있었기 때문에 아이들의 교육을 위해서라도 이곳에 뿌리를 내려야 하겠다는 결심을 한다.

이곳으로 이사 올 때는 몹시 추운 날이었다. 어머니는 부엌도 없는 한데에서 추위 떨고 있는데 건너편 바라다보이는 오봉산 중턱에 살고 있는 총각 무당의 동생이 나무를 갖다주며 불을 지펴줘 밥을 해 먹었다. 그 후 오랜 세월이 흘러 그 가정도 교회에 출석하게 되고 앞에서 아버지에게 일본 소학교를 소개해 준 그 아저씨의 가정도 교회에 출석하게 되었다.

그때 큰아들 나이 또래 청년들이 7, 8명이 주축이 되어 40여 명의 유년부 학생들로부터 시작되었다.

동네 사람들은 어린 자녀들을 향해
'이눔의 새끼들이 미치지 않고서야 교회 가면 밥을 주나 옷을 주나.' 비웃고 조롱했다.

심지어 부모들까지 집안 망신시킨다고 동네 창피해서 못 살겠다며 주일만 되면 기다렸다는 듯이
'소 꼴을 베 오거라 나뭇짐을 해 오거라.' 일을 시키면서 교회 가면 밥을 주지 않겠다는 엄포를 놓기도 했다.

그럴 때마다 밥을 굶어 가며 때론 집에서 쫓겨나기도 하고 족보에서 제해 버린다는 수모를 겪으면서도 열심히 주일을 지켰다.

핍박은 그것으로 끝나지 않았다. 11월 셋째 주일 추수감사절을 맞아 2부 순서로 축하 행사를 하고 있는데, 한 청년이 교회 현관문에 기대서서 담배를 피우며 교회 안으로 푸푸 하며 연기를 뿜어내고 있는 것이었다.

"누구시오?"

"나? 남대문 깡패다 왜? 어디서 굴러먹던 놈이 남의 동네에 들어와 이 야단이냐?" 하며 행패를 부리기도 했다.

밀고 당기고 가벼운 몸싸움이 벌어지면서 그 청년은 가슴이 아프다며 엄살을 부리기 시작했다. 경찰서로 가자며 생떼를 쓰는 그의 뒤를 따라 경찰서 앞까지 갔다.

20여 개의 계단을 올라서야 하는데 씩씩거리며 앞서서 오르던 그 청년이 홱 돌아서며

"목사님 제가 잘못 했으니, 경찰서 들어가는 일은 그만두고 돈이나 좀 주시오!"

그 청년이 아편 중독자임을 나중에 알았다.

어이없이 그를 바라볼 수밖에 없던 아버지는

"그런 돈은 줄 수 없소, 이런 일이 없었다면 모르겠지만 이 상황에서 난 당신에게 한 푼도 줄 수 없소."라고 잘랐다.

그 후 소문에 들으니 그 청년은 결혼도 했고 그 일을 계기로 교회도 다니고 있다고 했다.

어느 주일 아침 9시 유년부 예배를 드리고 있었는데 국민 학생인 이장님의 막내아들이 교회 안을 향해 축구공을 던졌다.

공을 돌려주며 야단을 쳤더니, 형들이 몰려와 내 동생을 왜 건드렸느냐며 교회 청년들과 치고 박고 싸움이 일었다.

경찰이 출동하고 연행되어 재판받는 과정에서 법에 따라 예배 방해죄로 다시는 교회를 핍박하지 말자는 전단을 이장의 명의로 집집마다 배포하는 가운데 이장의 체면을 염려하는 동네 사람들의 언성이 높아지기도 했다.

우리가 매입한 일본 소학교는 매우 낡아 있었다. 천정이 뚫어져 하늘이 보이고 창문도 다 떨어져 나간 상태였다.

한쪽으로 기운 듯한 건물은 곧 쓰러질 것 같은 불안감을 주어 아름드리나무 기둥 두 개를 앞부분과 뒷부분 처마 밑을 받쳐 놓았다.

어느 날 시내 모 교회 도 장로님께서 우리 교회 여자 청년을 중매하기 위해 선을 보러 오셨다가 교회의 모습을 보시고는

"목사님 교회를 다시 지으셔야겠네요."

"장로님 그렇긴 하지만, 교회 부지를 마련하느라 빚을 좀 졌습니다. 그래서 건축 한다는 것은 엄두도 못 내고 있습니다."

"목사님 그럼 내가 여기 만원 놓고 갈 테니, 이것을 기준으로 해서 기도하세요."

그래서 교회 건축을 계획하게 되었고 성도님들의 협조를 얻어 건축을 시작했다. 설계를 하고 기초를 파고 기술자를 얻을 형편이 못 되니 아버지는 목수도 됐다가 미장이도 됐다가 성도들의 손을 빌어 손수 하나하나 해 나갔다.

어느새 벽돌 쌓기가 가슴까지 올라왔을 때 동사무소에서 허가 없이 짓는다고 중지시켰다. 그때만 해도 허가 없이 집을 짓는 일은 아주 흔한 일이었다. 다른 곳은 다 묵인해 주면서도 교회만은 그럴 수 없다는 것이 핍박임을 알고 다시 허가를 얻어 중단된 건축을 재개했다.

교회는 완성되었으나, 창문을 달 수 없어 비닐을 쳐야 했고, 천장 공사도 못한 채 바닥엔 가마니를 깔고 예배를 드렸다.

농촌 교회에 특별히 관심이 많으신 노 권사님께서 한번 방문 하시더니 기도 동지라며 칠팔 명의 권사님들을 모시고 와 창문을 해 주기로 약속하셨다. 또 곧이어 태복 메리야쓰 사장님께서 천장과 바닥을 해 주셨고 때마침 새 성전 짓고 의자를 바꾸는 교회가 있어 그 교회에 쓰던 의자를 가져다 놓으니 정말 훌륭하게 모든 것이 갖추어졌다. 좋은 다른 교회에서 사용하던 산소통을 종으로 대신했고, 너무 오래 치다 보니 깨져서 아름답지 못한 소리가 나와 종을 칠 때마다 듣기가 거북 했는데 때마침 종을 처분하려는 교회를 소개받고 종각까지 모두 옮겨 놓게 되었다.

그 후 챠임벨로 바뀌면서 종은 필요 없게 되었다.

싸우고 미워하고

일본 소학교를 사고 나서의 일이다. 측량을 해보니 학교 옆 운동장을 이웃집에서 마당으로 사용하고 있었다. 측량하고 경계를 정하니 그 이웃집 젊은 여인이 밤낮으로 시끄럽게 욕을 해 댔다. 하루 이틀 저러다 말겠지, 했으나 몇 날 며칠 계속되었다.

상대를 안 해 주면 잘난 척한다고 욕하고 날만 밝으면 끈질기게 시비를 걸어온다.

"어디서 굴러먹던 개뼉다구냐? 굴러온 돌이 박힌 돌을 밀어내느냐?" 늘 이런 식이었다.

날만 밝으면 여지없이 시비를 걸어온다.

가슴이 떨려 오고 오늘은 또 무엇으로 시비를 걸어올 것인가 걱정이 되곤 했다.

자기 집 마당으로 우리 집에 있는 나무낙엽이 떨어져 지저분하다며 신경질적으로 비질을 하며 욕이 또 시작된다.

그 시간은 결코 짧지 않았다.

교회 종소리가 시끄럽다는 등 찬송 소리 기도 소리 모두가 그 여인에게는 시빗거리가 되곤 했다.

아무리 다정하게 대해 보려고 해도 얼굴빛 하나 달라지지 않고 그녀의 푸념은 그칠 줄을 몰랐고 길기도 했다.

안방 창문 너머로 한참을 지켜보아도 여전히 멈추지 않는다. 얼굴을 치켜들고 어머니를 바라보는 눈길이 오만하기 이를 데 없었다.

어머니는 이러지도 저러지도 못하고 어쩐지 그렇게 해도 별일은 없을 것이라는 생각이 들기 시작했고, 그러다 보니 그것이 마치 일상인 것처럼 느껴질 때도 있다고 했다.

늘 시비를 걸어오는 그 여인의 얼굴을 머릿속에 그리며 기도 했다.

아마도 그녀는 외로울 것임이 틀림없을 것이다. 남편도 시어머니도 이웃들도 누구도 그녀를 상대해 주지 않는다는 것도 알게 되었다.

그녀가 기독교인이 되어 한 형제가 되기를 원했고 아니면 다른 곳으로 이사를 보내 주시라고 기도했다.

그 여인만 생각하면 가엾은 생각이 든다. 일하는 시간을 방해받는 일이며 싫은 소리를 듣는 일이며 그러나 귀찮게 시비를 걸어오는 일조차 싫어한다고 만은 할 수 없는 무언가 남겨진다.

그것뿐 아니라 심한 소리를 꾸며 내어서 마치 정말인 것처럼 퍼트리고 다닐 때도 있다.

그러나 그 여인이 욕하고 다녔다고 해도 그것은 어쩔 수 없는 일로 생각했다.

왜냐하면 그녀에게 있어 우리에 대한 평판이 조금이라도 나빠지는 것이 그녀의 즐거움이라 하더라도 탓할 수만은 없다는 생각이 들었다.

그리고 어떻게든 해서 우리를 나쁘게 말하려고 하고 하잘것없는 소문을 만들어 내는 그 심경을 생각하면 역시 건방진 표현이지만 무어라 말할 수 없는 인간의 비애를 느낀다.

어쩌다 한 번만 실수해도 잊지 않고 복수한다.

그래서 매일 하나님께 매달리는 수밖에 없다.

정말로 책임 있는 응답을 해 주시는 하나님께 기도할 수 있는 행복을 새삼 느끼며 진심으로 감사했다.

얼마 후 하나님의 응답이었을까? 우리 교회 권사님께서 그 집을 사서 이사를 오셨다.

동네 소문에 의하면 그 많던 토지 다 팔아 정육 사업을 하다가 사기꾼에서 속아 빈털터리가 되어 지하 사글세를 전전하고 있다는 안타까운 소식을 접하게 되었다.

그러나 많은 세월이 흘러 그 여인의 심경도 많이 변화된 것을 볼 수 있었다.

어쩌다 길에서 마주치기라도 하면 그 우쭐대던 마음은 다 어디로 갔는지 멀리서도 달려와 반갑다고 손을 마주 잡으며 인사를 건넨다.

큰오빠는 고등학교를 무사히 졸업하고 연세대학 신학과를 입학했다. 어머니는 태중에 있을 때부터 하나님의 종으로 키우겠다고 서원 기도를 하셨다고 한다.

오빠도 어머니의 그 결단이 늘 마음속에 자리하고 있었나 보다.

'어른들이 너는 커서 뭐가 될래?'

라고 물으면 '목사가 될 거예요.' 한 치의 망설임도 없었다고 한다.

1학기를 마치고 2학기 등록을 해야 하는데 등록금이 문제가 되었다. 아버지는 경제적인 이유를 들며 자퇴하고(1학기는 휴학이 안 됨) 군대에 입대한다.

군대 생활도 기독교 신앙을 가졌다는 이유로 쉽지 않았다. 훈련소에 입소해 처음 주일을 맞던 날

"교회 갈 놈 있나? 나와!"

찢어지듯 고함치는 내무반장의 불호령에 여섯 명의 훈련병들이 나와 섰다고 한다.

"엎드려뻗쳐."

여섯 명의 엉덩이에 린치 행위가 가해졌다.

"아이구, 사람 살려!" 비명을 지르기도 하며 혹시 구원의 손길이라도 없을까? 주위를 둘러보기도 했단다.

오빠는 남을 때려 보기는 고사하고 이러한 몽둥이맛을 생전 처음 경험하는 것이라 했다.

때리는 놈들은 아무 요령도 없이 무지막지하게 덮어 놓고 장님 파밭 두드리듯 두드려 댔을 것이고 매를 맞는 쪽 역시 전혀 있지 않았으므로 하반신 전체가 송두리째 끊어져 나가는 듯한 진통과 질식감을 맛보았을 것이다.

오빠는 이런 식으로 계속 매만 맞다가는 목숨을 부지하기 힘들 것 같은 위기감마저 들었다고 한다.

다시 두 번째 주일을 맞는다

"교회 갈 놈 있나? 나와!"

소름 끼치듯 능글거리며 째지는 고함 소리에 용기 있게 나선 것은 아들 혼자였다.

"네가 진짜 예수쟁이다. 다녀와!"

그때부터 오빠의 신앙생활은 누구의 제약도 받지 않았고 군목님의 신임을 얻어 성도님들의 사랑을 한 몸에 받으며 제대하는 날까지 군인으로보다는 전도자로서의 활동을 주로 했던 것으로 안다.

아버지가 면회 가면 군목님과 똑같은 대접을 받으며 아무 부족함 없이 잘 지낸다기에 안심하셨다고 하신다.

오빠의 중고등학교 등록금을 대 주시던 권사님이 미국으로 이민을 가시면서 어머니에게 일제 재봉틀과 돈을 조금 주고 가셨다.

평소 알고 지내던 제품 하시는 장로님께서 그 재봉틀을 만 원에 맡아 주셨다.

　강원도 인계교회에서 꿀을 치고 있던 신 장로님께서 보내 주신 꿀 두 초롱(페인트통만 한)을 한약방 하시는 장로님께 팔았다.

　그래서 모은 돈으로 평당 15원 하는 논 800평을 샀다.

　그런데 그곳은 침수지역이라서 1년에 몇 차례씩 물에 잠기곤 했다. 모를 심으려면 우선 논에 물을 대야 하는데 밤새워 물을 받아야 했고, 하룻저녁이라도 게으름을 피우면, 옆에 논들이 물꼬를 터 물을 다 빼내어 가기 때문에 다시 밤을 새워 지켜야만 했다. 며칠씩 밤을 새우다 보니 서로 신경이 날카로워져서 싸우기도 다반사였다.

　한참을 자고 나도 또 자고 나도 아버지와 어머니, 작은 오빠의 이부자리는 늘 비어 있었다. 날이 훤히 밝아오는 새벽녘에야 삽을 들고 들어오는 지친 모습들을 보며 '오늘도 논물 대느라 밤을 새우셨구나' 했다.

　그곳은 침수지역이라 매년 한두 차례씩 물이 들어 벼를 썩게 했다.

　지금도 그때의 기억이 생생하다. 고개 숙여 늘어져 있어야 할 벼 이삭들이 고개 빳빳이 들고 기생충 앓은 얇은 머리처럼 드문드문 서 있던 죽은 벼 이삭들이 눈에 선하다.

　그때부터 비는 무섭고 두려운 존재다. 비에게도 이렇게 고약한 오기가 있는 줄 몰랐다.

　어린 마음에 우리를 왜 이렇게 고통스럽게 하느냐고 불평하기도 했다.

　그러나 이미 인간의 힘으로 어쩔 수 없는 자연의 섭리라는 생각이 들었다. 이미 까마득한 어린 시절 허기만 잔뜩 들었던 기억이 지금도 잇모 내기 할 을 수가 없다.

  그러나 모내기 할 때만은 기대에 부풀어 점심밥을 광주리에 담아 이고 곡예를 하듯 언니랑 논둑길을 걸어가 길에 펴놓고 먹던 그 맛은 꿀맛이었다.

  제일 힘들었던 것은 가장 바쁠 때는 일꾼 구하기가 힘들어 어머니는 밤새 이집 저집 찾아다니며 사정사정했다.

  일을 마치고 나면 일꾼들 품삯을 제때 주지 못해 안타까워하던 일도 많았다.

  얼마 후, 서울에 사시는 돈 많은 권사님이 일천 평의 땅을 사서 빌려 주시며 농사지어 아이들 학비 대라고 하셨다.

  지난 세월 숱하게 많은 분들이 헤아릴 수 없이 많은 도움을 주셨고, 그 가운데 특히 어머니가 눈물을 흘리던 때, 그 눈물을 씻어 주던 분이다. 하나님 안에서 살아가도록 용기를 주고 여러모로 힘이 되어 주신 분이다. 기쁨보다는 아픔을 즐거움 보다는 괴로움을 함께 나누어 주셨고, 순조로울 때보다 어려울 때 곁에 있어 주셨으며 밝은 면보다는 어두운 쪽을 지키고 감싸 주신 고마우신 분 그 분의 적극적인 도움이 아니었던들 어찌 우리가 살아 낼 수 있었을까?

  인간은 많은 생각 속에서 방황하나.

  '여호와의 도모는 영영히 서고 그 심사는 대대에 이르리로다' (시편 33:11)

  '오 주님! 당신은 때를 따라 우리에게 양식을 주시며 단신의 손을 열

어 우리의 영혼을 축복해 주시는 분이십니다.'

평소 농사에 대해 문외한이었던 어머니는 이웃 농군들에게 뭘 심어야 하나요? 비료는 언제 주나요? 약은 언제 치나요? 일일이 물어 가며 농사를 지었다.

그냥 아무 때고 씨만 뿌리면, 거두는 줄 알았는데 심는 날짜가 정해져 있고 시기를 놓치면 안 된다는 것도 알게 되었다.

그런데 놀라운 일은 농사를 가르쳐 준 농군의 것보다 어머니의 것들이 더 잘되었고 많은 수확을 안겨 주었다.

봄이면 완두콩을 심었고, 가을엔 무와 배추를 심었다, 기온. 날씨 토양 조건이 곡물이 자라기에 알맞을 때가 되면 잡초들이 무수히 곡식보다 얼마나 더 빨리 자라는지 놀랍다.

잡초는 곡식보다 훨씬 빨리 자라는 탓에 신경을 쓰지 않으면 번식하고 자라서 곡식을 집어삼켜 질식시켜 버린다.

밭의 잡초를 뽑으며 내 마음의 밭을 보게 된다. 잠언 4:23 '우리 마음을 지키라' 말해 주고 있다.

거친 말투 가증스런 행동 또는 그릇된 태도와 같은 작은 잡초들이 성령의 열매를 맺어야 할 식물들과 나란히 자라고 있지는 않는지 나는 내 믿음의 상태에 대해 부주의하거나 게으를 틈이 없다.

내가 이런 말투 행동 또는 태도에 대한 용서 구하기를 게을리할 때 이 잡초들은 자라나서 그리스도께서 내게 바라시는 좋은 열매를 밀쳐 내게 될 것이기 때문이다.

석촌호수가 우리 어렸을 때는 한강에서 갈라져 나온 샛강이었다. 배를 타고 그 샛강을 건너면 잠실이다. 어머니는 거기 가서 완두콩 씨를 세 말 사 왔다. 이웃 농부가 콩에는 거름을 주지 말아야 한다면서 거름 주면 잎과 줄기가 무성해 열매가 적을 것이라 했다.

거름 없이 씨만 던져 놓으면 저절로 열매 맺히는 줄 알았던 때도 있었다.

비료를 줄 때도 어느 정도 곡식과 거리를 두어야 하는데 너무 가까이 주어서 뿌리가 녹는 낭패를 본 일도 있다.

고추나 토마토 옥수수 등 열매 맺는 작물에는 복합비료나 용과린 같은 것도 써야 하는데 요소만 줘서 입만 무성하게 했던 적도 있다.

호박 오이는 장마통에 진흙에 묻혀 썩어 버리기도 하고 한번은 고구마를 심었는데, 막냇동생 머리통만 하게 큰 것들이 들어앉아 있어서 좋아했는데 그 맛이 지려서 가축들에게 다 주고 말았다.

토지를 잘 몰랐던 탓이다. 아버지는 가족들 영양 보충시켜 준다고 몸에 좋다는 당근 땅콩 이것저것 심어 보기도 하였으나 모두 실패로 돌아갔다.

완두콩 농사는 재미있었다. 좋은 종자를 만나 껍질이 얇고 콩알이 커서 새벽에 장에 싣고 가면 아주머니들이 우리 콩을 기다리고 있을 정도였다.

콩을 따는 동네 아낙들이 '정말 하나님이 계신 거 같아요, 목사님네 콩이 제일 빨리 열매를 맺잖아요. 가격도 잘 받고.'

하나님의 존재는 바로 사람들이 증거 해 주기도 한다. 하나님이 아니고서는 도저히 실천할 수 없는 어려운 일들을 때로 사람을 통해 해 보이기도 한다.

참으로 하나님은 존재하시고 또 우리 인간을 보살피신다고 나는 수긍한다.

그때만 해도 도시 부자들이 이곳에 와서 땅을 많이 사들였다. 전혀 알지 못하는 낯선 사람들도 아버지에게 팔고 사는 것을 부탁해 왔고, 자연스럽게 복덕방처럼 많은 거래를 해 주었다.

그리고 그들은 산 땅을 어머니에게 부쳐 달라고 부탁을 하곤 했다.

전혀 상상치 못했던 도움의 손길들이 이어졌고 소득을 조금이라도 올리기 위해 어머니는 한 평의 땅도 놀리지 않고 이것저것 심어 수확을 보았다.

가족이 총동원되어 쑥갓, 아욱 근대 열무 깻잎 등 아무튼 돈이 될 만한 푸성귀는 모조리 심어 우리 남매들은 다듬고 아버지와 어머니는 단을 묶어 다음 날 새벽 예배 마치자마자 천호동 상회로 리어카에 싣고 달려갔다. 그 작업은 늘 밤 12시가 되어서야 끝나곤 했다.

입양

어머니는 혼자서는 감당할 수 없을 만큼의 농토를 얻게 되자 몹시도 힘들어할 즈음에 작은오빠와 동갑내기인 고아 소년이 우연히 우리 집을 찾아온 것이다.

　처음엔 그냥 놀러 왔다기에 그런 줄 알고 있었는데, 며칠 후 그 소년의 형이 찾아왔다. 동생이 형이랑 싸우고 가출하여 갈 곳이 없어 우리 집으로 온 것이었다.

　가자고 했지만, 그 소년은 안 가겠다고 버텼다. 어머니는 결국 그 소년을 또 하나의 아들로 받아들인 것이다.

　그 당시 논 2천 평과 밭 2천 평 모두 4천 평인데, 어머니를 도와 모두 하나가 되어 일했다. 가뭄으로 땅이 타들어 갈 때는 두레박질은 언제나 언니와 나의 차지였다. 후에 펌프로 바뀐 후에는 어린것들이 힘에 부쳐 펌프 손잡이에 배를 얹고 내리누르다가 손잡이가 탁하고 올라와 턱을 가격하기도 했다.

　그렇게 가뭄이 끝나면 으레 기다렸다는 듯이 장마가 시작된다.

　비가 2, 3일 계속 오기 시작하면 남한산성에서 내려오는 탄천(숯내)과 석촌호수 샛강의 물이 불어나기 시작하며 동네를 삼켜 버린다.

　침수가 된 후부터는 전깃불도 끊기고 우물물도 먹을 수 없게 되어 밤이면 촛불이 행세를 했고, 가족들은 임시 대피소인 송파 중대초등학교로 배 타고 건너간다.

　그렇게 배급받아 먹던 라면으로 허기를 채우고, 돌아오면 화장실의 오물로 뒤덮인 집과 아수라장이 된 집안의 가재도구를 지켜볼 수밖에 없다.

　구들장이 다 내려앉아 아버지는 해를 거듭할수록 구들 놓는 기술자가 되어 있었다. 어느 때는 잘 놓아서 따뜻하고 어느 때는 뭐가 잘못되었는지 방바닥이 냉골인 적도 많았다.

물에 잠겨 진흙으로 뒤덮인 배추밭에 주저앉아 허탈해하던 어머니 옆집 할머니는 울상이 되어 쫓아 와서는 강변에 있던 밭둑이 무너져 내려 다 떠내려가고 미친년 볼기짝만큼 남았다는 얘기에 가슴이 먹먹해지기도 했다.

그러나 나는 알고 있다. 아무리 폭풍우가 쏟아져 나무의 허리가 잘리고 불어난 물에 낮은 지대가 몽땅 침수당했다 할지라도 그 참혹한 뒤에 거짓말처럼 떠오르는 눈부신 태양이 있음을 참혹함이 있었기에 더욱 태양이 눈부시게 느껴지듯이 고통이 있기에 무릎을 펴고 일어서는 순간의 소망이 아름다운 것이리라, 파괴에는 복구가 따르며 좌절의 순간이 있은 뒤에라야 가슴은 더욱더 아름다운 결정체가 되어 날개를 다는 것이 아닐까?

바쁜 사람들은 절망할 틈도 없는 법 이제 절망은 서서히 애틋한 아쉬움으로 그리고 시간이 더 흐른 뒤에는 그 아쉬움마저도 아름다운 추억으로 기억될 날이 오겠지, 그래서 나는 살아가는 동안 삶의 거름처럼 찾아오던 고통의 순간들을 결코 외면 하지 않는다.

지나고 보면 사람이 견딜 수 없는 시련이란 없음을 알게 된다. 믿음의 눈으로 하나님만 바라보며 살 때 어떤 변화에도 두려워하지 않고 힘차게 생활할 수 있었다. 그럴 때 모든 나약한 한계를 딛고 승리하는 신앙생활을 할 수 있게 될 것이다.

가을 추수가 시작되면서부터 겨울 김장철이 끝나기까지 이제껏 농사지은 것을 파는 일로 걱정이 또 시작된다. 애써 농사지은 것을 팔지 못해 버리는 일은 흔한 일이기 때문이다. 우선 기후 변화에 민감한 반응을 보여야 한다.

얼어 버리기라도 하면 팔 수가 없기 때문이다. 밤에 날씨가 영하로 떨어진다는 뉴스가 나오면 온 가족이 동원되어 배추를 따서 무를 뽑아서 고랑을 파헤치고 주욱 줄지어 세워 놓고 비닐을 덮어 준다.

언제나 그런 일은 밤중에 이루어지는 경우가 대부분이고 그때만 해도 장갑이 흔치 않던 때라 아버지의 양말을 양손에 끼고 작업을 했었다.

그렇게 애써 거둔 김장 배추와 무를 파는 것은 더 아픈 기억들을 갖게 했다. 상회에 헐값으로 넘기기엔 너무 안타까워서 직접 차를 얻어 싣고 친척 집 마당이나 길거리에 펴 놓고 장사에 나서는 일이 종종 있었다.

소비자들의 까다로움에 화가 치밀어 애꿎은 배추만 둘러엎기도 했다. 꽃을 키워서 내다 팔기도 했다.

다섯 아이를 공부시키려니 농사만 지어 가지고는 어림도 없다. 월사금을 내지 못해 집으로 쫓겨 오기는 다반사고 아침이면 준비물 사야 한다고 돈 달라고 가방을 든 채 울고 서 있는 일은 예사였다.

어머니는 아버지가 밭에 서성이는 걸 몹시 싫어했다. 성도들이 보면 안 된다는 것이 그 이유였다.

그래서 아버지는 집안에서 가축을 키우기로 하신다. 닭을 200마리

정도 키워 계란을 낳는 대로 남대문 시장에 내다 팔았다.

돼지도 키웠다. 한번은 임신한 큰 어미 돼지가 주일날 아침 돼지 먹이를 주려는데, 돼지가 오줌통에 거꾸로 처박혀 있었다. 어머니는 눈앞이 아뜩했지만, 나이가 좀 있으신 집사님을 불러 꺼내 보니 이미 죽은 후였다. 배안에서는 새끼들이 꿈틀대고 있었다.

가슴이 난도질하듯 쓰라리며 한없이 낙담이 되었지만, 아버지에게는 알릴 수가 없었다. 이제 곧 예배가 시작되기 때문이다.

예배를 다 마친 후,
"여보 놀라지 마세요. 돼지가 오줌통에 빠져 죽었습니다. 어쩌지요? 주일이라 팔 수도 없고 집사님들에게 가져가라고 할까요?"

다음 날 아침 집사님들이 배를 갈라 보니 12마리의 새끼가 들어 있었는데, 모두 죽었다고 들었다. 고깃값으로 조금 받았다면서 손에 쥐여 주는데 어제보다도 더 많은 눈물이 가슴을 타고 내린다. 쓰디쓴 좌절감을 맛본 것이다.

그리고 염소도 있었다. 아침 일찍 들에 내다 묶고 저녁이면 끌고 들어온다. 아침저녁으로 젖을 짠다. 베 보자기에 걸러 연탄불에 부르르 끓여 따끈할 때 버거병(빈 병)에 담아 배달 해야 한다.

그 당시에는 병원에서 못 고치는 병 염소젖 먹고 좋아진 사람들도 꽤 있었다. 특히 폐병으로 각혈하는 이들이 많았다.

나의 책가방에는 학교 선생님들에게 배달할 뜨거운 우유들이 늘 들어 있었다. 학교에서 돌아오면 우유병을 모래알로 깨끗이 닦아야 한다. 말라붙은 우유 찌꺼기 닦기가 쉽지 않았다. 그리고 뜨거운 물에 소독한다.

나의 겨울 방학은 염소 몰이로 하루를 보낸다. 아침이면 농작물이 다 거두어진 들판에 염소들을 데리고 나간다. 이리 뛰고 저리 뛰고 염소처럼 말 안 듣는 놈들은 없을 것이다. 마지막 때에 염소와 양을 갈라 놓으신다는 주님의 말씀이 생각난다.

그래서 우리 형제들은 다 달리기를 잘했다. 운동을 좋아하시는 아버지는 비닐하우스 속에 탁구대를 들여놓고 가르쳐 주기도 했다.

나만 빼고 다른 형제들은 다 수준급이다.

토끼를 길러 식량을 구하기 힘든 겨울에는 양식으로 삼고 토끼 만두를 만들어 먹기도 하였다.

넓은 마당엔 개들이 사자 떼처럼 우글거렸고 밀기울(쌀 벗기면 나오는 고운 겨) 끓인 것이 그들의 밥이다. 살은 통통 쪄 있었고 그들이 배설한 배설물들이 산을 이룬다.

어머니는 개고기 요리를 잘하셨고, 남자들은 모두 좋아했다.

1년에 한두 차례씩 마을이 침수될 때마다 모든 농작물이 다 망가져 자연히 양식을 아끼게 된다. 일을 하지 않는 겨울엔 주로 밥은 아침에만 먹고 점심엔 감자나 고구마 옥수수 등을 쪄먹고 저녁에는 수제비 칼국수 김치죽 호박죽 아욱죽 등 끼니를 이어 가는데 밀가루와 죽 먹기 싫다고 울고 보채던 막냇동생에게는 찬밥을 조금씩 숨겨 놓았다가 주곤 하셨다.

유난히 길었던 보릿고개 입이 짧은 막내아들을 위해서 깡 보리밥 가운데에 쌀을 한 주먹 얹고 아버지와 막내 동생에게만 주셨다.

그래도 좀 나은 것은 무밥 콩나물밥인데 쌀알보다 더 많은 무나 콩나물을 간장에 비벼 먹으며 그래도 오늘은 밥이라고 좋아했다.

김장 김치를 송송 썰어 쌀 한 바가지 넣고 가마솥으로 가득 김치죽을 끓인다. 그 멀건 죽이 왜 그리도 맛있는지 세 그릇 네 그릇 받아먹으며 춥고 가난한 긴긴 겨울을 어렵게 넘기곤 했다.

일본 소학교 사택인 우리 집은 너무 추웠다. 한 사람 겨우 엉덩이 붙일 만큼만 따뜻하고 차디찬 얼음장 같은 방에서 이불 뒤집어쓰고 공부했다. 천정은 높았고 창문은 많았고 비라도 올라치면 지붕이 새서 새숫대나 다라를 받쳐 놓아야 할 지경 이었다.

친구들 집에 놀러 가면 야트막한 초가지붕에 토담으로 쌓은 어두컴컴한 방으로 들어가면 가운데 화롯불이 벌겋게 타고 있는 것이 얼마나 부럽던지, 나는 종종 추위를 피해 따뜻한 닭장으로 가곤 했었다.

닭장엔 항상 연탄난로가 피워져 있었고, 늘 따뜻했다. 밤새 백열등은 꺼지지 않고 닭들은 밤새 구구거리며 모이를 쪼아 댄다.

"어머니 왜 닭들은 잠을 자지 않는 걸까요?"

"자는 놈들은 병든 닭이란다. 이렇게 불을 환히 켜 놓으면 닭들은 아직 낮이구나 하고 계속 먹어 대는 거야. 그래야 알을 많이 낳거든. 참 멍청한 놈들이지 그래서 머리 나쁜 애를 닭대가리라고 하지 않든." 어머니의 이야기가 너무 재밌어 나는 깔깔 웃었다.

어머니는 늘 바쁜 일과 속에서 자신을 잊고 사시는 분 같았다. 항상 시간이 부족하였다. 사도바울이 생각났다. 고린도후서 11:23에서 '수고하며 애쓰고 자지 못하고 굶고 주리며 헐벗었다고' 기록되어 있다.

노동은 하나님의 소명이며 우리는 하나님의 일꾼이란 사실이다.

가장 절망적인 상황에서 느끼는 건 하나님의 위로와 인간의 사랑이다. 눈동자같이 지켜 주시는 하나님께 감사드릴 수밖에 없다.

'여호와는 너를 지키는 자라 여호와께서 네 우편에서 네 그늘이 되시나니 낮의 해가 너를 상치 아니하며 밤의 달도 너를 해치 아니하리로다'

남에게서 받은 은덕을 얼마만큼이나 보답할 수 있겠는지를 하루에도 수없이 생각하면 사랑의 빚진 자로 가슴 무겁게 살아가고 있다.

도시 개발

1972년경 태양이 가라앉은 산 위로 황금빛 구름이 길게 꼬리를 끌고 까마귀가 석양의 하늘을 무리 지어 날고 있었다.

일상생활에 시달려 피곤하고 지친 어머니는 밭에서 일하는 것이 너무 힘들어하던 차에 배추 한 아름 안고 가다가 풀뿌리에 걸려 밭고랑에 넘어졌다.

그대로 주저앉은 채 일어날 줄을 몰랐다. 어느새 눈물은 턱밑까지 차오르고 있었다.

"주님! 언제까지 이렇게 일만 해야 합니까? 힘들어 정말 못 살겠습니다. 저 농사 좀 안 짓고 살게 해 주십시오."

하나님의 은혜라고밖에는 달리 표현할 길이 없다.

하나님은 우리를 절대로 거부하지 않으신다는 것을 절실히 깨달았다는 어머니 어느 때의 기도는 듣지 않으시고 거절한 것처럼 보여도 그것은 '뜻이 하늘에서 이룬 것같이 땅에서도 이루어지이다' 하는 기도에 대한 응답이 아닌가 생각되었다고 한다.

그분의 경고와 위로가 증명하듯 언제나 약속에 신실하신 분이시다 하나님은 깊은 곳에서 우리들의 기도를 듣고 계시며 하나님은 거절하지 않으심도 알았다.

잠실이 개발 지역으로 지정되면서 아파트가 들어서고 거대한 빌딩들과 롯데월드 유락 시설이 생기면서 농사를 더 이상 지을 수 없게 되었고 가축들은 외곽으로 이주시키라는 시달을 받고, 작은오빠는 모든 가축을 이끌고 성남시로 이주하며 젖소 축산업을 시작 했다.

보상금으로 가락동에 토지를 매입했다. 아버지는 주님의 부르심을 받아 세상을 곧 떠나게 된다는 것을 알기라도 하신 듯 죽기 전에 주변 도시 환경에 걸맞은 새로운 교회 건축을 서두르셨다.

모든 설계를 다 마치고 전 재산을 헌납하고 어느 날 창가에 기대앉아 집안 뜰을 내다보며 사모는 죽어도 싫다며 서른이 넘도록 출가 못하고 있는 언니에게 고린도후서 7장 바울 사도의 '그냥 지내는 것이 더욱 복이 있다'라는 말씀을 인용하시며 어머니에게 그 아이가 원하는 대로 뒷받침 잘 해 주라고 부탁 하셨다.

그런 일이 있고 일주일 정도 지나서였다. 새벽기도 마치고 집에 돌아온 아버지는 갑자기 머리가 아프다며 누우시더니 정신을 잃고 말았다. 급히 병원으로 옮겼으나. 아무 말도 하지 못한 채 그날 저녁 예순을 일기로 지병인 고혈압으로 천국으로 가셨다.

마지막 숨을 거두는 순간 늘 의지가 됐던 언니는 대성통곡을 했다. 슬픔과 탄식으로 장례식을 마친다면 아버지를 위한 장례식의 존엄성이 깨어지고 말 것이라며 어머니는 언니를 위로하며 말리셨다.

돌아가신 아버지를 위해 슬퍼하는 것이 마땅한 일이지만, 아버지의 마지막 모습은 너무도 평화로웠다.

욕심 없이 사시다가 가시는 순간까지 모든 것을 다 내려놓고 가시는 아버지를 배웅하는 어머니는 어른으로서의 절제력을 찾으려고 노력했고 복받쳐 오르는 슬픔을 참고 계신 듯했다.

지금도 눈을 감으면 어머니의 지극한 간호에 어린애처럼 감격스러워하며 눈물을 감추던 아버지의 모습이 떠오른다.

수십 년을 아이들 교육에 정신없이 흘려보낸 어머니로서는 아내로 내조가 부족했음을 자책하시는 거 같았다.

영혼 깊숙한 곳에서 밀물처럼 몰려오는 슬픔은 감당하기 어려웠지만, 그러나 실상은 아버지의 죽음이 불행하다거나 아버지의 죽음이 우리의 마지막이 절대로 아니라는 것을 주님의 선하신 말씀과 거짓 없는 믿음으로 확실히 믿고 있었기에 슬픔을 참을 수 있었다. 아버지의 장례가 진행되는 동안 '내 영혼이 은총 입어 중한 죄 지음 벗고 보니 슬픔

많은 이 세상도 천국으로 화하도다'

평소 즐겨 부르시던 찬양이 울려퍼질 때마다 가족들은 울음을 참지 못했다.

이제 교회의 모든 책임은 부목사인 큰오빠에게 그 짐이 지워졌고 그렇게 슬퍼만 하던 언니는 칼빈 신학교에 입학하여 같은 학교 생도와 결혼해서 결국은 그렇게 안 하겠다던 사모의 길을 걷고 있다.

그런데 아버지의 죽음을 기다리기라도 한 듯, 교회 건축을 서두르는 무리들이 있었다.

교회 편인 것처럼 가장하고 나타나 교묘하기 짝이 없는 사기꾼 송모씨를 데리고 와 교회 건축은 걱정 말라며 믿음감을 심어 주려고 감언이설로 달려드니 그 사탕발림에 넘어갔다.

'미래의 일은 신의 소관이다.'

라고 누군가가 말했다지만 사람들은 얼마나 하나님을 무시하고 사는 것일까?

하나님을 믿는다고 말하면서도 자신의 지혜를 내세워 교회를 위한다는 허울 좋은 명목을 앞세우고 뒤에서는 자신의 이권을 위한 구실을 찾고 있었다.

어머니는 혼란의 수렁에서 허우적거렸고 밤잠을 못 이뤄 가며 그들로 인하여 고민이 깊어 갔다.

조금씩 조금씩 먼저 간 남편이 원망스럽고 혼자 감당하기에는 장례식에 울지 못했던 눈물의 제방이 터진 듯했다.

그들은 양의 가죽을 뒤집어쓴 이리처럼 교회 출석을 열심히 하면서 각 부서에서 봉사와 헌신으로 최선을 다하며 교회의 동정을 살피는 듯했다.

믿을 수 없는 인간이라는 괘씸한 생각보다는 왜 저렇게 살아야만 할까? 측은한 생각이 들어 그 영혼들을 위해 불쌍히 여기는 마음으로 기도 했었다.

사람들이란 나중의 일보다는 우선 당장의 기분에 사로잡혀 행동 하고 내 앞에 떨어지는 눈앞의 이익만을 생각하니 말이다.

또 비록 그들이 그렇더라도 우리는 그 성도의 얘기는 입 밖에도 꺼내지 않았으며 아무 일도 없는 듯이 따뜻하게 대하면서 그야말로 평화 공존의 태도로 임했다.

그러나 그런 괴로움의 시간은 너무나도 길었다. 당분간만 괴로워하면 모든 것이 해결될 줄 믿었다. 하나님은 반드시 우리 편이 되어 우리 손을 들어 주실 거라고 믿었다.

그러나 어인 일인가? 그 괴로움은 절망으로 탈바꿈하여 가고 있을 때, 또 앞으로 그 얼마나 기나긴 당분간 속에 괴로움을 삼켜야 할지도 모르게 되었을 때 그들은 우리 곁을 떠나고 있었다.

'이런 얘기는 기록하지 말자'라고 어머니는 말씀하셨으나 나는 좋은 얘기만 늘어놓으면 진실성이 떨어진다며 난 고집을 부렸다.

그리고 보니 성경책에도 선하고 좋은 얘기만 기록되어 있지 않음을 어머니도 인정하셨다.

왜냐하면 히브리 사람들은 성경의 점 하나라도 가감할 수 없었을 뿐 아니라 어떤 불미스러운 기록이라도 배제하지 않고 기록된 것이 바로 성경의 최대 강점이기 때문이다.

총공사비를 2억 4천만 원으로 잡고 그들과의 공사가 70% 진행된 후에 땅문서를 넘겨주기로 약속된 계약서를 주고받은 후 뜨거운 감격 속에서 기공 예배를 드리고 테이프 끊고 한 삽씩 흙을 뜨며 사진 촬영을 하는 자리엔 그 사기꾼 무리들이 앞장서서 등장하는 해프닝을 연출하기도 했다.

적군의 탱크처럼 기세등등하게 나타난 포크레인, 철인의 쇠갈퀴 같은 손자국에 찍혀 한 움큼씩 뜯겨져 나오는 구건물들은 헨젤과 그레텔의 과자집처럼 무력하게 넘어갔다.

사택에 아름드리 서까래가 진흙에 묻혀 덩어리 진 채 줄줄이 쓰러지는 우리가 머물렀던 방들. 불과 얼마 전까지만 해도 그 속에서 우리 가족들은 밥을 먹으며 웃어 대곤 했는데 그러나 무슨 이유에서인지 공사는 자꾸만 지연되었고, 부실 공사가 연일 속출하면서 공사가 시작되기도 전에 책임자 송 모씨는 교회와 맺은 약정서를 가지고 그 당시 각 1억 8천만 원을 받고 두 사람에게 이중 매매를 했다.

문제를 자꾸 주십니다

그중 한 사람이 교회를 상대로 소송을 제기했고 3년 넘게 어렵게 어렵게 공사는 거북이 걸음마처럼 진행되는 중에도 두 달에 한 번씩 재판이 열리는데 성도들은 건넌 산 불구경 하듯 지켜보기만 했고 어머니는 2억의 공탁금과 변호사 비용을 대기 위해 다른 재산까지 다 처분할 수밖에 없었다. 갑자기 캄캄한 동굴 속으로 떨어진 것처럼 눈앞이 캄캄해 왔다. 이렇게 큰일을 이루어 나가는데 성도들의 기도가 없었고, 관심을 갖지 않는 것을 깨우쳐 주는 계기가 되었다.

어머니는 하나님의 뜻이 무엇인지 알려고 노력했고 이러한 어려움이 왜 당신 앞에 있어야 하는지 엄청난 손해를 눈앞에 두고 그러한 정신적 충격으로 불규칙한 혈압 때문에 건강에 이상이 오기도 했으나 20년이 넘도록 93세 돌아가실 때까지 건재할 수 있었던 것은 끝까지 하나님을 신뢰할 수 있었던 믿음 때문이었으리라 생각된다.

이 기적에 대해서는 늘 감사 하고 있다. 감사는 하면 할수록 풍성해지고 감사의 조건이 많아지기 마련인가 보다.

도시 개발로 인해 그림자처럼 따라다니던 육신의 고통에서 놓여나니 더 견디기 어려운 마음의 고통이 찾아온 것이다.

아무리 어려운 일이 있어도 참고 견디고 억울한 일이나 괴로운 일을 감추고 나타내지를 않는 성격은 요새 같은 세상에서는 손해 보기 일쑤라고 하지만 어머니는 동서고금을 막론하고 사람이 지녀야 할 가장 큰

미덕의 하나라고 믿었다.

하지만 어머니는 자신이 걸어온 길에 대해 한 번도 후회한 적이 없다고 하셨다.

오히려 늘 어머니가 믿는 하나님께 감사하면서 돌아가실 때까지 그렇게 사셨다.

어린아이가 무섭고 두려운 일이 닥쳤을 때 엄마의 품으로 깊이깊이 파고들듯이 어머니는 이런 일이 있을 때마다 주님의 품으로 더 가까이 파고드는 계기가 되곤 했다.

내가 대학에 들어갈 무렵 농사를 지을 수 없는 개발지로 변하면서 어머니의 환경은 바뀌기 시작했다.

아아, 한 벌의 옷과 일용할 양식으로 충분했던 시절이 있었는데. 그러나 어느 날 갑자기 전화가 들어오고 냉장고를 들여놓고 TV가 들어왔다. 누구에게나 지극히 기본적인 것이었는데도 너무나 타산적이고 세속적인 삶이 새삼 부끄러워지며 안절부절 하셨다고 한다.

소유에 집착하지 않고 물질의 손해에 대해 꽤 천연한 줄 알고 있었는데 말이다.

엊그제만 해도 흙 내음 풍기던 골목길들이 아스팔트로 덮이듯 어머니의 마음이 안락함만을 쫓는 이기심으로 덮여 버린 것 같다며 근심하신다.

잠 못 이루며 재판에 지면 어떻게 하나 전전긍긍해하면서 불안에 떨며 초라한 자신이 원망스러운 듯 욥기를 읽으신다.

'우리가 하나님께 복을 받았은즉 재앙도 받지 아니하겠느냐?'

이는 온몸에 악창이 돋아 재 가운데 앉아 기와 조각으로 몸을 긁던 욥이 하나님을 원망하는 그의 아내를 꾸짖으며 하는 말이다.

욥과 자신을 견주어 보며 살아오며 내가 네게 기쁨을 줄 때도 있었으면 괴로움도 또한 줄 수 있는 것을 어찌하여 기쁨은 내 것이라 하고 괴로움은 아니라고 부인하느냐?

기쁨의 기억은 잊어버리고 괴로움만 새겨 원망을 앞세우느냐?

질책하는 소리가 몸 깊숙한 곳으로부터 공명처럼 울려 나오며 난 이제 이 세상의 모든 소유로부터 자유스러워지므로 신앙의 실천이 참으로 요원한 어머니 자신을 바라보게 된 것이다.

입으로만 생각 속에서만 소유에서 자유를 외쳤지 실제로 어느 날 갑자기 엄청나게 불어나 있는 소유에서 얼마나 혼비백산 망연자실했었는지 두고두고 부끄러움으로 남아 있다고 한다.

재판의 결과는 늘 두려움으로 다가왔다. 그것은 내 속에 죄악이 있기 때문일까? 선하신 하나님이 선한 세계를 창조하셨다면 악은 어디로부터 온 것일까?

선하신 하나님의 세계에서 과연 악이 존재할 수 있단 말인가?

선하게 창조하지 않은 부분이 있다는 말인가?

모든 것을 철저하게 만드실 능력이 그분에겐 결핍된 것일까?

결론적으로 그가 전능하셨다면 왜 모든 악이 하나님의 의지를 대항해서 하나님을 거스를 수 있는 것들인가?

처음부터 그의 전능하심으로 모든 악의 기원을 없애므로 온전한 선만이 존재할 수 있도록 했어야 하지 않았는가?

지금이라도 늦지 않았으니, 모든 악을 없애고 선으로 다스릴 수도 있지 않을까.?

이런 일들을 할 수 없다면 하나님은 전지전능하지 못하신 분이라는 말씀이 아닌가?

성 어거스틴의 이러한 물음들이 어머니의 것으로 도전되어 왔다.

번번히 재판에 승복할 때마다 고민하고 불안해하면서도

'주는 그리스도시오, 우리의 구원자이십니다'라는 신앙고백을 하며 마음속에 자리 잡고 있는 한 이 신앙을 포기하지 않았고, 낮이나 밤이나 괴로울 때마다 기도로 울부짖었다.

'바람에 흔들리는 나뭇잎까지도 주의 섭리 가운데서 다스려지며 영혼을 구원하시는 주님 인간은 아무도 나의 고통을 몰랐지만, 주님께서는 모든 것을 알고 계시리라 믿어 의심치 않습니다. 사랑하는 하나님 세상에는 우리가 두려워하고 이해하지 못하는 일들이 너무나 많습니다. 믿음의 성숙함으로 하나님의 사랑과 위로를 받아들일 수 있도록 도와주소서, 예수님의 이름으로 기도드립니다. 아멘!'

하나님께 맡기자 설마 하나님께서 당신의 딸 하나 책임지지 못할까?

그 순간 어머니는 시련 당하여 그 이유를 찾고 위로를 기다릴 때 하나님의 느낌이 어떠하실까를 얼핏 깨달았다고 한다.

우리가 고통과 공포 속에 있을 때 하나님의 가슴은 얼마나 아프실지, 그리고 하나님은 우리를 꼭 잡고 위로해 주시기를 얼마나 염원하시는지를 어머니는 어렴풋이나마 깨달으셨다고 한다.

하나님을 가까이하는 것이 큰 복임을 새삼 깨닫는 기회가 되기도 하였다.

이와 같은 인생행로를 걸어가노라면 비바람 폭풍과 가시덤불이 없으란 법이 없는 것이다.

그러나 힘없고 연약한 나를 넘어지지 않도록 붙잡아 주는 힘은 다만 우리 주 예수그리스도 이외에는 아무것도 없다는 사실을 알기까지는 그렇게 오래 걸리지는 않았다. 하나님의 세계는 오묘하기 이를 데 없어서 사랑하시는 이에게는 한층 더 무거운 짐을 주시며 더불어 내리심 또한 잊지 않으신다는 것도~

두렵고 떨려야 할 어려운 가운데서도 굉장히 큰 힘이 우리를 보호하고 있다고 여겼으나 때론 어머니 자신이 정말 이상하리라 여겨질 정도로 담대해졌다.

주님께서 일을 하실 때 얼마나 참으시는 지도 얼마나 그의 손길이 온유하신지도 알았다. 그분은 우리에게 불필요한 고통을 주지 아니하시며 참을 수 없는 고통 속에 오래 놓아 두시지도 않으심도 알았다. 아쉬워하지만은 않았다. 남들은 남편을 잃어버려 평생을 같이한 재산도 잃어버려 상심이 오죽할까 하며 조심스러워 하였지만, 잃은 것만큼 얻은 교훈 또한 그에 못지않으리라는 생각으로 마음을 달랬다.

믿음이 좋다는 것보다 단지 이 어려움과 고통을 통해서 하나님 앞에 감사할 수 있었다는 게 주님을 아는 계기가 되었다.

그 자체가 얼마나 감사한지 처음부터 고통 중에 하나님을 만났으며 기도하는 가운데 늘 위로를 얻었고 우리의 앞길이 다 평탄하고 순조로운 삶을 살기 위해 기도하지만 그건 정말 누구도 장담할 수가 없으며 단지 하나님께서는 믿는 자들을 어떤 경우에서도 제외시켜 놓으시는 것이 아니라는 것을, 이번 고통의 시간들을 통해서 깨달았다.

즉 흰 것은 검은 것이고 검은 것이 흰 것이라는 억측에 사로잡혀 버리는 게 아닌가 하는 위기감이 늘 엄습하는 것이다.

결국 우리의 결백은 끝내 밝혀지지 않은 채 그들과의 골치 아픈 대립은 계속되면서 가슴을 쥐어뜯고 싶도록 안타까운 순간과 순간의 기나긴 연속이었다.

재판이 있곤 하는 날은 하루 종일 두 손을 가슴 앞에 모아져 있었고, 어머니의 입술은 쉴 새 없이 움직이고 있었다.

어머니의 두 눈에서는 뜨거운 눈물이 쉼 없이 흘러내리고 있었다.

'귀에 걸면 귀걸이요, 코에 걸면 코걸이다'라는 말은 실로 이런 경우를 두고 생겨난 말일 것이다.

첫 번째로 매입한 사람은 송모 씨를 사기죄로 구속하는 데 그쳤고, 두 번째로 매입한 송모 씨와 친척 관계인 홍성에 모 병원 원장의 손으로 땅문서를 내주기까지에는 지금 이것이 어머니에게 주어진 어쩔 수 없는 숙명처럼 느껴지기도 했지만, 그런 생각이 들 때마다 어디서로부터인지 알 수 없는 수 많은 아픔 들이 온몸을 저며 오곤 했다.

모든 것이 무너져 버려서 그 아픔들이 무엇을 의미하는 것인지도 알 수가 없었다.

참으로 그 아픔들이 몸 밖에 있는 것인지 몸 안에 있는 것인지도 알 수가 없을 지경이었다. 이 상식적인 생각을 무시해 버린 채 몸을 부수어 트리는 아픔을 삭이기에는 너무나 힘에 겨웠다.

인간의 세계는 늘 이해하기 어렵고 알 수 없는 일들로 가득 차 있기 때문일까? 이치만으로는 해결할 길 없는 문제들이 얼마든지 있다는 것도 알게 되었다.

좋은 결과가 나쁜 일을 불러오고 나쁜 결과가 좋은 일로 바뀌는 일은 얼마든지 있다.

인간의 눈에 좋게 보이는 일이 사탄의 함정이라든지 좋지 않다고 보이는 일이 하나님께서 마련하신 일일 수도 있다는 것을 알았다.

재판이 거듭될 때마다 그쪽 편에서는 법조계의 거물들과의 거대한 잔칫상이 벌어지며 몇 억의 돈뭉치가 오고 갔다는 얘기를 송모 씨와 함께 공작했던 무리가 어머니에게 전해 주며 더 손해 보기 전에 재판 끌지 말고 손을 떼는 것이 좋겠다며 마치 어머니를 위하듯 전해 줄 땐 어처구니없는 어린애 같은 발상에 분노보다는 가엾은 생각이 들 정도였다.

이런 말을 하는 그들도 그걸 듣는 어머니도 결코 유쾌한 일은 아니었다.

엎친 데 덮친다는 격으로 교회로서는 불리하기 짝이 없는 소문이 아닐 수 없었다. 그 얘기를 전해 들은 아침은 절벽에서 떨어지기 일보 직전과 같은 아찔한 느낌뿐이었다. 다음 순간 애써 침착을 회복했다. 하늘이 노래지는 절망을 씹으면서 불쾌하다고 해서 뭐 뾰족한 수가 생기는 것도 아니었기에 그들을 무시한 채 계속 흑백을 가리고자 애썼다.

'믿는 도끼에 발등 찍히는'이라는 속담은 이런 때를 두고 생겨난 말일 테지 어쩌면 당연한 일인지도 모르겠다. 예수님을 죽음으로 몰아넣은 것도 바로 그의 제자 가룟유다였으니,

피가 역류하는 고통을 느끼며

'나의 하나님 이러한 일은 왜 그렇습니까? 이제 나는 아무것도 할 수 없습니다. 나를 절망의 잠에서 깨어나도록 하여주옵소서 오히려 용기를 얻고 당신의 자비로운 은혜에 힘입어 과거에 약했던 것이 변하여 강하게 되도록(고후 12:10) 힘주시고 능력을 주옵소서. 내의의 하나님이여 내가 부를 때에 응답하소서 곤란 중에 나를 너그럽게 하셨사오니 나를 긍휼히 여기사 나의 기도를 들으소서' (시 4:1)

어머니 영혼이 깊숙이 숨겨져 있는 인생의 비참함이 그대로 눈앞에 드러났고 강한 폭풍이 영혼을 흔들더니 눈에서는 눈물이 폭우처럼 쏟아지기 시작했다.

홀로 통곡하기를 그 얼마였나? 그러나 통곡 중에 위로받은 말씀은

'그런즉 저희를 두려워하지 말라 감추인 것이 드러나지 않을 것이 없고 숨은 것이 알려지지 않을 것이 없느니라. 내가 너희에게 어두운 데서 이른 것을 광명한 데서 말하며 너희가 귓속으로 듣는 것을 집 위에

서 전파하라 몸은 죽여도 영혼은 능히 죽이지 못하는 자들을 두려워하지 말고, 오직 몸과 영혼을 능히 지옥에 멸하시는 자를 두려워하라' (마 10:26-28) 이것 역시 하나님의 은밀한 섭리였음을 모든 것을 포기하고 결단을 내릴 때까지 잠 오지 않는 수많은 밤을 지새웠던 것도 사실이지만 그 수많은 곤경을 겪으면서도 어머니는 세상에 대해 긍정적인 자세를 잃지 않을 수 있었던 것은 하나님의 은총이요 사랑의 증표임을 믿는다. 어디에다 위로받을 길 없는 어머니는 마음을 가라앉히기에 가장 편한 방법으로 택했던 것이 바로 기도였다.

낮이나 밤이나 괴로울 때마다 향하는 분이 바로 주님이시다. 갈 길이 멀게 느껴질 때 강한 유혹이 엄습해 올 때 또 우리의 힘이 기진맥진했을 때 이때가 바로 마지막 힘을 다해 돌진할 때임을 알았다.

'주여 당신은 하늘과 땅과 삼라만상을 지배하고 통치하시는 분이십니다. 흐르는 물의 깊이와 방향을 바꾸시며 시절을 따라 역사를 섭리하십니다. 하나님이 인간이 이룩해 놓은 업적을 통하여 그를 판단하고 보상하여 주심을 내 영혼 깊은 곳에서 끓어오르는 당신을 향한 경건한 내적 감정은 이내 내 눈에 흐르는 눈물이 되었지만, 나는 그 속에서도 무한한 행복을 느꼈습니다.

오 선하신 하나님이시여 우리의 삶에 소망과 안일이 있을 때보다 절망과 고통 중에서 내 영혼이 얻는 기쁨이 더욱 큰 이유는 무엇입니까? 내 안에서 밝은 빛이 되신 주님께서 내 영안을 밝히시어 내 눈의 무능을 물리치셨기에 나는 사랑과 경이에 찬 눈으로 당신을 바라보게 되었습니다'라고 고백을 했다.

'아무것도 염려하지 말고 오직 모든 일에 기도와 간구로 너희 구할 것을 감사함으로 하나님께 아뢰라' (빌 4:6) 말씀을 통하여 너무나도 많은 사람들이 쓸데없는 일들에 지나친 걱정을 하고 있다는 생각이 들면서 우리들은 하나님의 손안에 있다는 사실이 어머니를 자유롭게 해 주었다.

죽음에서까지도 자유케 하신 하나님 '뜻대로 하옵소서'

하나님에 대한 완전한 신뢰와 복종이야말로 참된 자유와 근원이리라.

지금껏 살아온 길을 돌이켜 보면 큰 불행이라 생각된 일이 실은 중요한 인생의 고빗길이었다고 생각되곤 했다.

매질하는 아버지의 손길을 피해 어머니의 치마폭 속으로 무작정 숨어 들어가는 철부지 어린애처럼 어머니는 힘든 고난이 올 때마다 신앙은 더 불타올랐다.

주님의 품으로 안길 때마다 메마르고 갈라진 땅을 촉촉히 적셔 주는 단비와도 같이 거칠어진 심령을 포근히 적셔 주시는 것이었다.

우리에게는 분명한 소망이 있기 때문이다. 왜냐하면 '사람이 감당할 시험 밖에는 우리에게 당한 것이 없나니, 오직 하나님은 미쁘사 우리가 감당치 못할 시험 당함을 허락지 아니하시고 시험 당할 즈음에 또한 피할 길을 내사 우리로 능히 감당하도록 하시기 때문이다' (고전 10:13) 일반적으로 생각하는 행복으로부터 거부당한 아픔을 바라보며 산다는 건 결코 견디기 쉬운 일은 아닐 것이지만 지금도 분명하게 확신할 수 있는 하나의 사실은 행복이란 외형으로 드러난 성취라든가? 부에 의해서 결정되지는 않는다는 사실이다.

그러기에 어머니는 걸어온 인생길을 후회해 본 적이 없으시다고 한다.

오히려 어머니가 믿는 하나님께 감사하며 지금까지 살아오셨다고 한다. 왜냐하면 사실 어머니는 그처럼 유익한 일을 할 만한 자격이 없는 사람인데 하나님의 은혜로 그 일을 해 왔기 때문이다. 그래서 하나님은 전능하신 분이라는 사실을 지금 이 글을 적으면서 새삼스럽게 알게 된 듯한 느낌이다.

하나님 앞에서 힘겨운 인간이란 한 사람도 없다는 사실을 어머니는 똑똑히 알게 되었다고 한다.

하나님은 사랑이시다. 우리의 생각도 미치지 못하는 사랑으로 우리를 사랑해 주시는 하나님께서 우리들의 영혼을 위해서 언제나 최선의 길을 마련해 두고 계신 것이다. 좋아도 날뛰지 말고 나빠도 절망하지 말고 언제나 조용히 감사할 수 있는 지혜도 배웠다.

'누가 감히 우리를 그리스도의 사랑에서 떼어 놓을 수 있겠습니까? 환난입니까? 역경입니까? 박해입니까? 굶주림입니까? 헐벗음입니까? 혹 위험이나 칼입니까? 우리는 우리를 사랑하시는 그분의 도움으로 이 모든 시련을 이겨 내고도 남습니다. 나는 확신합니다. 죽음도 생명도 천사들도 권세자 들도 현재 일이나 미래의 것도 능력이나 높음이나 깊음이나 다른 아무 피조물이라도 우리를 우리 주 예수 그리스도 안에 있는 하나님의 사랑에서 끊을 수 없으리라' (롬 8:35-39)

불의한 청지기

'내가 너희에게 말하노니 불의의 재물로 친구를 사귀라 그리하면 그 재물이 없어질때에 그들이 너희를 영주할 처소로 영접하리라' (눅 16:9) 성경 말씀 중에 가장 이해되지 않는 말씀 중에 하나다.

주인의 소유를 낭비하는 청지기의 소문이 주인의 귀에 들린다. 주인은 청지기의 직무를 계속하지 못하도록 한다. 청지기는 땅을 파자니 힘이 없고 빌어먹자니 부끄럽구나, 내가 할 일을 알았도다. 이렇게 하면 직분을 빼앗긴 후에 사람들이 나를 자기 집으로 영접하리라 하고 주인에게 빚진 자를 일일이 불러다 빚을 절반으로 낮추어 주는 가짜 증서를 써 준다. 주인은 그 일을 행한 청지기를 칭찬한다. '불의의 재물로 친구를 사귀라. 그들이 너희를 영접하리라'라고 하면서 말이다.

주인은 어마어마한 부자인 것 같다. 청지기는 빚진 자 가난뱅이들과 함께 지낼 수밖에 없는 처지가 되었다. 그를 그렇게 만든 것은 주인의 계산된 계획이었고 불의한 청지기가 더 이상 불의한 일에 메이지 않도록 그를 유도한 것 같은 느낌이 들었다.

어머니가 어느 날 아침 감당할 수 없는 거부가 된 것은 우리 형제들에게도 어마 무시한 일이었다. 어쩌면 그동안 못 먹고 못 입고 거지처럼 산(그때는 누구나 그렇게 살았다) 지난날에 대한 앙갚음이라도 할 것처럼 어깨는 으쓱 올라가 있었다. 세상에 두려울 것이 없는 것처럼 말이다, 그러나 한순간 그 모든 것이 거짓말처럼 다 날아갔다. 그 당시는 왜 이런 일이 있어야만 했는가? 불의한 청지기처럼 무엇을 해야 할지 고민했을 것이다.

그래서 내가 선택한 것은 불의한 청지기처럼 가난한 이웃을 선택했는지도 모르겠다.

어머니도 나도 평생을 남들처럼 외국 여행은 물론 국내 여행도 맘 놓고 해 본 기억이 없다.

모든 행위가 아이들 중심이었고 그래야만 했다. 입양캠프, 위탁캠프, 장애인캠프만 따라다니기에도 시간이 늘 부족했다. 큰아들과는 고등학교 1학년 때 헤어졌다. 고등학교, 대학교 입학식(수석 입학으로 신입생 대표로 증서 받을 때도), 졸업식 등 모든 주요 행사에 나는 언제나 없었다.

아들과 내가 헤어진 계기는, 집에서 가까운 강남 명문고 영동고등학교에 입학했으나 아들은 학원 폭력으로 힘들어했다. 아들은 폭력을 당할 만큼 모난 성격이 아님을 난 알고 있다. 유치원 때부터 중학교 졸업할 때까지 만난 수많은 선생님 들에게 한 번도 불평이 없었던 것으로 보아 사람 좋아하는 성품을 가진 아이라고 난 믿고 있었기 까닭이다.

단지 수줍음을 잘 타는 편이라 친구들을 쉽게 사귀지는 못하는 편이지만 진지한 태도는 누구에게나 호감을 주는 편이었다. 돈 빌려달라 핸드폰 빌려달라 체육복 빌려달라. 담배 피우는 동안 선생님 오나 망봐라. 점점 괴롭힘의 강도는 수위를 높였고, 강북에 있는 이대부고로 전학하기까지 쉬운 일은 아니었다. 007 작전을 방불케 하는 극적인 순간이었다. 한 아이가 자퇴하려고 한다는 정보를 입수하고 그 아이가 자퇴하는 날에 맞추어 친척 집에 위장전입을 해 놓고 교육청을 찾아갔을 때, 실사를 나가겠다는 말에 친척 집과 입을 맞추며 가슴 졸이던 일을 생각하면 지금도 슬퍼진다.

결국 그렇게 우리 모자는 한강을 사이에 두고 아들은 멀리 강북에서 할머니와 둘이 살고 우리는 강남에서 살게 되었다.

언제나 위기와 문제는 하나님이 허락하신 은혜의 통로란 사실이다. 위기와 문제는 우연히 생긴 것이 아니라 하나님이 청지기 자리를 빼앗으면서까지 기회를 주신 것이다.

지금은 하늘에서 얼마 전 소천하신 시어머님과 손잡고 여행을 맘껏 하고 계실 어머니, 저도 그날을 기대합니다. 군 복무 중인(해병대) 아들을 찾아 백령도에 갔을 때 아들은 훈련하면서 보아둔 아름다운 백령도의 구석구석을 우리 부부에게 안내했던 것처럼 어머니의 안내를 받으며 여행할 아름다운 천국 여행을 날마다 꿈꾸고 있다.

2부
엄마를 닮은 딸 이야기(수필)

우리 가족 이야기(2015년 샘터 수기 당선작)

늘 생각해 왔다, 아이들에게 네가 태어난 것, 그래서 존재하는 것 자체가 삶에 있어 더없이 큰 축복이란 사실을 전하고 싶다고 그래서 오늘 우리는 둘러앉아 함께해 온 시간을 돌이켜 보며 서로가 서로에게 어떤 영향을 미쳤는지 살펴보는 시간을 가졌다.

나는 결혼 전부터 언론에서 입양 이야기가 흘러나오면 관심이 갔다. 부모를 잃은 아이들에게 어머니가 되어 주고 싶었다, 결혼하면서 아이를 하나 낳고 입양도 하자는 제안을 남편도 흔쾌히 응했다. 가족 중 누군가의 반대로 입양을 못 하는 경우가 많다는 사실을 나는 나중에야 알았다, 새삼 나와 뜻을 함께해 준 시어머님과 남편 그리고 큰아들에게 감사한 마음이 들었다,

우리 가족의 입양 역사는 30년 전(1995년)으로 거슬러 올라간다, 큰아이가 열두 살 되던 해 여섯 살 난 사내아이를 입양했다,

둘째가 초등학교 5학년이던 때 우리 둘은 강원 횡성군의 아주 조그

마한 시골 학교로 떠났다. 당시 나는 피아노학원을 운영하고 있었는데 주변의 오락실이나 좋지 않은 환경들 때문에 아이가 건강하게 자라지 못한다는 생각이 들었기 때문이다. 그래서 학원을 과감하게 정리했다.

시어머님과 남편 그리고 고등학교 3학년인 큰아들을 40년 넘게 살던 고향 서울에 남겨 두었다.

산 아래 조금만 터를 잡아 집을 지었고 가계에 도움이 될까 하여 감자떡 사업도 시작했다. 그러나 큰 도시에서 살던 우리 모자는 조용한 산속 마을에서 외로움이 깊어지게 되었다. 그래서 또 다른 아이를 입양할까? 생각했지만, 우리 가족이 이렇게 생 이별을 하고 있는 와중에 또 아이를 입양하겠다는 말을 꺼낼 수가 없어 생각해 낸 것이 위탁이었다.

아홉 살, 여섯 살, 난 친형제는 둘째에게 좋은 친구가 되어 줬다. 조용하던 집안이 시끌시끌해졌다. 감자떡 사업도 날로 번창했다. 그러나 너무 무리한 탓일까? 1년 만에 녹내장이라는 병을 얻어 앞을 볼 수 없게 되었다.

시력은 후에 수술을 받아 회복 되었지만, 당시엔 할 수 있는 게 아무 것도 없는 상황이었다. 조용히 그간의 삶을 되짚어 보았다. 바쁘다고 자신의 몸은 물론 아이들도 제대로 돌보지 않은 것 같았다. 나는 한없이 미안한 마음으로 아이들을 살피기 시작했다.

우리는 함께 노래하고 춤추고 북과 꽹과리와 장구를 두들기며 즐겼다. 그런데 즐기는 와중에 발견하게 되는 아이들의 재능은 정말 놀라

왔다, 그래서 무대에 올렸다, 3년 동안 아동시설, 요양원, 병원, 군부대를 다니며 40여 차례 공연했다.

댄스 경연대회에서 상도 타고 방송 출연도 20여 차례 하면서 아이들의 자존감은 점점 회복되기 시작했다. 그렇게 우리가 함께한 시간은 활기찼고 즐거웠다.

셋째 아들을 입양한 건 둘째가 고등학생이 되었을 무렵이었다, 셋째는 근육 강지형 뇌병변 1급 지체 장애를 가지고 있다. 근육 강직형이란? 근육의 신축성이 상실돼 관절을 굽히거나 펼 때 운동 영역 전체가 뻣뻣한 상태를 이른다. 셋째가 우리 가정으로 오게 된 것은 여섯 살 때였다. 그때 셋째는 다리 근육이 자라지 않아 제대로 서지도 걷지도 못하는 상황이었다.

나는 강제로 걸음마를 시키려고 하고 아이는 싫다고 울고, 대학병원에서 1주일에 세 번 물리치료를 받았다. 뒤틀린 다리를 바로 잡겠다고 아이를 벽에 기대게 하고 교정용 삼각틀 위에 세워 놓기도 했다. 더구나 시설에서 지내는 동안 뒤 처진 공부까지 하려니, 아이도 나도 지쳐 갔다. 그야말로 고통의 시간이었다.

그렇게 꼭 1년 완전히 탈진한 내게 날아든 건 뇌종양 진단이었다.

결국 아이와의 씨름은 중단할 수밖에 없었다. 내가 살기 위해서였다. 공부를 멈췄고 운동도 병원에서 물리치료 받는 것 외에는 아무것도 하지 않았다. 마음은 불안했지만 시간은 순탄하게 물 흐르듯 흘러갔다.

우리 집도 보통의 집처럼 조용해졌다.

그렇게 다시 1년의 세월이 흘렀을 즈음 셋째보다 한 살 어린 남자아이가 우리 가족 앞에 나타났다. 부모가 행방불명돼 갈 곳이 없던 아이는 네 번째 아들로 우리 집에 왔다.

아이는 덩치가 좋고 먹성이 대단했으며 에너지가 넘쳤다. 오자마자 제대로 걷지도 못하는 형의 등짝에 이름을 써 붙이고 '런닝맨(TV 예능 프로그램 출연자들이 잡기 놀이를 하며 등에 붙인 이름표를 떼는 식으로 승부를 겨룬다) 놀이'를 하자며 형을 억지로 일으켜 세우고는 뛰게 했다. 방에서 거실로 그러다 또 마루로 주방으로 아이들은 연신 뛰고 자빠지고 엎어지고 구르며 난리 였다. 까르르 깔깔깔 아이들의 웃음소리와 울음소리로 집안이 하루도 조용할 날이 없었다.

뇌종양 투병 3년 차 우연히 초등학교 특수 실무지도사로 취직해 가정의 경제도 자리를 잡아갈 즈음 내 머릿속은 또 한 번의 입양을 생각하고 있었다. 당시 내 나이는 쉰여덟 이제 2년 후면 입양하고 싶어도 제한되는 나이에 돌입하는 상황이었다. 부모의 나이가 너무 많다, 자녀가 너무 많다 경제적인 뒷받침이 부족하다 이런저런 이유로 아마 일곱, 여덟 군데에서 거절당했던 것으로 기억난다.

그 과정을 거쳐 기적적으로 가족이 된 네 살 난 여자아이는 너무나 사랑스러웠다. 내 인생에 딸아이는 생각도 못 했는데 시설에서는 나의 건강 문제도 묻은 채 위의 네 아이가 바르게 성장한 모습만으로 합격점수를 주었다. 그 아이를 맞이하던 날은 온 세상을 다 얻은 듯한 행복감에 모두 즐거워했다.

2013년 5월 입양의 날 기념식 때 나는 국민훈장 동백장을 받았다. 여러 후보 중에 입양 역사가 가장 길고, 뇌병변 장애 1급인 셋째가 5년 만에 5급 판정을 받게 된 것을 높게 사 주신 것 같다. 넷째 아들은 형을 일으켜 세운 건 바로 자신이니 이 상을 받을 사람도 당연히 자기 아니냐며 너스레를 떨었다.

그런데 그해 9월 몸에 이상 증세가 포착되었다. 성대가 마비되고 온종일 기침을 하며 물 한 모금 넘길 수 없었던 나는 이 증세를 기억하고 있었다. 6년 전 뇌종양 판정을 받을 때도 꼭 이랬다. 그때 방사선 수술로 종양의 3분의 1을 제거하고 치료를 받아 왔었다.

불안한 마음으로 병원으로 달려가 MRI를 찍었다. 그리고 믿기지 않게도 뇌종양 완치 판정을 받았다. 의사 선생님께서는 방사선 치료 효과라고 말씀하셨지만 난 인정할 수 없었다. 이건 막내딸 효과라고 우기고 싶었다.

막내딸이 오고부터 웃음이 끊일 날이 없었다. 막내딸은 걸 그룹 흉내를 낸다며 늘 몸을 흔들어 댔고 발레복을 입고 이방 저방 뛰어다니며 춤추었다. 한마디 한마디가 총명하고 지혜로웠다. 어디를 가든지 인사를 잘해 인기를 독차지했고 기막힌 말로 좌중을 압도했다.

요즘 우리 집 분위기는 그야말로 변화무쌍이다. 큰아들은 결혼을 앞뒀다. 지금 둘째 아들과 함께 서울에서 자취하고 있는데, 결혼하더라도 꼭 동생을 지켜 주고 싶다고 한다. 둘째는 내 말은 잘 안 들어도 형

말엔 절대복종이다. 어렸을 땐 참 많이 싸웠는데, 가족들이 형만 사랑하는 거 같다며 형을 많이도 미워하기도 했었는데~

둘째는 철없는 엄마의 실수가 고대로 배어 있어 애틋함이 깊다. 그래서 내 휴대전화에 '애틋한 아들'로 저장되어 있다. 사춘기를 맞은 두 아들과 미운 일곱 살에 들어선 막내딸은 요즘 나를 잔뜩 긴장시키는 존재들이다.

주변에서 가끔 '진짜 엄마처럼 사랑할 자신이 없어 입양은 생각지도 못한다'란 말을 듣는다.

나는 '나도 진짜처럼은 못한다. 누구나 실수하면서 엄마가 되어 가는 것'이라고 답한다. 아이들 덕분에 대담하고 부드럽게 그리고 때론 강하게 성숙한 엄마가 되어 가고 있음에 행복하다.

집 한쪽 벽을 바라본다. 커다랗게 장식된 사진에는 완전한 가족의 형태로 우리 식구가 환히 웃고 있다.

엄마를 대신하여 동생을 책임지겠다는 큰아들과 예비 며느리 엄마를 철들게 한 둘째 아들, 나를 진정한 어른으로 성숙하게 해 준 셋째 아들, 장애 형을 일으켜 세운 넷째 아들, 뇌종양으로 평생 살아야 할 엄마를 완치시켜 준 사랑스러운 막내딸 그리고 모두를 아울러 커다란 품에 안고 살아가는 고마운 남편 우리는 오늘도 내일도 서로 의지하며 향기로운 삶을 살아갈 것이다. 가시밭에 피어난 백합화처럼, 바람이 강하게 불면 불수록 가시에 찔려 더 진한 향을 뿜어내 가시밭을 감싸 안는 백합화처럼 늘 그렇게.

입양한 둘째 아들 장가 가던 날

전도사인 큰아들이 강단에서 설교 중 동생 이야기를 했다.
'성경은 하나님의 말씀이다. 하나님의 말씀은 사랑을 말한다. 사랑은 오래 참는 것이고 오래 참는 건 매우 힘들다'며 여섯 살 된 개구쟁이 동생이 우리 가정에 찾아온 이야기를 했다.
지금은 결혼하여 아들 둘 낳고 잘 살고 있으며 형인 자기보다 더 효자라고 소개했다.
그 동생 덕분에 어머니는 22년 전 자기를 할머니에게 맡기고 서울 잠실에서 이곳 횡성으로 귀촌했고 자기는 그 당시 고3이었고 대학 입시 준비로 정신이 없었다고 했다.
그렇게 뿔뿔이 흩어져 살던 가족들은 16년 만에 모두 이곳 횡성으로 모여 살게 되었다고 했다.
동생의 사춘기는 온 가족이 뿔뿔이 흩어져 살 수밖에 없는 질곡의 삶이었지만 그 가운데 하나님의 사랑은 우리의 오래 참음의 결과였다고 고백했다.
큰아들이 설교에서 소개한 효자, 둘째 아들이 장가를 가던 날.
(2022년 4월 MBC 여성시대 방송 글)
4월 꽃피는 봄 주말에 여섯 살에 우리 가족이 된 둘째 아들이 어린이집 교사인 예쁜 아내를 신부로 맞이했다.
자녀가 많은 입양 가정에서는 '빨리 독립하는 것이 효도이고 적령기에 결혼해 주는 것이 효자 효녀다'라는 말이 있다.

그 이유는 부모는 아이들로부터 빨리 독립하는 것이 간절한 소망이기 때문이다.

그런 면에서 둘째 아들은 효자임이 분명하다.

다섯 자녀 중에 둘째인 아들은 고등학교를 기숙사 학교에 가면서 이미 독립을 한 셈이고 그 후로 주욱 특별한 날에만 얼굴을 보여 주더니 이제 서른하나에 결혼하게 되었으니, 동생들도 그래 주길 내심 바라본다.

결혼식 날, 아들인 신랑에게 축하하기보다는 한결같이 나에게 '고생했다, 뿌듯하시겠어요.'라고 인사를 건네는데 그러고 보니 아이가 일찍 독립해서 난 별로 한 일이 없는 것 같다. 날로 먹은 셈이다.

이럴 줄 알았으면 '한 열 명쯤 입양을 했어도 괜찮지 않았을까?' 하는 생각이 순간 들었다.

그런데 며느리는 막내딸이라서 사돈 어르신은 연세가 많으시고 다리가 불편하여 지팡이 짚고도 누군가 옆에서 부축하지 않으면 걸을 수 없기에 양가 부모 입장은 못 했다.

고등학교 1학년인 막내딸이 결혼할 때쯤이면 나도 사돈과 비슷한 나이가 될 텐데 하고 미리 걱정하고 있다.

큰아들은 모교 강단에서 결혼식을 해서 별로 힘든 줄 몰랐는데 예식장은 정말 힘들었다.

격식이 너무 복잡하다. 분장하러 들어가는 엄마에게
'엄마 아무거나 막 해 준다고 추가하지 마요' 알뜰한 효자 아들이 말

한다.

　미용사는 '화장 들뜨지 않게 뭐 하나 발라 드리려고 하는데 2만 원 추가예요.'

　'아뇨 안 할래요.'

　탈의실에서 한복 입혀 놓고 '뒷머리에 액세서리 하나 꽂으면 정말 이쁘세요. 2만 원 추가예요.'

　'에~고 뒤야 보이지도 않는데요, 뭘!'

　'아니요, 뒷모습도 다 찍혀요.'

　집요한 그들의 설득에 결국 넘어갔다.

　먼저 장가든 큰형이 동생과의 추억을 sns에 올렸다.

　제가 초등학교 5학년 때 우리 가족이 된 동생이 내일 드디어 결혼합니다.

　동생은 제가 결혼할 때 대출 안 된다 해서 자기 이름으로 대신 대출받아서 아파트 보증금을 대주고 명절에 부모님께 올 때마다 가난한 형 대신 늘 두 손 엄청 무겁게 하고 와서 부모님을 감동시키는 착한 동생입니다.

　겉으로는 세 보이지만, 엄마 아빠 이야기만 나오면 눈물부터 흘리는 순수한 놈입니다.

　어릴 적에 자는 제 얼굴에 냄새 나는 양말을 올려놓고 도망가던 개구쟁이 동생 놈이 장가를 갑니다. 축하해 주세요.

　고맙다, 동생. 우리 가족이 되어 줘서…

그나저나 우리 둘이 찍은 사진이 많이 없구나. 내일은 사진 좀 많이 찍자. 사랑하는 형아가.

나는 문득 둘째 아들과의 추억을 꺼내 본다. 둘째는 초등학교 때부터 동네 형과 친구들과 어울려 다니면서 사고만 치고 밤늦게까지 밖에서 돌아다니고, 부모 말은 듣질 않았다. 도벽도 했고, 거짓말도 했다. 초등학교 4학년이었을 때 아들의 이런 버릇을 고쳐 주기 위해 나환자들이 있는 소록도 섬으로 함께 봉사 활동을 갔다. 아들은 그때를 회상하며 이렇게 말했다.

'소록도에 있는 사람들을 보고 깜짝 놀랐다, 눈, 코, 입, 귀, 손, 발이 없는 사람들이 수도 없이 많았다. 나는 그들을 바로 쳐다볼 수가 없었다. 그곳에서 그들과 함께 지내야 한다는 것이 너무 싫어 한숨만 나왔다. 하지만 어머니가 그곳에서 봉사하는 것을 보고 나도 어머니를 도와드렸다. 어머니는 그들의 얼굴도 씻겨 주고 손톱 발톱도 잘라 주고, 귀도 파주며 청소와 밥도 해 주면서 그들과 함께했다. 나도 이다음에 커서 엄마처럼 봉사 활동을 하면서 몸이 건강하지 못한 사람들을 도와줘야겠다는 생각을 해 보았다. 왜냐하면 우리의 한 일은 아주 작은 일이었지만 그들은 큰 고마움을 우리에게 보여 줬기 때문이다.'

그렇게 소록도에서 나와 아들은 한센 환우들과 보름 동안 잘 지내다가 집으로 돌아왔다. 그때 그 일이 인연이 되어 우리 가족 모두 소록도로 봉사 활동을 가기도 하였다.

'완치가 불가능하다'는 녹내장

2002년 5월 30일 월드컵 개막식을 알리는 불꽃놀이가 집 앞 잠실 운동장에서 뚜다닥 뚜다닥 포물선을 그리며 비 오듯 쏟아지던 그날을 마지막으로 고향 잠실을 뒤로하고 2.5톤 트럭에 이삿짐 가득 싣고 가족 (시어머님, 남편, 고3인 배 아파 낳은 큰아들)을 뒤로한 채 12살 난 입양한 둘째 아들만 데리고 덕고산 자락에 짐을 풀었다. 덕고산 자락에 집을 짓고 무식하면 용감하다더니 아무런 지식과 정보도 없이 덕고산에서 얻을 수 있는 모든 것을 모아 약된장 과일 고추장 약초 미숫가루를 만들어 팔고 감자떡 사업을 시작했다.

이 세상에는 먹고 마시는 등, 다른 모든 것을 해도 영적인 생각만은 하지 않는 경우가 있다. 오로지 감자떡 빚고 약초 채취하는 생각으로 충분해한다. 유아 세례를 받았기 때문에 자신이 그리스도인이라고 생각한다. 신앙이 무엇인지에 대해 진지하게 생각하진 않는다.

해야 할 일들이 너무 많아서 그리스도를 가까이하는 삶을 생각할 수 없다. 기도할 시간을 거의 내지 못한다. 일찍부터 일을 시작하므로 아침 기도를 생략한다. 늦게까지 일하다 보니 어떻게 하나님의 일을 생각할 수 있겠는가? 부모 잃은 아이들을 양육하는 것이 하나님의 일이라고 허울 좋게 말은 했지만 무엇을 먹고 무엇을 마시며 무엇을 입을까?라는 질문에 대한 답을 찾는 일에만 몰두해 있다. 만일 하나님 아버지를 신뢰하면 그가 돌봐 주실 것이라는 성경 말씀을 믿어야 했다. 하지만 그렇게 생각하지 않는다. 힘든 수고가 세상에서 가장 확실한 섭리라고 말한다. 그러나 '여호와께서 집을 세우지 아니하시면 세우는 자의 수고가 헛되며 일찍 일어나고 늦게 누우며 수고의 떡을 먹음이 헛되도다'라는 말씀을 잊고 살았다. 노후의 삶을 비롯한 온갖 것들에 대한 염려로 가득했다. 자신의 짐을 주께 맡길 줄을 모른다. 스스로 무슨 일을 해결하려 하기보다는 그것을 하나님께 맡기는 것이 훨씬 낫다는 것을 알기까지 시간이 너무 많이 걸렸다.

23년 전 입양한 둘째 아들이 초등학교 5학년일 때 낯선 이곳 강원도 산골 마을에 정착하게 된 것은, 입양한 아들 하나 잘 키워 보겠다는 각오로 40년 넘게 살던 정든 고향 서울을 떠났다. 아무도 없는 이 산골 마을에서 둘째 아들의 외로움을 달래주기 위해 사내아이 세 명을 위탁했다. 이곳에 살기를 2년 정도 지났을 즈음 감자떡 사업이 어려워졌고, 녹내장으로 인해 힘든 시간을 가지게 된 것은 아이들이 생각처럼 잘 지내지 못하는 것 때문에 힘들기도 했다.

서울에 두고 온 아들은 그해 대학에 실패하고, 재수를 시작했다. 모든 것이 내 탓인 것 같아 주변 눈치를 살핀다. 데려온 아들을 돌보기 위해 낳은 아들은 나 몰라라 한다고 수군거리는 것만 같다. 방송 출연 인터뷰 할 때마다 큰아들의 생각을 담고 싶어 하는 PD들은 묻는다. '어머님이 동생들 돌보느라 혹시 큰아들에게 소홀한 거 같지 않나요? 원망은 안 했나요?' 아들의 대답이 걸작이다.

'아뇨, 저는 행복했고 자유로웠고 친구들도 저를 많이 부러워했죠.

어머니가 저를 양육했으면 아마 지금의 나는 달랐을 수도 있었겠지요.' 그렇게 아들은 엄마를 편안하게 해 주었다.

그다음 해 아들은 수석으로 합격했고 엄마를 죄책감에서 벗어나게 해 주었다.

감자떡 사업을 시작한 지 꼭 1년 만에 녹내장으로 앞을 볼 수 없게 되었다. 녹내장은 안압 상승으로 시신경이 손상되는 것을 말한다. 안압이 40에서 50까지 올랐다.

평소 눈에 통증이 심했다. 바로 병원에 가야 했는데, 바쁘다는 이유로 냉동고에 아이스팩을 수건에 둘둘 말아 눈에 얹고 있으면 통증은 사라지고 스르르 잠이 들곤 했다.

그렇게 생긴 염증은 아물고 말라붙으며 검은 눈동자의 물 흐르는 구멍을 모두 막아 버렸다고 했다.

3개월 동안 서울에서 유명하다는 병원 다 돌아다니며 약물과 주사로 고쳐 보려 했으나 허사였다. 결국 삼성 의료원에서 수술받게 된다.

검은 눈동자에 구멍을 뚫고 호수를 박아 물이 흐르도록 하는 수술이었다.

수술하신 의사 선생님께서. 이 정도의 안압이면 시신경 손상이 와야 함에도 전혀 손상되지 않았다고 놀라워하셨다.

시력은 80대 연령대로 떨어졌고 알 두꺼운 안경을 써야 일상생활이 가능해졌다. 감자떡 사업을 하며 소비자들로 인한 극심한 스트레스가 그 원인이었다.

녹내장 진단을 받는 동안 아이들은 병원 로비에 앉아 한 참을 기다려야 했다. 지루함을 달래고 있을 때, 어디선가 아름다운 노랫소리가 들려왔다고 한다. 소리 나는 쪽으로 달려가 보니 병원 현관 로비에서 환자들을 위한 합창단들의 공연이 벌어지고 있었다. 집으로 돌아온 아이들은 앞을 볼 수 없어 누워 있는 내 침대 머리에 붙어 앉아서 낮에 있었던 일을 이야기하고 있었다. 그 이야기를 가만히 듣고 있던 나는 오늘 병원 진료를 받는 동안 잠깐 졸다가 꿈을 꾸었는데 아이들이 무대에서 노래하는 꿈을 꾸었다. 우리가 그날부터 함께 부른 노래가 '어메이징 그레이스'였다. 그리고 곧 크리스마스를 맞이했다. 그동안 갈고닦은 실력을 무대에 올렸다. 기대 이상의 반응에 나는 또 다른 무대를 생각하고 있었다. 그 후 워십 댄스 경연대회에서 강원도 대표로 뽑혀 전국대회에서 중고생 형, 누나들과 겨루어 우수한 성적으로 수상을 하기도 하였다. 그 후로도 크고 작은 행사가 있을 때마다 이곳저곳에서 우리 가족을 초청해 주어, 그동안 3, 40차례 전국을 다니며 연주를 했고 TV 출연도 했다. 장구와 꽹과리를 두들기고 그리고, 댄스를 추고 수화로 노래하며 우리 가족은 저마다의 재주를 살려 언제나 연주회는 많은 이들의 박수갈채를 받았다. 아이들은 공연 다니기 전에는 낮은 자존감으로 함부로 욕하고 싸우고 집안이 하루도 조용할 날이 없었다. 하지만 내가 녹내장으로 앞을 볼 수 없을 때 그동안 하던 감자떡 사업을 그만두고 아이들과 함께 노래하고 춤추고 장구치고 수화로 노래를 부르면서 많은 시간을 보내다 보니, 나의 건강도 금방 회복이 되었다.

우리 가족들은 그렇게 연습한 것을 가지고 공연을 다니기 시작하였다. 처음에는 군부대를 시작으로 장애인시설 또는 병원을 돌아다니면서 사람들에게 웃음을 주며 봉사를 다니기 시작하였다. 그리고 내가 녹내장으로 입원했을 때 아이들의 외로움을 달래주고 무대에 서고 싶은 꿈을 가질 수 있게 했던 바로 그 병원 로비에서도 가끔 연주를 하게 되었다. 이렇게 공연을 다니게 되면서 아이들은 생활 하는 것이 확 바뀌었다. 화나는 일이 있어도 웃으면서 말로 넘어가고 양보하고 배려하는 마음도 많아졌다. 맨날 싸우고 욕하고 치고 박고 했는데, 지금의 우리 가족들의 관계는 매우 좋아졌다.

그리고 얼마 후, 나는 가족들을 다 모아 놓고 장애 아이를 입양하겠다고 말했다. 오면 잘해 줘야지 마음을 다졌지만, 마음처럼 그렇게 되진 않았다.

그 아이는 나누는 기쁨, 곧 받는 사랑보다 주는 사랑의 맛이 더 좋은 것을 우리에게 알게 해 주었다.

지금 생각해 보면 '어메이징 그레이스'는 우리 가족이 가장 어렵고 힘들 때 우리 가족을 일으켜 세운 노래이기도 하다.

바디매오의 기적

녹내장 수술하고 알 두꺼운 안경을 쓰고 불편한 생활을 15~6년쯤 보내던 어느 날,

주일예배에 강단에 서신 목사님 눈이 네 개로 보였다.

쓰고 있던 안경을 썼다 벗었다, 눈을 비벼 가며 강단을 바라보니, 모든 것이 또렷이 보였다. 안경 없이는 아무것도 할 수 없었던 내가 안경을 벗어 던졌다.

무용지물이었던 선글라스도 다시 찾아 쓰게 되었다. 화장품, 샴푸, 린스 등, 케이스마다 커다랗게 유성 매직으로 새겨 넣지 않아도 이젠 안경 없이도 다 읽을 수 있게 되었다.

최근에, 시력이 좋아진 걸까? 궁금해서 늘 다니던 안경점을 찾았다.

사장님은 0.2. 0.3. 안경 도수가 나오지 않는 시력이라고 했다.

'저 다 보이는데요!'

'그래요? 그렇다면 빨리 큰 병원 가 보세요. 비정상입니다. 어느 날 갑자기 과부화가 걸려 한방에 훅 가 버리는 수가 있어요.'라고 했다.

다음 날 안과를 찾았다.

의사 선생님께 안경점 사장님의 이야기를 했더니 "그런 얘기는 처음 들어 봅니다. 일단 검사를 좀 진행해 봅시다. 수술받은 건 20년 전 일이고 그 후로 검사를 한 번도 받아 보지 않았다구요? 삼성 의료원에서 6개월에 한 번씩 정기검진 받으라고 얘기 안 했나요?"

"네 안 했습니다."

"혹시 못 들은 건 아닐까요? 녹내장은 수술 하고도 꾸준한 치료가 필요한 질병이거든요. 그렇다면 일단 검사를 해 보고 이상이 보이면 수술한 병원으로 가시는 것이 좋겠습니다."

모든 검사가 끝났다. 의사 선생님께서는 "수술은 아주 잘된 것 같고요, 안압도 12 정상입니다. 6개월 후에 다시 나오십시오."

안경도수도 안 나오는데 다 볼 수 있는 것에 대해서는 그 누구도 설명해 주지 못했다.

사람들의 반응은 두 가지로 갈리었다.

'에이, 녹내장 아니었을껴. 오진이었겠지 녹내장을 어떻게 고쳐?'라고 지인들은 말하였으나

오히려 불신자들은

'그거~ 저 하늘님이 고쳐 준 거네'라고 한다. 녹내장은 치료가 불가능하고 완치가 어렵다는 인식들을 하고 있어 오해의 소지가 있는 건 맞다.

신명기 34장에 모세가 죽을 때 나이 백이십 세였으나 그의 눈이 흐리지 않았다는 말씀이 믿어지는 순간을 맞았다. 안경을 맞추기 위해 안과에 가면 '녹내장 수술 받으셨지요?'라고 묻는다. 어떻게 알았을까? 검은 눈동자에 박힌 그 빨대가 증거이다.

녹내장이 오진 일 거라는 의심이 들 수도 있겠어서 그 유명한 삼성의료원에서 수술받게 하신 것이 아닌가? 그것도 빨대까지 박아 주시면서 하는 생각이 든다.

요즘 내가 요양 재가 서비스 다니는 집의 어르신들이 녹내장으로 앞을 볼 수 없는 분들이 대부분이다. 그들은 내가 녹내장을 고쳤다고 하면 어떻게 그런 일이 있냐고 반문하신다.

나태주 시인이 '믿음이란? 믿을 수 있는 것을 믿는 게 아니고 믿을 수 없는 것을 믿는 것이 믿음이다. 그것이 기적이다.'라는 말에 깊이 공감한다.

뇌종양으로 주님을 인격적으로 만나다

녹내장 수술받은 지 3년이 지나 내 인생을 송두리째 바꾸어 놓을 사건이 일어났다. 뇌종양 판정을 받는다. 종양이라니 그것도 뇌에! 겁이 났다. 그 말을 들었을 때, 나는 의사의 말에 대한 적절한 반응이 무엇인지 떠올리면서 잠시 잠잠히 있었다. 그때 내 머릿속 어디선가 이러한 생각이 튀어나왔다. 아직은 젊은데~ 저 많은 애들은 누가 돌보나? 우리 가족들은 내가 없어도 괜찮을까? 갑자기 모든 것이 땅속으로 꺼져 들어가면서 두 발로 딛고 있는 땅조차 안전한지 의심스러워진다. 삶 전체가 온통 끝없는 심연으로 빠져들어 갈 것 같은 붕괴 직전의 위기를 느끼게 된다. 그러한 붕괴를 피할 길이 거의 없어 보이자 도대체 무엇이 잘못된 걸까? 나를 위해 백령도에서 군복무 중이던 큰아들이 특별 휴가를 얻어 달려왔는데, 그의 손에 한 권의 책이 들려 있었다.

"엄마 병원에서 심심할까 봐!" 하며 아들이 내민 책 제목은 김남준 목사님의 『자기 자랑?』이었다

책을 보는 순간 얼마 전에 이용규 선교사의 '내려놓음'을 읽고 무얼 내려놓아야 하나 계속 묻고 있었는데 아들이 들고 온 『자기 자랑?』이

라는 책에서 답을 찾았다.

그러고 보니 언제나 내려놓으려고 애쓴 게 아니다. 번번히 내려놓음을 당했다. 내가 스스로 내려놓았으면 내 공로 내 자랑거리가 되었을 것이다.

더 좋은 것을 주시기 위해 내려놓을 수밖에 없는 환경으로 이번에도 몰고 가셨다. 그리고 곧 내가 붙잡고 있었던 것이 배설물임을 깨닫게 하신다.

나는 또 한 번의 내려놓음을 당하려고 준비하고 있었다.

고3이 되면 모든 즐거움을 잠시 뒤로 미루고 오직 공부에만 몰두하듯 종말론적인 긴장감으로 못해 본 것들은 천국 가서 하기로 잠시 미루어 놓고, 하나님과 나와의 관계에서 자신의 존재가 포함되지 않고 다른 어떤 이물질이 끼지 않은 순전한 사랑이어야 하듯이 아이들과 나와의 관계가 친자 이상으로 순전한 사랑으로 충분해야 하는데, 그러지 못했다는 후회감이 밀려왔다. 간병하는 큰아들에게

"아들, 내가 벌받나 보다."

"어무이, 그런 말이 어딨습니까? 우리 하나님 그런 유치한 하나님 아니시거든요 하나님을 인격적으로 만나세요!" 아들이 말했다.

특별히 사람들에게 인정받고자 하는 욕구가 없어져야만 했는데, 자기 자랑에 맛 들여있는 나 자신을 보게 된다.

한때 나는 선행을 통해서 구원받을 수 있다고 생각했는지 열심히 수고하며 성실하고 올바른 성품을 유지하려고 애를 썼다. 그러나 하나

님의 성령이 내 마음속에 들어오셨을 때 '죄는 살아나고 나는 죽었으며' 내가 선하다고 생각했던 것이 악했음이 드러났다. 내가 거룩하다고 생각했던 것이 부정하다는 사실을 알게 되었다. 나의 가장 선한 행위들도 죄악임을, 나의 기도마저 하나님의 용서 아래에서만 가능한 것임을 깨닫는다.

또한 내가 율법의 행위로 구원을 얻으려 했고 내 모든 선행도 스스로 구원을 얻으려는 교만과 이기적인 동기에서 비롯되었기 때문에 하나님께 받아들여질 수 없음도 알게 되었다. 그 극한의 상황에서 주께서 친히 내게 임하여 나 자신을 당신께 온전히 맡기게 하셨다.

처음 몸의 이상을 느끼고 찾아간 원주기독병원에서 적어 준 소견서를 들고 찾은 곳은 신촌 세브란스 병원이었다.

입원실이 없다며, 보통은 한 달 정도 기다려야 병실이 생길지도 모르겠다, 고했다. 3일 동안 응급실로 통근 치료하며 줄곧 검사만 받으면서 든 생각은 '수술도 못 받고 이러다 죽는구나' 잠시 불안에 잠겨 있을 때였다.

아들은 백령도에서 휴가 나오자마자 그날 새벽 2시에 SNS에 엄마의 사연을 올렸고 대학 선배가 평소 잘 보지 않던 SNS를 우연히 보게 되었단다. 선배가 아버지에게 말씀드렸더니 당장 가자며 선배의 손을 잡고 병원으로 달려오셔서 119구급차를 대기시켜 MRI 찍다 실신한 나를 이송하기에 이른다.

강북에서 강남 성모병원으로 달리는 구급차 안에서 아들과 선배의

주고받는 말을 듣고 지금의 사태를 알게 되고 어디로 가는지도~

선배 아버지의 죽마고우인 의사 선생님은 뇌종양의 권위자라고 했다. 덕분에 속전속결로 입원을 할 수 있었다.

수술을 앞두고. 살려 달라는 기도보다는 찬양이 먼저 터져 나왔다.

'아 하나님의 은혜로 이 쓸데없는 자 왜 구속하여 주는지 난 알 수 없도다.

내가 믿고 또 의지함은 내 모든 형편 잘 아는 주님 늘 돌보아 주실 것을 나는 확실히 아네.

왜 내게 굳센 믿음과 또 복음 주셔서 내 맘이 항상 편한지 난 알 수 없도다.'

함께 누워 있는 환자들을 한 사람 한 사람 살펴보았다.

백혈병 수술로 앞 침대에 나란히 누워있는 9살 가은이와 모야모야 병인 8살 동희, 그리고 바로 내 옆자리에 나처럼 뇌종양으로 두 차례나 수술받고 왼쪽 전신마비로 누구의 도움 없이는 꼼짝도 못 하는 40대 후반의 아주머니를 위해 기도했다.

하루에도 몇 차례씩 날 찾는 손님들이 나를 위해 간절히 기도하는 모습을 보고 무신론자인 그녀가 한마디 한다.

"나도 교회나 다닐걸 불교를 믿으니까 내 손님들은 하나도 나를 위해 기도도 안 해 주고 가네."

하며 우스갯소리를 한다.

난 얼른 종이를 집어 들어 그 여인에게 편지를 썼다.

수희님!

'우리의 만남은 우연이 아니었고' 그런 노래 알아요? 당신을 만난 것은 우리 병실 모두의 축복입니다. 자칫 우울해지기 쉬운 분위기를 종종 한바탕 웃음의 도가니로 몰고 가 잠시나마 아픔을 잊게 하고 있잖아요. 우리 모두 당신을 웃음 치료 전도사로 임명합니다.

사람이 태어나서 한평생 살다가 죽는 것은 정한 이치이고 누구도 피해 갈 수 없는 길이지요.

내세를 믿으십니까?

지금이 중요한 게 아니라 죽은 후에 내가 어디에 머무느냐가 더 중요하다는 것이지요.

우리 옛 속담에 '쇠똥에 굴러도 저승보다는 이승이 낫다'는 말이 있어요.

그만큼 저승은 고통스럽다는 얘기겠지요. 그래서 사람들은 죽음이라는 것에 대해 두려움을 갖는 거 같아요. 저를 병문안 오는 분들이 어떻게 위로하고 가는지 아세요?

'이봐요 잘못되면 죽기밖에 더 하겠어요? 죽으면 바로 천국인데 마음 편히 가져요.'라고 합니다.

네 맞아요, 기껏해야 죽기밖에 뭐가 더 있겠어요. 천국에 대한 소망이 우리를 죽음에서까지도 자유 하게 합니다. 저는 수희님이 모든 것에서 자유 하길 바라요. 자신의 생각 속에서까지도 자유 하세요.

저는 이제 두 번째의 수술을 앞두고 뭐라고 기도 하는 줄 아세요?

'하나님 제 병 빨리 고쳐 주세요.' 그랬을 거 같아요? 아니에요, 앞에 있는 가은이 밤새 수혈하는 모습 지켜보며 그 아이를 위해 기도했고 모야모야로 고통하는 어린 동희 그리고 수희님을 위해 기도했습니다.

인생을 멋지게 사신 수희님 이렇게 누워서 인생을 끝낸다면 너무 억울하지 않으세요?

일어나세요, 그리고 누군가를 위한 멋진 인생을 다시 시작해 보세요.

그렇게만 된다면 수희님의 삶의 가치는 더 빛날 것이고 제2의 인생을 시작하게 될 것입니다.

오늘도 전국 곳곳에서 저를 위해 쉬지 않고 불 밝히고 릴레이 기도를 쉬지 않는 많은 지체들 때문에 저도 사랑의 빚진 자로 수희님을 위해 기도할 수밖에 없는 것입니다.

지금도 소록도에 있는 한센씨 환우들이 밤을 밝히며 저의 치료를 위해 기도하고 있다는 소식을 종종 듣습니다.

여인은 환하게 웃으며 '나도 언니처럼 그 사이버나이프라는 거 한 번만 맞아 보면 소원이 없겠어요. 난 이미 너무 많은 방사선을 투여해서 더 이상은 효과를 볼 수가 없다네요.'

하면서 수술을 앞두고 있는 나에게 자기가 알고 있는 모든 상식을 통해 사이버나이프에 대해 설명해 준다. 감마나이프보다 한 단계 위인 사이버 나이프는 내비가 달려 있어서 자기가 알아서 찾아가 쏘는데 우리나라에는 일산 암센터와 건영병원 그리고 이곳 성모병원 세 곳밖에 없고(지금은 많아졌겠지만) 문제는 보험 적용이 안 된다는 것이다.

그 여인은 이런 중병을 앓고 있으면서도 보험 하나 들어 놓지 않은 나를 측은하다는 듯이 바라보았다.

그런가? 하고 그 여인의 말에 동조하는 나를, 아들은 하나님이 책임져 주실 거라며 믿음과 기대를 품고 끊임없이 하나님의 은혜를 선포했다. 아들의 눈에는 하나님의 선하심밖에 보이지 않는 듯했다.

나는 행복한 암 환자

'암 덩어리가 확~ 다 사라졌습니다.'

암 환자라면 한 번쯤은 이런 꿈을 꾸지 않을까? 기적과도 같은 그런 대답을 기대했다면 그건 욕심, 내지는 자만일 수도 있겠다 싶었다.

학창 시절 그 지겨운 조회 시간에 기절 한번 해 보는 것이 소원이었을 만큼 튼튼한 내가 뇌종양이라니 순간 시간이 멈추어진 듯 세상이 다 끝나 버린 것 같은 혼란에 빠졌다. 열심히 정말 열심히 살았는데, 오직 의무감만으로 지상명령의 과업을 성취하려고 몸부림치듯 그러나 우선순위는 뒤죽박죽이 되고 초점이 일에 맞춰지다 보니 얼마 가지 못해 탈진할 수도 있다는 것을 알았다. 우리는 결코 사랑을 나중으로 미뤄도 좋은 존재로 만들어지지 않았다.

사랑은 반드시 우리 삶의 전반부에 그리고 중심부에 와야만 한다.

그분은 우리 자신의 노력으로 우리를 규정지으시는 것이 아니라 우리를 향한 그분 자신의 열정으로 우리를 규정지으신다.

2008년 4월 7일 새벽 성대 마비가 온 지 일주일째 되던 날 의사의 진단이 내려졌다.

처음 느끼던 대수롭지 않던 표현들은 온데간데없이 사라지고 자못 심각했다.

수술이 결코 쉽지는 않을 것이라 했다. 숨골에 자리 잡은 지름 1.5센티의 종양은 너무 깊숙한 곳이라 조직검사가 어려워 양성인지 음성인지 알 수 없고 신경조직과 맞물려 있어 떼어 낸다 하더라도 다시 자랄 확률이 있어 완전한 치료는 어렵다는 것이다.

방법은 수술하여 제거하는 일과, 레이저 광선으로 종양을 점차 줄여가는 방법인데 결정은 가족들이 하여야 하니 양가가 다 모이라는 거였다.

같은 병실에 여섯 명의 암 환자들이 나에게 코에 매달려 있는 호스 말고는 전혀 불편함이 없어 보인다며 환자 같지도 않다며 날 부러워하는 이도 있었지만, 식사 시간이 되면 입으로 밥을 먹고 있는 그들이 마냥 부러워 바라보게 된다.

밤새 두 손을 모으고 회개의 영을 달라고 그리고 기도의 지혜를 구한다.

새벽 2시 조용히 묵상하고 있는 내게 평안이 찾아왔다. 그리곤 내 머릿속에 하나의 영상이 흐른다.

문둥이 성자 다미안신부, 나환자를 위해 최선을 다해 보지만 건강한 다미안을 그들은 순수하게 받아들일 수 없었다.

안타까운 다미안은 자기도 나병이 걸리게 해 달라며 기도한다.

어느 날 난로 위의 뜨거운 주전자를 실수로 발 위에 엎었는데 감각이 없었다.

드디어 자기도 문둥병이 걸린 것을 알게 된 다미안은 기쁨과 감사의 눈물을 흘리며 환호했다.

진정한 성자 문둥이의 아버지라 불리는 다미안이 갑자기 생각나는 이 새벽 겁 없이 장애아동을 키우겠다고 의욕만 가지고 달려들어 이해 부족으로 무수히 시행착오를 겪으며 달려온 시간들 꼭 1년 만에 이젠 아이도 나도 똑같이 뇌의 문제를 가지고 다시 시작해야 하는 우리의 삶이 무엇을 의미하는 것인지 뇌종양으로 사경을 헤매고 있을 때 주께서 허락한 하프타임이라 생각 들었을 때 전반전을 깊이 들여다보게 되었다.

아이들은 모두 홍천에서 목회하고 있는 친정 언니에게 보내졌고 장애가 있는 셋째 아들은 언니가 돌볼 수 없어 어쩔 수 없이 우리 집에 입양되기 전에 있었던 시설로 되돌아갔다.

하프타임이란? 운동경기에서 전반전과 후반전 사이에 일시적으로 중단시키는 것처럼 인생의 하프타임을 가지고 전반전에서 느꼈던 교훈들과 내가 이룩했던 업적(?)들을 돌아보며 후반전의 방향을 조정할 수 있다는 것이다.

성대가 마비되어 삼키는 기능과 말을 잃었다. 반쪽이 마비되어 얼굴도 팔도 부자연스러웠다. 음식은 코에서 목구멍을 통해 위까지 깊숙히

박힌 호수로 대신하고 있었다. 퇴원할 때는 그 호수가 옆구리를 뚫고 위로 연결된다고 했다.

난 이제 아이들을 키울 수 없을 거라고 단정 지었다. 내가 할 몫이 여기까지라면 그동안의 잘못을 회개하고 내 영혼 하나님 나라에 인도되기를 기도했다.

친정 언니에게 우리 집 처분하고 언니 집 마당에 콘테이너라도 들여놓고 함께 살 궁리를 하고 있었다.

이심전심일까? 언니도 방금 나와 같은 생각을 하고 있었다며 '아이들은 내가 맡아 줄 테니, 넌 내가 해 주는 밥이나 먹고 네 몸 하나 잘 추스르는 일에 신경 쓰거라 이젠 좀 쉬며 편안히 살라'며 전화가 왔다.

난 언제나 그분을 앞서가는 게 문제다. 그러나 그런 실수까지도 은혜로 바꾸시는 하나님 그날 밤 조용히 묵상하는 내게 찾아오셨다.

'네가 이 병원에 들어올 때는 들것에 실려 왔으나 나갈 때는 네 발로 걸어 나가게 해 주겠다.' 마음속 깊은 곳에서 성령의 음성이 들려왔다.

즉시 두려움은 떠나가고 하나님의 평강이 마음속에 넘쳐흘렀다.

그리고 3회차 사이버나이프 방사선 레이저 수술받고 병실로 돌아왔다. 암 환자들은 임신한 사람처럼 갑자기 먹고 싶은 음식을 얘기하면 보호자는 지체 없이 공수해 온다. 그리곤 남은 음식을 보호자들끼리 나누어 먹는다. 그중 한 보호자가 미안한지 나에게 '아줌마도 음료라도 마셔 보라'고 권했다. 빨대를 끼워 음료를 마셨다. 모두들 놀랐다. 곧 비상벨을 눌러 간호사를 불렀다.

의사와 간호사들은 현실에서 일어날 수 없는 것에 당황하는 눈치가 역력했다. 나를 데리고 작은 어두컴컴한 방으로 데리고 갔다. 거기에는 여러 가지 음식이 줄 세워져 있었다. 요구르트 요플레 비스킷, 딸기 바나나 등등 음식물이 목으로 넘어가는 것을 찍기 위해 카메라를 목에 밀착시켰다. 그리고 음식물이 넘어가는 상태를 연신 찰칵찰칵 찍어 댔다. 위까지 깊숙이 박혀 있는 콧줄은 바로 제거하고 죽을 먹기 시작했다. 의사 선생님은 일시적인 현상일 수도 있으니 일주일 더 지켜보자고 하신다. 언니 집에 맡겨진 아이들이 걱정되었다. 잘 나오지 않는 둔탁한 개미 소리로 퇴원하고 싶다고 조용히 말씀드렸더니 '아줌마만 집에 가고 싶어요? 여기 환우들도 다 집에 가고 싶지요, 며칠 더 기다려 보세요.' 퉁명스럽게 야단치듯 무안을 준다.

35여 가구가 모여 사는 조씨 문중 마을의 조그만 시골 동네, 교회 다니는 사람은 우리 가정 말고는 없었다.

어느 날. 서울 여자가 나타나 산 중턱에 집을 짓고 남편도 없이(주말부부) 부모 잃은 아이들을 주르륵 데리고 와 살고 있는 나를 특별하게 바라보고 있었다.

내가 잘못되면 하나님의 영광이 마을에서 떠날 것이라는 두려움이 나를 2주 만에 모든 암을 털고 일어날 수 있는 기적을 베푸셨다.

사람은 언제부터 수고하지 않고는 먹고 살 수가 없게 된 것일까?

행복하고 즐거워야 할 일이 수고와 근심으로 가득 찬 노동이 된 것일까?

2002년 서울 잠실에서 강원도로 이사 와서부터 줄곧 느끼는 바다.

인류는 태어나면서 죽을 때까지 고통을 맛보다 마침내 죽게 되는 것인가?

그 순간 두려움은 사라지고 세상이 줄 수 없고 알 수 없는 평안이 밀려 왔다.

다음 날 아침 눈을 뜨자마자 '언니 우리 집 내놓지 마세요. 저 퇴원하고 바로 집으로 갑니다.' 메모장을 아들에게 건넨다.

고통에는 뜻이 있었다. 뇌종양은 나에겐 일종의 경고 신호였던 거 같다. 그 신호가 울리고 나서야 내가 지금 무엇을 목표로 살아가고 있는지 나에게 가장 중요한 것이 무엇인지 근본적인 문제를 인식하게 되었다. 힘든 일을 겪고 보니 더 절실히 하나님을 찾게 되고 병이 오지 않았더라면 당장은 덜 힘들었겠지만, 더 중요한 것을 잃을 수도 있었겠다 싶었다.

육체의 가시는 하나님의 은혜다 머릿속에 남아 있는 종양은 하나님의 뜻을 이루는 통로로 물질적인 축복만을 추구했던 내게서 영적인 축복을 추구하는 존재로 살아가는 전기가 되었다. 병원에 입원해 있는 20일 동안 지켜본 많은 퇴원하는 환자들을 보아 왔지만, 나처럼 완벽하게 고쳐나가는 사람은 한 사람도 볼 수 없었다.

모두 수술 후의 후유증을 호소하며 다시 외래 약속 들을 잡고서야 퇴원했다.

그러나 내겐 방사선 수술 후 나타나는 여러 가지 구토나 어지럼증

두통 입맛 없음, 그중 어느 것 하나도 내겐 없었다. 이번에 진 사랑의 빚은 또 어찌 갚아야 할지 그것만이 내겐 큰 숙제로 남아 있을 뿐이다.

토기장이가 자기의 뜻대로 진흙을 다루듯이 하나님께서는 나를 깨트려 유익한 그릇으로 만들고 계셨다.

뇌종양이란 판정을 받았을 때 불안감 공포감 그리고 근심이 동시에 내 감정 속으로 밀려들어 왔을 때 느낀 긴장과 두려움은 최고의 경험이었다. 그러나 그것은 순식간에 끝나 버렸다.

하나님은 14박 15일의 변화무쌍한 급류를 빠져나가도록 나를 조용히 안내하고 계셨다.

그렇게 병원에 누워 있는 동안 가정경제는 곤두박질을 쳤고 통장에는 한 푼의 돈도 남아 있지 않았다 5백만 원의 병원비를 걱정할 수밖에 없었던 것은 하나님께서 만드신 궁핍의 기적이었다. 보름 동안 다녀간 병문안 온 이들이 주고 간 돈이 병원비 두 배를 넘었다.

'베드로야 내가 너를 사람 낚는 어부가 되게 하겠다. 그동안은 네 관심은 온통 물고기 잡는 일에 집중되어 있었지? 물고기를 많이 잡는 날은 기뻤고 그렇지 않은 날은 슬펐지? 그런데 이제부터 네 관심을 바꾸어 보지 않겠니? 하나님의 소명을 붙잡으려무나 나는 네가 사람 낚는 어부가 되기를 원한단다.'

그런데 베드로는 예수님이 십자가에 돌아가신 후 다시 바닷가로 가 배와 그물을 챙겼다.

나 역시 집으로 내려오자마자 감자떡을 만들어 냉동고를 가득 채우고 아침에 눈 뜨면 고사리 꺾으러 산으로 내달렸고, 백초 효소를 담기 위해 백 가지 약초를 긁어 모은다.

산에 가면 먹을 것이 천지다. 어쩌면 하나님께서 약들을 요놈 조놈에게 숨겨 놓았는지, 뇌종양에 좋다는 비단풀이 과수원 바닥에 숲을 이루고 있다. 열심히 채취하였으나 그것이 농약에 오염된 줄을 도시 여자가 어찌 알 수 있었을까?

백초 효소 먹고 뇌종양 완치되었다고 큰아들이 헛소문 퍼트려 백초 효소 달라고 주문이 들어와 대략 난감한 경우도 있었다.

이제 후로는, 먹고사는 문제 걱정 않겠다고 했던 맹세는 사라지고 아이들의 교육비 걱정을 하고 있었다.

'너희가 어찌하여 양식이 아닌 것을 위하여 은을 달아주며 배부르게 하지 못할 것을 위하여 수고하느냐 내게 듣고 들을지어다 그리하면 너희가 좋은 것을 먹을 것이며 너희 자신들이 기름진 것으로 즐거움을 얻으리라' (사 55:2)

참된 삶을 위해 과감히 떠날 것을 뒤를 돌아보지 말 것을 광야에 머물지 말 것을 그리고 모든 죄로부터 우리를 깨끗게 하는 예수 그리스도의 보혈을 의지할 것을 그렇게 당부하셨는데

그렇게 시간은 천천히 흘러가고 있었다.

감자떡 사업 5년째 접어들면서 몸은 다 망가지고 빚은 쌓여 가는데도 그걸 놓지 못하는 이유는 인간의 욕심이었다.

어머니의 글에서

배추포기 가슴에 안고 걸어가다가 풀뿌리에 넘어져 밭고랑에 주저앉아 '하나님 나 농사 좀 안 짓게 해 주세요'라고 기도했는데 어느 날, 잠실개발 지역으로 지정되면서 어쩔 수 없이 농사를 멈출 수밖에 없었다고 했다. 나 또한 '하나님 저 감자떡 그만하고 싶어요. 주문이 그만 들어오게 해 주세요'라고 기도 했는데 정말 놀랍게 그다음 날도 그다음 날도 한 건도 주문이 들어오지 않았다.

식품위생법 위반에 걸리다

내가 일중독이라는 것을 너무나 잘 아시는 하나님은 확실하게 못 박으려는 것이었을까? 얼마 후 횡성보건소 직원이 방문했다. "위생법 위반 신고 접수되었습니다. 고추장 얼마나 파셨죠? 된장, 미숫가루 얼마나 파셨죠? 허가를 내시려면 방앗간 수준의 시설이어야 가능합니다. 아이들 간식비라도 벌려고 하신 모양인데 그래도 안 됩니다. 이번엔 경고로 끝나지만 다음엔 법적 조치 들어갑니다. 벌금 최하 50만 원에서 300만 원까지 해당됩니다. 당장 그만두십시오." 가을 고추장이 맛나다는데, 어느 계절인지도 모르고 고춧가루에 동아 호박주를 넣었더니 맛이 확 살아난다. 하수오도 넣고 냉이 가루도 넣고 비트 가루도 넣고 이리 만들면 몸에 좋을 거라고 약초 고추장이라고 명명하여 팔아먹었다. 결국 식품위생법에 걸려 나의 약초 고추장 사기 행각은 멈출 수 있었다.

대학생들이 알바로 인터넷 뒤져 식파라치 활동을 하면서 신고하면 10만 원의 포상금을 받는다고 들었다. 그렇게 또 한 번의 내려놓음을 당한다.

염려근심 사라진 것이 너무 신기하고 좋아서 간증이랍시고 불신자 동료 교사에게 전에는 통장에 돈이 좀 들어있으면 마음의 여유도 생기고 좀 언짢은 일에도 부드럽게 넘어갔는데 통장에 돈이 없으면 마음이 불안하고 괜히 아이들에게 짜증 내고 그랬는데 이젠 모든 염려근심이 다 사라져 돈이 있을 때나 없을 때나 평정심을 가지고 아이들과 마찰 없이 잘 지낸다고 했더니 부부 교사인 그 선생님은 자기는 통장에 한 번도 돈이 떨어져 본 일이 없어 잘 모르겠다고 답한다.

수술 후 9개월 만에 재촬영을 했고, 결과를 기다리는 일주일은 너무 천천히 지나갔다.

주치의는 9개월 전에 촬영한 사진과 일주일 전에 찍은 사진을 나란히 보여 주며 자상하게 설명해 주었다.

1.5센티의 동전모양의 숨골에 자리 잡은 하얀 종양 테두리는 모양 그대로 있었지만

원 안에 거뭇거뭇 얼룩무늬가 마치 보름달 안에 계수나무 아래 방아 찧는 토끼의 모양을 하고 있었다.

"암세포가 많이 죽었습니다. 이거 검은 부분 보이시죠? 이 부분이 방사선으로 태운 부분입니다. 아주 좋은 상태입니다."

지난 9개월 동안 난 약 먹는 것을 게을리했을 뿐인데, 약이란 놈이

암을 고칠 수 있는지는 몰라도 또 다른 장기를 무너트릴 수 있다는 못된 믿음 때문에 한 달 치 약을 서너 달에 걸쳐 먹고, 춥다는 이유로 운동을 게을리했고 고기는 없어서 안 먹었을 뿐이고 암세포가 즐겨 찾는다는 커피 설탕 우유는 즐겨 먹었다.

그러나 마음만은 언제나 평화로웠던 거로 기억된다.

하루하루 '괜찮아!'를 외치며 아이들과의 갈등 속에 죽고 사는 문제가 아니면 그냥 넘어가기로 마음을 먹었다.

암이란 사랑받는 병이기에 충분했다. 많은 사람들이 관심을 보이므로 내가 사랑받는 존재임을 확인하는 순간 더 빠른 쾌유를 이끌어 낼 수 있었던 게 아닐까?

무엇보다 가족관계에서 권위를 내려놓고자 노력했고 말랑말랑하게 조직의 유연성을 도모했다.

군복무 중인 큰아들은 사춘기가 뭔지도 모르고 지나갔을 정도로 순수하기만 했던 그 아이를 제외하고는 초등학교 4학년 때부터 사춘기가 시작된 둘째 아들과 김정은이가 무서워한다는 중2 셋째 아들, 그리고 이제 슬슬 사춘기에 들어설 준비라도 하는지 날 긴장시키는 5학년 넷째 아들. 미운 일곱 살 고집불통인 막내아들 모두 하나같이 어려운 상대였다.

'호사다마'라고 '건강 상태 매우 양호'라는 판정을 받고 기뻐 집으로 돌아왔는데 아이들이 추위에 발발 떨고 있었다. 아이들이 보일러실 장작을 쌓다가 무너지는 바람에 보일러 미터기 줄이 끊어져 가득 채운 기름이 몽땅 바닥으로 흘러 버렸다.

'우~ 피 같은 기름' 짐승처럼 울부짖어 보나 어쩌랴 그야말로 엎질러진 기름인 걸 교만하지 말라고 주신 교훈이라며 스스로 마음을 달랜다.

암세포가 죽었다는데 이깟 기름이 문제랴. 마음을 고쳐먹는다.

암을 극복하려면 몸을 따뜻하게 할 것 스트레스를 없앨 것 기력을 잃지 않을 것 약 잘 챙겨 먹을 것(평생 먹을 각오로) 그리고 가족과의 사랑이 최우선이 되어야 함을 깨닫는다.

신이 나에게 고통을 줄까? 안이를 줄까?라고 물으면 난 여전히 '안이를~ 주세요 깨닫지 못해도 좋고 멍청해도 좋으니 안이함을 주세요.' 하고 겁도 없이 졸라 댈 것 같다.

그래서 신은 우리 모두에게 물어보지도 않고 불행을 내리나 보다 지나고 보니 실은 불행처럼 포장되어 있는 보물덩어리의 상자를 여러 번 받았으면서도 시간이 흐르면 곧 잊곤 한다.

이번엔 다시는 잊을 수 없도록 아예 그냥 담고 살아야 한다고 의사는 결론을 지었다.

재발의 위험도 감수해야 한다고 경고했다. 자녀에게 매를 때리면서 더 아파하는 부모의 마음을 사랑하는 자녀에게 매를 드는 일이란 정말로 모든 부모의 가슴 아픈 경험이다. 그러나 아이가 배워 깨닫도록 하려면 사랑의 매가 필요 하듯이 그 매가 주님의 마음을 무척 아프게 하지만 결국 우리를 유익하게 만든다는 것이 두려움에서 벗어나게 했다.

이 세상의 염려라고 하는 무거운 짐을 지고서 천성을 향해 달음질하는 건 불가능하다 삶의 순탄한 물결을 항해할 때와는 달리 요단강의 거친 물결을 만나면 구주의 도움이 더욱 절실해진다.

고질병인 염려 근심 사라지다

염려하지 않는 삶이 가능키는 한가? 그런 삶을 살 수 있다면 그건 하나님의 은혜겠지.

12년 전 뇌종양으로 쓰러진 후 염려 없는 삶을 살기로 결단하고 나니 어쩌면 뇌종양은 내겐 보석과도 같은. 선물처럼 느껴지곤 한다. 주님께서 내게 뭔가 심오한 것을 보여 주셨는데, 그것이 나의 삶을 완전히 바꾸어 놓으셨다. 나의 연약함에도 불구하고, 나를 즐거워하신다는 것을 내게 보여 주셨다. 그것은 더 큰 영적 성장과 성숙으로 이어질 것이다. 과거에는 신실한 신자로 성장할 때에만 하나님께서 나를 즐거워하실 거라 생각했던 때가 있었다. 그럴 뿐 아니라 우리가 실수할 경우 그분은 화를 내신다고 믿기도 한다. 이런 왜곡된 시각은 성령의 하나님과는 아주 딴판인 것이다. 하나님의 마음을 발견하는 일은 황홀한 일인 동시에 정말로 기분 좋은 일이다.

'너희는 먼저 그의 나라와 그의 의를 구하라 그리하면 이 모든 것을. 너희에게 더하시리라.'

그의 나라와 그의 의가 무엇인지 묻고 또 물었다. 어느 주일 오후 교회에서 제자 훈련을 받는데 그의 나라와 그의 의는 하나님의 뜻을 의미한다는 걸 배웠다.

그렇다면 하나님의 뜻이 무엇이냐고 또 묻기 시작했다.

주일 학교 예배에서 찬양을 부르다가 '항상 기뻐하라 쉬지 말고 기도하라 범사에 감사하라 이는 예수 안에서 우리에게 향하신 하나님 뜻이니라.' 노래하며 그렇다면 하나님의 뜻은 항상 기뻐하고 쉬지 말고 기도하고 범사에 감사하는 것이라는 깨달음이 왔다.

그렇지만 어떻게 항상 기뻐할 수 있을까? 쉬지 말고 기도하면? 어떻게 쉬지 말고 기도 할 수 있을까? 범사에 감사하면? 어떻게 범사에 감사 할 수 있을까? 하다가 말씀에서

'너희는 염려하여 무엇을 먹을까 무엇을 마실까? 무엇을 입을까 하지 말라.'였다

'먹고사는 문제로 염려하지 말라. 그것이 하나님 뜻이다.'라고 명령하고 계신다.

그래서 주기도문에는 '오늘 우리에게 일용할 양식을 주시고'

요즘같이 먹을 것이 풍성한 시대에 일용할 양식을 구할 일이 있을까?

입양을 통해서 일용할 양식을 구할 수밖에 없다는 것은 축복이다. '우리가 우리에게 잘못한 사람을 용서하여 준 것같이 우리 죄를 용서하여 주시고' 아이들과 지내다 보면 잘못할 일이 오죽 많을까 용서할 일이 얼마나 많을까? 그래서 늘 '시험에 빠지지 않게 하시고 악에서 구하여 주기를' 기도해야만 한다.

얼마 전 목사 사모인 친구에게서 전화가 왔다.

'신혜야, 나 지금 하나님께 벌받고 있어 신혜야 내가 지금 밥도 못 먹어.'

'그런 말이 어딨어? 합력하여 선을 이루시는 하나님인데 벌주신다기보다 깨닫고 더 성숙시킨다고 생각해, 나도 뇌종양으로. 누워 있을 때 너랑 똑같은 말을 했어, 그런데 백령도에서 군무하던 큰아들이 특별 휴가 받아 간병한다고 왔는데 '어무이 하나님 아버지를 인격적으로 만나세요. 우리 하나님은 벌 주는 하나님 아니시거든요.'라고 하더군.'

그랬다 내게 뇌종양이 없었더라면 하나님을 인격적으로 만날 수 없었겠지, 그 후로는 두려움이 사라졌다.

어떤. 큰 고난이 닥쳐도 뇌종양을 고치신 하나님께서 이까짓 일쯤이야 늘 그런 믿음이 있었다.

고난의 원인이 나의 죄라고 여기면 생각이 비뚤어진다. 고난이 올 때 그 원인을 찾지 말아야 하는 이유는 보통 그 고난의 이유가 무엇인지 잘 모르기 때문이다. 정확한 이유를 모른 채 하나님을 원망할 수 있다. 욥의 부인처럼 '욥이 재 가운데 앉아서 질그릇 조각을 가져다가 몸을 긁고 있더니 그의 아내가 그에게 이르되 당신이 그래도 자기의 온전함을 굳게 지키느냐 하나님을 욕하고 죽으라' (욥 2:8, 9)

우리도 욥의 아내처럼 고난을 오해할 수 있다.

욥의 고난도 사단이 시작했으나 하나님이 선하게 다 바꾸어 놓으셨다.

지금 내가 당하는 고난도 결국은 하나님께서 다 바꾸어 놓으실 것을 확신하기에 두려움은 없다.

밥을 못 먹는다는 친구에게 그것 또한 하나님의 치료 방법이기도 하다고 말해 주었다.

  뇌종양으로 아무것도 먹을 수 없을 때 보름 만에 회복되는 기적을 경험했기에, 그 후 단식원을 다녀오면서 단식으로도 병을 고친다는 것이 증명된 셈이다.

회전근개파열

  2013년 안흥에 모 고등학교로 발령받아 대기하던 12월 28일 추위가 절정을 이루는 칠흑같이 어두운 새벽, 새벽기도를 가기 위해 집을 나선다, 30분 정도 걸어서 마을 끝에 있는 교회를 가기 위해 산언덕을 내려간다.

  12월 길은 얼어 있었고, 비탈에서 미끄러지면서 오른팔을 깔고 누웠다.

  아팠다. 팔은 축 늘어지고 덜렁덜렁 몸에 붙어 있을 뿐 인형의 팔처럼 누군가 붙잡아 주지 않으면 아무것도 못 했다.

  병원에 가 CT 촬영을 하니, 의사 선생님께서 '회전근개 네 개 파열되었습니다, 당장 수술하지 않으면 팔을 못 쓸 수도 있습니다.'라고 했다.

  그날부터 왼손으로 오른 손목을 잡고 밥을 먹고 세수를 하고, 화장하고 양치를 했다.

  통증이 받쳐 올 때마다 물리치료를 받았다.

  많은 시간이 흘러 8월 추석 잠실에 있는 친정집을 찾아 하루를 보내고 돌아오던 날. 양평을 지나오며, 길옆에 기도원 간판을 보고 들어갔다.

친정에서 싸 가지고 온 음식을 나누어 먹고, 저녁 집회에 참석했다.

원장님은 여자 목사님이셨다.

걸걸한 목소리로 '우리 다 같이 양손 들고 찬양합시다.'

오른손이 번쩍 올라갔다. 하나도 아프지 않았다. 그렇게 오랜 시간 찬양을 하고 하룻밤 자고 집으로 돌아왔다.

그해 겨울 난 붕어빵 장사를 시작했다. 밀가루 반죽 주전자를 연신 들었다 놨다를 반복하며 나의 회전근개 파열이 안전한지 시험해 본다.

우리 품에 안기다

문득 막내딸 입양할 때 우리 가족의 모습을 그려 보았다.

2012년 2월 어느 주말, 온 가족이 대전에서 네 번째 아이를 입양하기 위해서 만나는 날이었다.

남편과 큰아들은 서울에서 출발했고, 둘째 아들은 천안에서, 그리고 나는 셋째와 넷째 아들을 데리고 강원도 횡성에서 출발해서 딸이 있는 대전 늘 사랑 보육원에서 합류했다.

딸아이 입양할 때 내 나이는 쉰여덟이었고 딸은 이제 겨우 네 살이었다. 얼마나 갖고 싶었던 딸이었나? 잘 먹고 낮잠도 두 시간씩이나 자고 밤이면 또 잤다. 웃지도 않고 말도 없고 표정은 언제나 한 가지에서 변함이 없었다. 무~표~정~

큰 아이들을 입양했을 때와 사뭇 달랐다 '엄마, 엄마,' 하며 귀찮을 정도로 달라붙고 입은 항상 쑥 내밀어져 있었다. 뽀뽀해 달라는 뜻이다. 많이 웃고 많이 떠들고 아이들은 항상 들떠 있었다. 부모 형제가 생긴 것에 대해 기분이 좋아서 그랬는지 늘 저지레를 했었는데~

딸은 달랐다 좋으면 '끄떡끄떡' 싫으면 '절레절레' 고개 젓는 것이 다였다.

먹을 것을 주면, 손이 아닌 입이 먼저 다가온다. 밥을 차려 놓으면 누군가 먹여 주기를 기다리며 마냥 손 놓고 눈치만 살핀다.

감정이 없는 아이 '쉬 할까? 응가 할까?' 늘 물어야 하고 안아 줘도 뽀뽀해 줘도 미동도 없다.

한번 안기면 숨소리조차 없이 가슴을 파고든다.

원인이 뭘까? 무슨 상처가 그리도 깊은 걸까? 마치 움직이는 인형 같았다.

교회에 가면 여자애들은 머리를 빗기고 땋았다가 묶었다가 또아리를 틀었다가 우리 딸을 마치 인형을 가지고 놀듯 한다.

사내 녀석들은 '이거 줄까? 저거 줄까?' 연신 각종 장난감을 들이대며 환심을 사 보려 하지만 주관이 뚜렷한 딸은 고개를 살래살래 저으며 사내들의 가슴을 태웠다.

어느 날은 오빠들이 얼마나 뽀뽀를 해 댔는지 볼에 알레르기가 솟았다. 뽀뽀 금지령이 내렸다.

아토피가 심해 팔꿈치 접히는 부분과 무릎 접히는 부분이 상처가 나고 가려워 긁느라 잠을 못 잘 지경이었다.

자기 마음에 들면 '나 엄마'라고 하고 맘에 안 들면 '오빠 엄마'라고 불렀다.

오빠들이 먹고 그대로 놓아 둔 간식 그릇과 포크를 의자에 올라서서 정리하고 있는 모습이 엄마를 감동시킨다.

오빠들은 세 번 네 번 얘기하고 나중엔 고함을 쳐야 행동하는 데 비해 딸은 엄마의 말에 언제나 귀를 쫑긋 세우고 한마디 한마디에 집중하고 발딱 일어나 행동 개시에 돌입하는 모습이 신기하면서도 애처롭기까지 했다.

꽝 부딪치고 콰당, 넘어져도 거뜬히 일어나 '안 아퍼요. 나, 진짜 안 아픈데~' 용감한 모습에 안쓰럽기도 하고 귀엽기도 하고 사랑스러워 꼭 안아 주곤 했다.

엄살이 백단인 우리 아들들과는 사뭇 다르다. 엄마가 있는 것과 없는 것의 차이가 아닐까?

미운 네 살의 말 짓은 전혀 없었다 어렸을 적 읽었던 동화가 생각난다. 웃음을 잃은 공주를 웃겨 주는 사람에게는 공주와 결혼하고 나라의 절반을 주겠다는 왕의 포고문이다.

어느 날, 바보 이반이 황금 거위를 안고 가다 그 거위를 탐내던 사람들의 손이 줄줄이 붙어 왕궁 앞을 지나다 공주의 눈에 띄어 공주는 웃고 만다.

우리 딸을 웃기는 방법은 없는 것일까?

가끔씩 웃으려고 입을 실룩실룩 벌리기라도 하면 가족들은 '웃었다'

고 환호성을 지르곤 했다.

무표정이 압권이다. 내일은 웃는 표정을 찍을 수 있을까? 기대하면서 연신 카메라를 들이댔다.

드디어 엄마는 중대 결심을 한다.

'막내를 웃기는 사람에게는 오천 원 주겠다'고 현상금을 걸었다. 그러나 그 누구도 딸의 웃는 얼굴을 핸드폰에 담아내지 못했다.

그러나 우리 집 분위기만큼은 완전 천국이었다.

서울에 살고 있는 첫째와 둘째 아들은 막내가 보고 싶다고 빨리 사진 올리라고 성화를 해 대고, 셋째 넷째 아들은 막내를 웃기려고, 온갖 노력을 다해 보지만 성공하지는 못했다.

오늘은 누구랑 잘래? 셋째가 '나랑 잘래?' 도리도리. 넷째가 '나랑 잘래?' 도리도리. '그럼 엄마랑 잘래?'라고 아이들이 물으면 끄떡끄떡 오빠들은 섭섭해서 어쩔 줄을 모른다.

출근하려는 엄마를 졸졸졸 따라다니길래 결국 출근하는 차에 태웠다. 그리곤 친정 오라버니에게 운전을 맡기고 근무지인 학교에서 나는 내리고 딸은 다시 오라버니와 함께 집으로 향한다. 보채지 않고 얌전히 잘 지낸다고 한다.

우리 집에 오기 전에 입양체험 가정 두 곳에서 보이콧 당했다는데, 우리 얌전이가 왜 그랬을까 의구심을 가져 본다.

아마 '우리 집에 오려고 그랬나 보다' 생각하니 고마워 눈물이 난다.

여러 입양 기관에서 '엄마 나이가 너무 많다. 자녀가 너무 많다. 경제적 뒷받침이 부족하다'는 등의 이유로 거절당하면서 상실감에 난 더 이상 '입양할 자격이 안 되나 보다'고 좌절했던 시간들이 막내딸로 인해 감사로 바뀌었다. (내가 거절당한 일곱 군데는 다 사내아이들이었다.)

여덟 번째 시설에서 여자아이라는 소식에 '한나'라는 이름을 생각하고 남편에게 의논했더니 남편도 '한나'를 생각하고 있었단다.

그런데 더 놀라운 일은 막내를 입양하려고 했던 그분도 '한나'라는 이름을 지어 놓고 기다리고 있었다는데, 내가 입양하고 싶어 한다는 소식을 듣고 자기는 이미 세 명의 여자아이를 입양했고 남자아이들도 네 명이나 입양한 터라 안타깝지만, 여자를 한 번도 입양해 보지 못한 나에게 양보하고 싶다고 했다.

출근할 때마다 치마꼬리 잡고 늘어질까 봐 지레 겁을 먹고 일부러 한나에겐 데면데면했었던 것이 미안한 마음이다.

오빠들도 아직 어린데, 소외감 느낄까 봐서 특별히 딸이라고 유난 떨지 않으려고 조심조심 눈치를 살피곤 했었다.

요, 어린 것이, 엄마의 그런 마음을 알아차리기라도 한 걸까? 방바닥에 무엇이 떨어져 있으면 모조리 주워다 엄마에게 들이댄다. 아무 말 없이~ 그 모습이 얼마나 사랑스럽고 귀여운지 참았던 외면이 와르르 무너져 내린다.

일주일쯤 힘겨운 시간을 보낸 어느 날 기적처럼 말문이 터졌다. 이제 말도 쫑알쫑알 수다도 떨고 깔깔 까르르 웃기도 한다.

이제 좀 안정이 되는 모양이다. 아이의 출생의 비밀을 알고 나니 더 가엾다는 생각이 들었다.

　너무 어린 나이에 이 품 저 품 옮겨 다니며 겪었을 상처들, 좀 더 일찍 만났더라면~하는 아쉬움도 있었지만, 학교 병설 유치원 입학식에서 교장 선생님의 말씀이 문득 떠오른다.

　혼자 가면 빨리 갈 수는 있지만 멀리 가지 못하고 함께 가면 느리게 가지만 멀리 갈 수 있다고 하셨다.

　막내가 이제 우리와 함께 가는 첫걸음이 저 먼 곳까지 무사히 갈 수 있도록 나는 그 아이의 곁을 지켜 줄 것이다.

반전의 묘미

　엄마인 나에게 위기가 왔다. 취업 면접 일주일 전 꿈자리가 뒤숭숭하더니 탈락하는 꿈을 꾸었다. 무시해 버렸으나 마음이 계속 불안하고 초조했다.

　여기저기 기도요청을 했으나 결정의 날 불합격 통지를 받고 좌절과 고통 속에 마음이 많이 아팠다. 그리고 부끄러움으로 가득했다.

　1년 전, 바로 이때쯤 두 곳의 학교로부터 보이콧 당했을 때의 그 아픔, 세 번째 학교에서의 합격 통지서 받았을 때의 반전은 오히려 감동이 배가 되었다. 막내를 입양할 때도, 일곱 곳의 시설로부터 거절당했을 때 그 아픔 그러나 여덟 번째 시설에서 성공적으로 막내를 데려왔을 때의 감격은 완벽한 반전이었다.

불합격이라는 통보에 예상은 하고 있었으면서도 가슴은 쓰렸다. 8명의 지원자 중 58세로 나이가 가장 많았고, 나머지 후보자들은 3~40대로 다 젊고 씩씩했기 때문이다.

그럼에도 내가 밀고 들어갈 수 있었던 것은 교사 자격증과(다른 분들은 복지사 자격증) 오랜 경력 그것 말고도 하나님의 든든한 빽이 자리하고 있었다.

다섯 명의 면접관들의 눈을 가리고 그 마음을 하나님이 움직일 거라고 기대했다.

울다가 지쳐 쓰러진 내게 다가온 막내딸 고사리 같은 손으로 내 뺨에 눈물을 닦아 주던, 그 모습은 나의 모든 고통을 날려 버렸다. 그래 우리 막내딸이 곁에 있는데 그깟 취업이 안된다 한들 뭐 대수랴.~

또한 큰 아들의 위로의 편지가 마음을 추스르는 데 큰 도움

'어머니! 안타까운 소식이 들려서 마음이 아프지만. 요즘 주변에 많은 분들하고 이야기 나누면서 느끼는 점은 엄마는 참 대단한 일을 하고 있다는 확신이 듭니다. 그건 하나님이 엄마를 너무너무 사랑하신다는 확신입니다.

이번에 취업이 안 된 건 우리 가족으로서는 안타까운 소식이지만. 집안에 새로운 활력소인 우리 막내도 왔고, 앞으로 하나님께서 막내를 통해서 그리고 엄마를 통해서 하실 2012년을 기대해 봅니다.

기도하면서 드는 마음은 불안함보다는 엄마를 크게 쓰실 하나님을 보게 됩니다. 비록 작은 일이지만. 아무나 할 수 없고 엄마는 분명 그것

에 대한 사명이 있기 때문에 하나님께서 들어 쓰실 거예요.^^ 당분간은 아이들에게 집중하면서 시간을 보내는 것도 나쁘지 않을 것 같습니다.

　엄마의 본래 사명인 아이들을 잘 양육하는 것. 얼마나 가치 있는 일인지.^^ 힘내세요! 걱정 마시고요!^^ 늘 엄마의 사역을 응원합니다!^^

　그리고 며칠 후 반전이 있었다. 먼저 합격하신 선생님은 종일반으로 전환하셨고 2등으로 합격한 나를 특수 실무지도사로 채용하기로 했다는 것이다. 한 번에 되었으면 좋았겠다. 생각할 수도 있겠으나 막내의 위로와 큰아들의 위로를 경험한 나로서는 언제나 반전이 좋다.

　'축하드려요 어머니!!^^

　전 어머니가 해내실 줄 믿었습니다. 아니 어머니 뒤에 계신 하나님께서 하실 것을 믿었습니다.^^ 앞으로도 기도로 승리하는 우리 가족이 되길. 소망합니다!^^ 우리 가족을 일으켜 세운 '어메이징 그레이스' 파이팅입니다! 한 번에 됐다면 이만큼 기뻤을까요?

　취직이 안 됐다는 소식이 들렸을 땐 저도 얼마나 가슴이 철렁하던지. 하지만 엄마를 위해 금식까지 하시며 기도하시던 장모님께서는 느낌이 좋다고 하시며. 떨어진 게 이상하다고 말씀하셨고. 저는 엄마를 위해 기도하는 분들이 하나님의 계획을 기대하는 모습을 보면서. 그래. 분명 더 좋은 일이 생길 거라는 기대를 버리지 않았었습니다.^^

　역시나 너무나 기쁜 소식이 들려오더군요. 하나님은 늘. 정말 필요한 만큼. 그리고 우리에게 더 큰 기쁨을 주시려고 노력하시는 분 같습니다.

편안하고 안일한 삶에 갇혀서 사단과 놀아나고 남을 돌아보지 못하고 나만 바라보는 그런 모습을 원하는 것이 아닌. 하나님을 바라보고 남을 돌아볼 수 있는. 하나님의 철저한 계획이었습니다. 어머님이 다니던 직장에서 무난하게 재계약이 되었다면.(재계약을 거절당한 미움). 엄마가 주변에 그 사람들을 그렇게 돌아볼 수 있었을까요?

주변을 돌아보게 하시고 용서하게 하시고 더 큰 기쁨으로 우리 가족에게 선물하시는 하나님의 계획은 참으로 놀랍습니다. 정말 놀랍습니다. 오늘도 감사하며 살아야겠습니다. 내 삶에 감사가 넘치게 해야 되겠습니다. 큰아들 드림.'

막내딸이 사랑에 빠지다

똑순이 딸이 친정 오라버니와 깊은 사랑에 빠졌다. "삼촌! 삼촌!" 하며 하루 종일 껌딱지처럼 붙어 다니며 쫑알대는 막내가 귀여워 오라버니는 막내가 해 달라는 대로 다 해 주는 모양이다.

아침 일찍 사라졌다가 저녁 늦은 시간에 나타나 가족들 식사 준비로 바쁘고 오빠들 숙제 봐주느라 바쁜 엄마를 이웃집 아줌마 보듯 한다.

아직 '엄마'라고 한 번도 부른 적 없다. 엄마 앞에서만은 새초롬히 입을 다물고 인형처럼 앉아 있다.

잠자리에 들 시간 외삼촌과 오빠들은 "나랑 자자. 이리 와." 하고 팔을 벌려 보지만 잠자리만은 확실하게 구분할 줄 아는 막내, 양말과 바지를 후딱 벗고 엄마 침대 위로 냉큼 기어오른다. 그것만이라도 내겐 큰 위로가 된다.

오라버니는 입만 열었다 하면 손주 자랑하는 할아버지들처럼 연신 막내딸 자랑하느라 침이 다 마를 지경이다.

휴지를 다 빼내었다가 다시 차곡차곡 개 두었다는 등 걸레를 개었다는 등 네 살 아이로는 믿기 어려운 말들만 계속하신다.

오라버니는 건강이 좋지 않아 직장을 접고 요양하러 잠시 내려와 계시는데 막내의 출현이 건강 회복하는 데도 큰 도움이 되고 있는 듯해서 감사하다.

아침에 출근하는 엄마 바짓가랑이 붙들고 떼 부리지 않는 것만도 감사하고 때맞춰 오라버니가 이곳으로 내려와 준 것도 감사하고, 욕심은 끝이 없는 걸까? 막내와 함께 있던 아가들이 눈에 어른거린다.

'내년쯤 저 학교 그만두면 한 아기 더 주세요.'라는 내 주문에 보육원 원장님 웃기만 하신다.

막내를 데리고 오던 날, 창가에 매달려 어떤 이상한 아줌마에게 안겨 가는 친구의 모습을 바라보던 보육원 아기들, 얼마나 우리 딸이 부러웠을까?

넷째 아들이

"엄마, 쟤네들 다 델꾸 가면 안 될까?"

어린 아들은 아가들이 백화점에 진열된 장난감 인형인 줄 아나 보다.

문득 생각난다. 한국입양홍보회 대표이신 스티브 모리슨 님께서 중학교 때 자고 일어나면 친구가 없어지고 또 없어지고 하도 이상해서 선생님께 물으니 '입양 갔어'라는 대답을 듣고 자기도 입양 가게 해 달라고 밤마다 하나님께 기도 했다고 한다. 드디어 늦은 나이에(14세) 미국으로 입양 가게 되어 내비게이션을 가능케 하는 인공위성을 계발하신 우주과학자가 되셨다.

입양 가면서 품고 갔던 화투를 다른 형제들에게 가르쳐 주었더니 너무 재밌어 저녁마다 방으로 찾아와, 늘 즐거운 화투 놀이를 하며 지냈다고도 한다.

나는 아이들과 24시간 함께할 수는 없을까? 고민하다가 학교 가까운 곳에 있는 교회로 주소를 옮기고(위장전입) 세 아이 모두를 내가 근무하는 학교로 전학시켰다.

1년에 한 번씩 재계약을 해야 하는 계약직이라 또 어디로 근무지를 옮길지 모르는 상황이긴 했지만~ 그러나 또 놀라운 기적이 기다리고 있었다. 6개월쯤 지났을 무렵 계약직이 무기직으로 전환되면서 내가 원하는 대로 계속 근무할 수 있게 되니 마치 온 세상이 나를 중심으로 돌아가고 있는 것 같은 착각이 들 정도였다.

막내딸이 아직 한글도 제대로 익히지 않았을 때 철자법도 하나도 맞지 않는 글을 끄적였다.

'나는 엄마가 마음으로 나은 아이다. 엄마가 아니었으면 나는 엄마의 망네딸도 되지 않고, 엄마의 사랑도 감사도 느끼지 못하고 나는 얼마나 유아원에서 영원이 살 수도 있었다. 엄마의 사랑과 아빠의 사랑을 느끼지 못하고 내가 유아 시설의 개속 있었으면 사랑도 느낄 수 없고 그곳에서 구박을 밧고 살 수도 있었을 것이다. 나는 엄마가 우리를 사랑하고 엄마가 내종양의 걸렸을 때 날 입양하였다. 그래서 엄마의 따뜻한 사랑을 느낄 수 있었다. 엄마도 꼭 나의 사랑을 느끼었으면 좋게다. 엄마는 슈퍼스타 김신혜이다. 엄마가 만약에 없다면 우리는 입양이 몬지 몰랏을 것이다. 우리 엄마는 유치원부터 대학교까지 강의하러 간다. 우리 엄마는 '바쁘다 바뻐'를 입에 달고 살았다. 엄마가 힘들어 가는 것을 볼 수가 없다. 나는 엄마를 도와서 나도 입양 강사가 되고 싶다. 엄마가 날 입양한 것처럼 나도 엄마처럼 입양을 할 것이다. 엄마와 사랑을 느낄 수 있어 정말 기쁘다. 엄마처럼 나의 꿈은 입양 강사이다. 엄마처럼 입양 강사가 될 것이다. 엄마! 힘내고 다시는 내종양에 걸리지 마세요. 엄마 파이팅!'

막내는 또 이런 글도 적었다.

'우리 엄마는 붕어빵 장사다. 우리는 모두 추위에 떨고 있고 붕어빵은 타고 있다. 그리고 붕어빵은 식어 가고 사람들은 안 오고 우리 차는 눈에 덮여 있고, 우리는 이렇게 나와서 추위를 타고 있다. 붕어빵이 위에는 타고 아래는 익지도 않았다.

엄마는 허리가 아파 죽을 거 같다고 한다. 그리고 아빠에게 계속 밀가루에 물을 타라고 하고 그런데 물이 많아 가지고. 붕어빵 반죽이 밑으로 줄줄 새고 있었다.

붕어빵 만드는 게 재미있어 보이는데 엄마는 짜증이 났고 아빠는 폭발이 나와 있었다.

우리 집 앞에서 안흥찐빵 축제가 시작되었다. 엄마와 함께 전도를 나갔다. 주차장으로 가서 주차요원 아저씨들의 눈치를 살피며 주차된 차 앞 유리에 와이퍼에 전도지 끼워 넣는다. 그리고 찐빵을 사기 위해 주욱 늘어선 사람들에게도 나누어 준다. 식당을 하시는 적십자 봉사단 아주머니가 '거기 쓰레기통에 처 넣어라'고 소리쳤다.

엄마에게 말하니 '너 뭐라고 하면서 드렸어?' 하고 물으신다.

'이거 읽어 보고 교회 나오세요'라고 했지 했더니,

'딸, 그렇게 말하지 말고 '신문 한번 읽어 보세요.'라고 해',

엄마 말대로 하니까 사람들이 이번엔 고맙다 하며 잘 받으신다.'

아이들이 꿈을 꾸다

오늘은 모처럼 하루 날 잡아 아이들과 꿈 얘기를 나누기로 한다.

셋째는 공무원 되는 게 꿈이라고 한다. 그래야 돈 벌어서 자기가 하고 싶은 레고와 유튜버를 맘껏 할 수 있다고 기대에 부풀어 있다.

어릴 적 유난히 꿈이 많던 녀석 영화 제작자, 소설가 등등 주욱 나열했었는데, 나이를 먹으면서 꿈이 소박해지고 단순해진다.

꿈은 이루어진다. 아들은 대학 졸업하자마자 한전에 취업이 되었다. 그리고는 자기가 말한 대로 레고를 열심히 사들이고 제작하고 유튜브를 찍는다.

넷째는 투포환 코치가 되고 싶단다. 지금의 코치가 너무 맘에 안 들어 자기는 애들에게 잘해 주는 친절한 코치가? 되고 싶단다.

어렸을 적 하룻밤 자고 나면 키가 커 있곤 했다. 어제 입었던 바지 단이 껑충 올라가 7부바지가 되어 버렸다.

밑단을 보니 좀 여유가 있어서 아이를 앉혀 놓고 바지를 뒤집어 실밥을 가위로 끊어 주며 살살 뜯어내라고 했더니, 바지를 통째로 양손에 잡더니 마구 잡아 뜯으려 한다.

"아들 뭐 하는 거야?"

"뜯으래매요!"

지금은 190cm의 거구가 되어 있다. 이젠 더 안 크겠지? 하며 고개를 뒤로 젖히고 올려다본다.

막내딸은 변호사가 뭔지나 알고 그러는지 꿈을 말하기에는 아직은 어리다는 생각이 든다.

주변에서 '넌 말을 잘하니 변호사 하면 좋겠다.'라고 한 모양이다.

변호사가 뭔지나 알고 그러는 거냐며 오빠들이 다그친다.

마지막 선수, '엄마는?' 아이들이 입을 모아 묻는다. 모두 귀를 쫑긋 세우고 노인이 무슨 꿈은? 하듯이 쳐다본다.

내가 계산해 보니까 130세는 살 거 같은데, 그럼 앞으로 60년은 족히 남았다.

나의 꿈은 '외국인 근로자들을 위한 무료 급식'이다.

붕어빵도 구워 주고 김치찌개도 끓여 주고 각 나라로 된 성경책을 나누어 주고 싶다.

1년 전 우리 부부는 우연히 한국 국제 기드온 협회를 알게 되었고 '성경 나누기'를 시작했다.

초, 중, 고, 대학교와 병원, 군부대 어디든 간다.

어쩌면 '외국인 성경 나누어 주기' 사역을 위해 부르신 거 같다는 생각이 든다.

최근에 책을 하나 집필하면서 '베스트셀러'가 되고픈 꿈을 살짝 가져 보기도 한다.

희망의 길은 대개 희생의 길이다. 그 길을 하나님이 기억하시고 끝까지 함께 해 주실 것이다.

딸은 그렇게 잘 보이고 싶었고 인정받고 싶었고 다시는 부모를 잃고 싶지 않았고 긴장하고 참아 내다가 중학교 가서는 모든 가면을 한 번에 집어 던지고 자기의 정체성을 찾아가려고 몸부림쳤다.

거꾸로 사는 삶

사춘기를 맞은 막내가 깔깔 웃다가 엉엉 울다가 자해도 한다. 생부모를 원망하다가 그리워하다가 외롭다고 하다가 싸우자고 시비 걸며 엉뚱한 소리도 해 댄다.

'생부모가 나 버린 것처럼 엄마도 나 버릴 거잖아!' 하며 생떼를 쓴다.

다섯 아이 중 가장 사랑하고 예뻐했던 딸에게서 이런 말을 듣게 될 줄은 한번 도 생각해 보지 않았었기에 당황스러웠지만 오빠들 앞에서 그렇게 얘기해 준 건 참으로 고마운 일이다.

그 이유는 평소 오빠들은 엄마가 동생만 예뻐하고 자기들은 예뻐하지 않는다고 불만을 가지고 있었기 까닭이다.

그래도 자기들은 한 번도 버림받을 거란 생각을 해 보지 않았는데 동생이 그런다는 것에 대해 당황하기는 마찬가지였을 것이다.

"엄마! 나 입양한 거 후회해?"라고 묻는다.

"난 한번 결정한 일에 후회는 안 해. 책임을 져!"라고 대답했더니

"내가 이렇게 속 썩이는데두?"

"그래도 내가 결정한 거니까 누구나 우리 집에 태어나고 싶어서 태어난 것이 아니듯이 너도 우리 집에 입양 오고 싶어서 온 건 아니잖아? 하나님이 너를 어느 집으로 보낼까? 많이 생각하시다가 딱 맞는 우리 집으로 보낸 거라고 생각하거든."

많은 사람들이 궁금해하는 것은 '입양한 거 후회해 본 적 없으세요?'

'오래 참음은 후회하지 않는 거다'라고 답한다.

"네가 나를 버릴지라도 난 결코 널 버리지 않아."라고 했더니

"그건 성경에 나오는 말이잖아."

하며 믿지 못하겠다는 투다.

사춘기가 이런 건가? 당황스러웠다.

한 번도 경험해 보지 않은 지금 이 상황은 무엇인가?

그동안 내가 알고 있던 내 딸이 아니다. 엉엉 서럽게 우는 아이. 안

아 주니. 안기며 더 서럽게 운다. 이유를 모르겠다.

'뭐가 불만이냐고' 물으니

'딱히 생각나는 게 없다.'라고 답한다.

"네가 생모를 찾는 거 당연해, 오빠들도 그러고 싶지만. 엄마에게 미안해서 말하지 못하는 걸 거야. 그래도 넌 솔직하게 말해 줘서 고마워 우리 코로나19 끝나면 같이 생부모 찾으러 보육원 가자. 엄마는 단 한 번도 너희들 생부모 찾는 일에 반대할 생각이 없는데 넌 마치 엄마가 생부모 만나는 거 싫어하는 것처럼 말하니까 섭섭해지려 하네!"

코로나로 인해 학교도 못 가고 핸드폰에 잡혀 있더니 이상한 거 봤나? 의심이 들긴 했지만, 딸과 가까운 넷째 아들에게

"넌 막내가 왜 저런다고 생각 해?"라고 물었더니

"이상한 동영상에 빠져 있나 보죠." 대수롭지 않다는 듯이 성의 없는 대답만 돌아올 뿐이다.

"엄마는 내가 보는 동영상은 왜 다 나쁘다고 생각해."

"나쁘다고는 안 했어. 너에게 도움이 안 된다고 했지."

"게임일 뿐이야. 게임 리뷰."

"그런 공포 게임 하면. 기분 좋아?"

"아니 별로야."

"그런데 왜 해"

"그냥. 입맛도 없고 밥 먹기도 싫고."

"그런 거 보니까 입맛이 없는 거야."

럭비공처럼 어디로 튈지 모를 딸의 행보가 염려스럽기도 하고 키는 엄마보다 더 크고 목소리도 엄마보다 더 크다.

이 나이에 사춘기 자녀 교육을 공부하는 갱년기 엄마는 오은영 박사의 금쪽이 이야기와 그가 쓴 책들을 두루두루 훑어본다. 자식은 부모에게 갑이고 반항이 시작되면 길이 없다. 홍해를 만났다. 내가 홍해 앞에 서 있고 되돌아보면 내 힘으로 해결할 수 없는 홍해는 어떤 의미일까 재해석되는 시간이다. 하나님이 일하시는 것을 내 눈으로 목도 하는 현장이다. 하나님이 하시는 것 보라 하나님의 일하시는 것을 체험하는 시간이다. 위기가 클수록 영광도 크다고 스스로를 위로한다.

그러면서도 사춘기 바람은 괜찮을까? 약간 겁이 나기도 했다. 그러나 폭풍은 왜 필요한 걸까? 모든 것을 받아들인 바다는 각종 오염 물질이 그 바닥에 쌓이므로 점차 썩어 물까지 오염될 위기가 오면 거대한 태풍을 보내시어 바다를 뒤집어엎어 새롭게 바꾸는 폭풍은 정말 필수불결한 하나님의 섭리가 아닐까?

봄이면 유난히 심하게 불어 대는 심술스런 돌개바람도 스스로 터트릴 수 없는 꽃봉오리의 볼따구를 마구 때려 터트리는 이치를 생각한다. 오늘도 나는 이것저것 말 안 되는 이유를 대 가며 사춘기라서 그래 하며 피할 길을 찾고 있다.

나의 아이들이 수많은 가정 중에 나의 품으로 찾아든 것도 결코 우연이 아님을 알기에 누군가의 계획과 섭리가 있음에 다시 숙연해지는 시간이다.

코로나가 길어지면서 아이들과 함께하는 시간도 덩달아 길어지고 사춘기를 연장선에 선 두 아들 그리고 사춘기가 막 시작된 막내딸 이렇게 세 아이 틈에서 갱년기를 보내는 엄마는 늘 살얼음판 걷는 기분으로 위태위태한데 드디어 거대한 폭풍이 눈 깜짝할 사이에 지나갔고 그 후폭풍은 과연 어땠을까?

모두의 잘못을 인정하고 사과하고 받아들이고 한마디로 뭔가 순식간에 정신 못 차릴 정도로 훅하고 지나갔는데 아이들조차 자기들이 왜 그랬는지 모르겠다며 서로 끌어안고 울며 사과하고 먹을 거 사다 주며 화해했다.

문제의 발단은 사춘기로 힘든 시간을 보내고 있는 막내딸에게 서로 조심하자고 했는데 셋째가 '그게 무슨 벼슬이라도 되느냐?'며 막내의 신경을 건드렸다.

막내는 억울하다며 엉엉 울고 넷째가 동생을 옹호하며 셋째에게 어필한다는 것이 그만 폭력으로 이어지고 장애가 있는 셋째는 키 190cm 몸무게 115kg 거구인 넷째에게 속수무책으로 당할 수밖에 없었던 상황에서 중재에 나선 엄마는 엄마의 무능을 인정하고 엄마 사표 쓰겠다고 선언하고 그러나 할 말은 해야겠다며 '엄마의 자리가 너무 버겁다, 그만 내려놓고 싶다.' 그런 식으로 주저리주저리 떠들었던 거 같다. 세 아이는 서로 용서를 구하고 화해의 무드로 바뀌었다. 잘못된 행동임을 깨달았는지 조용히 일상으로 돌아가 모두 침묵하고 있다.

코로나로 바뀌어 버린 일상, 모든 행사가 취소되니, 돈 쓸 일이 없어지고 외식도 자유롭지 못했다.

그렇게 모아진 돈으로 장 봐다가 가족들과 요리하며 나누니 아이들이 좋아한다.

맛난 음식 앞에 놓고 아이들과 깊은 대화 나누며 아름다운 교제 나눌 수 있어 좋았다.

성실한 게 죄라고요?

엄마 아버지는 교회에 모든 시간을 다 빼앗기고 아이들과 대면할 시간이 별로 없었으나 코로나가 오고부터 공적인 예배가 없어지고 집에서 가정예배로 말씀 나누고 찬양하게 하시니 불신앙적인 두려움과 염려가 해결되니 감사하다.

그때 깨달음이 왔다. 교회에 가거나 예배에 참석하거나 주일을 잘 지키거나 혹은 아침저녁으로 기도 생활을 준수하는 것이 능사는 아니다. 이웃 사람들에게 정직하며 좋은 평판을 얻는 것이 모두 최선은 아니다. 이런 것들에 의지하여 구원을 기대하는 건 허망한 소망이다. 물론 그런 노력이 필요하다. 정직해야 하고 주일을 지속적으로 지키며 가능한 한 성결하게 살아야 한다. 이런 노력을 폄하하는 게 아니다. 다만 그런 것들만 의지해선 안 된다는 말이다.

주변에 내 연배쯤 되면 대부분 모든 시간을 그렇게 교회에서 보낸다. 우리는 날마다 우리의 충성과 수고를 요구하는 수많은 메시지의 폭격을 받으면서 살고 있다. 그러나 나는 다르다 아직 아이들이 어리지 않은가? 아이들은 주일 학교에서 알아서 교육시켜 주겠거니 방심하고 엄마 아빠가 교회에만 매달려 있는 동안 아이들은 외로움에 치를 떨며 방치되고 있었다. 하나님이 원하시는 것은 내게 맡겨진 어린 영혼들이 무방비 상태로 세상 유혹에 던져지길 원치 않는다는 것이다. 내면세계를 너무 오랫동안 무시한 채 공적 세계에만 치중한 삶을 살았다.

바쁘면 바쁠수록 스스로를 그만큼 더 중요한 인물인 양 여기고 남들에게도 그렇게 비칠 것이라고 상상한다.

가족을 위한 시간이 없는 삶 황혼을 음미할 시간이 없는(해가 이미 진 것조차 알지 못하는) 삶, 심호흡 한번 할 시간조차 없이 정신없이 일에 쫓기는 삶, 이런 모습이 성공한 인생의 모델이 되어 버렸다. 공적으로 많은 활동을 하는 사람이 내적으로도 아주 영적인 사람이라고 순진하게 믿는 경향이 있다. 기독교 사역으로 상당한 평판까지 얻은 사람이 그 모든 활동과 선의로 쏟아 내는 종교적 소음 저변에 견고하고 흔들리지 않는 무언가가 있어야 한다는 사실조차 생각한 적이 없다니, 아이들과 심각한 거리감 때문에 무언가 놓치고 있는지 모른다는 생각이 들었다. '성공한 실패자'가 가르쳐 준 교훈은 당신은 왜 그 모든 일을 하고 있는가? 그 일을 통해서 무엇을 얻기 원하는가? 그리고 그 모든 것을 빼앗긴다면 어떻게 반응할 것인가?

이제 70대의 여정을 걷고 있는 나는 힘을 빼고 하나님이 오셔서 말씀하실 공간을 만드는 것이다.

마지막 때 성도의 중요한 사명 중 하나는 가정을 소중히 지키는 일 일 것이다.

가정에 헌신하는 것은, 교회에 헌신하는 것만큼이나 중요하다. 가족은 친구나 사업이나 사역보다 중요하다. 삶에서 중요한 것 1순위는 하나님 2순위는 가정 3순위는 사역 그리고 4순위는 사업이다. 그 순서를 거꾸로 살면 불행이 시작된다. 가정의 행복은 인생의 행복과 비례한다. 나는 늘 사업을 1순위에 두지 않았나 심각하게 고민하면서 무언가 심상치 않은 일이 일어나고 있다고 느꼈다.

'누구든지 자기 친족 특히 자기 가족을 돌보지 아니하면 믿음을 배반한 자요 불신자보다 더 악한자니라.' (딤 5:8) 가족을 잘 돌보는 것은 다른 어떤 사명보다 소중한 사명이었다.

방학은 자꾸 길어지고 있었다

가족들의 삼시세끼 챙기는 것조차 버거울 지경이었다. 쌀독에 쌀이 떨어졌다. 큰아들에게 sos를 치니 20kg 한 자루 메고 왔다.

학교의 방학은 그야말로 아이들과의 전쟁이다. 온종일 폰만 붙들고 있는 아이들을 어찌지 못해 그저 개학 날만 손꼽아 기다린다.

그러나 코로나로 인해 함께할 수밖에 없던 그때는 달랐다. 아이들도 비상사태라는 걸 느끼고 있다. 스스로 공부에 열중하며 성경 말씀에 가까이 가고자 애쓴다.

코로나는 모든 사람들을 정신 차리게 만든다. 밖으로 나갈 수 없으니, 집안에서 서로 함께 있을 수밖에 없다.

다툼도 없다. 코로나라는 무서운 놈이 가족 풍경을 새롭게 바꾸어 나가고 있었다.

아이들은 성경 필사하고 EBS 시청하고 문제집 풀고 서로 부족한 부분 채워 주고 함께 일하고 전에는 한 번도 해 보지 않았던 이런 날이 올 줄 누가 알았을까?

칭찬하고 싶어도 칭찬할 것이 없다고 사랑하고 싶어도 사랑스러운 모습을 발견 못 한다고 투덜댔었는데~

코로나 전에는 엄마는 늘 바빴고, 아이들 얼굴만 마주하면 공부하자고 하면 첫마디가 '그거 하면 뭐 해 줄 건데요?'였다.

반드시 대가를 요구했던 아이들 앞에 요즘 같아선 홈 스쿨도 가능하겠다, 싶을 정도로 서로가 친근해졌다.

가족이란 서로 부벼대고 마주해야 미운 정 고운 정이 드나보다.

코로나가 무섭긴 한가 보다. 예배를 부담스러워하던 아이들이 예배에 열심히 하게 된 것, 감사한 일이다.

종말을 말할 수 있어 천국 소망을 가지게 된 것 또한 감사하다. 성경에서 읽었던 말씀들이 실제 상황이 된 것에 대한 감사이다. 성경 필사를 힘들어하던 아이들이 팔이 아프다면서도 열심히 쓰고 있는 것이 감사했다. 한 번도 경험해 보지 않은 코로나19라는 주제가 있어 많은 대화를 나눌 수 있게 된 것을 감사했다.

앞으로도 코로나처럼 학교도 교회도 갈 수 없을 때가 찾아올 수도 있다. 그때를 위해서 가정예배는 반드시 필요한 것이고 미리 훈련할 필요가 있겠다 싶었다. 이대로만 나간다면 코로나보다 더 무서운 것이 와도 우리의 신앙에는 결코 흔들림이 없을 것이란 생각도 들었다.

그리고 새날을 맞았다. 코로나가 시작되면서 드리기 시작한 가정예배 40일 분량의 사순절 묵상집 그 책이 끝나는 40일째 되던 날 아이들은 만세 부르며 환호성을 질렀다.

이제 가정예배 드리지 않아도 된다는 기쁨의 환호성이다. 엄마는 아이들이 저녁 식사를 마치면 식탁을 정리하고 전날 묵상한 말씀을 노트에 필사하고 찬송 부르고, 오늘 말씀 묵상하고 기도 제목 나누고 하는 것이 좋아서 하는 줄 착각 했다. 그렇게 힘들게 이어진 가정예배 언제까지 이어질지 나 또한 조마조마 하지만 엄마랑 대화를 거부하는 사춘기를 보내고 있는 세 녀석에게 이 시간만큼은 얼굴 마주하고 진지한 대화 나눌 수 있어 좋았는데, 아이들은 그 시간조차도 부담스럽고 개인적으로의 시간을 뺏긴다는 생각이 깊은 모양이다.

"하기 싫으면 안 해도 돼!"라고 했더니
"그럼, 엄마 화낼 거잖아요!"

아직은 엄마 눈치를 보는 녀석들이 가엽기도 하고 안쓰럽기도 하고 '그래 억지로라도 하면 다 도움이 될 거야 힘내자 힘내!' 코로나가 삶의 패턴을 확 바꾸어 놓았다.

앞으로 뭘 또 얼마나 바꾸어 놓을지 여간 기대가 되는 것이 아니다.

아침밥을 먹고 책가방 메고 달려 나가는 아이들에게 잘 다녀오라고 보고플 거라고 인사하던 때가 그립다.

잠옷 바람으로 이불 속에서 궁시렁 대는 녀석들 밥 먹으라는 소리도 못 한다.

사춘기는 그렇게 말하면 결코 좋은 대답 못 듣는다는 철칙이 있다.

밥 먹으라고 하면 "아. 알았어요. 아 알았다니까요." 결코 내가 원하는 답은 들을 수 없다.

"밥 차려 놨어, 엄마 다녀올게."

목 끝까지 올라오는

'공부도 좀 해. 핸드폰만 하지 말고.'라는 말은 차마 못 하고 꿀꺽 삼킨다.

아이들이 공부 안 하는 이유가 누가 시켜서란다. 성인이 되어 아무도 공부하라는 말 안 하면 그땐 하고 싶어진다는 몹쓸 심리적 생태를 어쩌랴, 개학은 또 한 주간 연기되었다는 통보를 받는다.

요즘 같아선 주먹밥 달인이라도 된 듯 '카레 주먹밥, 두부 주먹밥, 새우 주먹밥' 연신 만들고 있다.

아침마다 주먹밥을 싸는 여인 셋째 아들은 무슨 이유인지 반찬을 안 먹는다.

넷째 · 아들은 고기만 먹는다. 다섯째 막내딸은 야채만 먹는다.

그래서 생각해 낸 것이 야채와 고기를 섞은 주먹밥을 싸기 시작했는데 이제 집에 남아서 버리는 음식은 없게 되었다.

냉장고에 굴러다니는 각종의 것들을 모두 싸잡아 넣는 까닭이다.

온라인수업으로 게으름의 극치를 보이는 아이들이 함께 식탁에 모여 밥을 먹기엔 번거로움이 있어 각자 자기 밥 갖고 들어가 인터넷 수업에 임하며 알아서 먹는다.

그래도 저녁 시간엔 반드시 모여 함께 먹는다. 식사 후에 갖는 가정예배를 드리기 위해서 코로나로 인해 생긴 우리 가정의 대비책이다.

경제는 어려워질 것이고 온라인수업은 자주 일어날 것이고 어쩔 수 없이 우리는 좋든 싫든 붙어 있어야 하고 하나님이 붙들어 주지 않는다면 아마 살아 내기 힘든 시간들이 계속 밀려올 것이라고 본다.

칭찬 릴레이

오늘은 아이들과 상대방 칭찬하기를 시도해 본다. 평소 하지 않던 거라, 얼굴이 화끈거렸지만 시작하려니 칭찬하는 일에 참으로 인색한 삶을 살아온 거 같다는 생각이 든다.

그런데 '아이들과 서로 칭찬하는 거 해 봐야지'라고 마음먹는 순간 사단 마귀는 '그런 거 하지 마. 다 소용없는 일이야.'라고 비웃기라도 하듯 평소와 달리 아이들이 불순종하며 화를 돋구는 하루였다. 다음 날 다시 화기애애한 분위기에서 칭찬의 테이프를 끊는다.

먼저 오빠들이 막내를 칭찬한다. '막내는요, 에너지가 넘쳐요. 가끔 저런 에너지가 어디서 나오는지 궁금할 정도예요. 화나고 삐져 있다가도 언제 그랬냐는 듯이 헤헤거리며 다가올 땐 귀엽기도 하고 사랑 안 할 수가 없어요. 남들이 볼 때는 좀 불쌍하고 안됐잖아요. 그런데도 어디를 가도 꿇리지 않고 당당하고 씩씩하고 화끈하게 노는 거 보면 부러워요. 사춘기인 거는 맞는 거 같은데 가족들 힘들게 하다가도 금방 분위기 바꿔 주는 게 참 신기해요.'

셋째 아들 진이를 칭찬할 차례다 '네 차례나 되는 힘든 수술할 때 잘 참아 내는 모습이 고맙고 장애를 극복하고 열심히 살아 내는 것이 대견해.'라는 엄마에 뒤이어 막내가 거든다. '오빠는 손 감각이 뛰어나서 그림도 잘 그리고 레고 조립도 잘하고 그래서 대단하다고 생각해요.' 넷째 호현이는 '형은 영화나 책 등 어려운 거 이해하는 거 보면 많이 부러워요.'

이번엔 넷째 아들 호현이 칭찬할 차례가 되었다. 막내가 먼저 입을 연다 '난 오빠가 우리 집에 와 줘서 좋아요. 운동 잘하는 오빠가 있어서 자랑스러워요.'

'에이 잘하는 건 아니지.' 부끄러운 듯 호현이가 머리를 긁적거린다.

셋째 아들 진이도 거든다. '난, 호현이가 동생이지만 형 같은 느낌이 들 때가 더 많아요. 힘들 때마다 도와주고 챙겨 주고 기다려 주고.' 엄마가 끼어든다. '그래 맞아, 호현이는 늘 상대방의 입장이 되어 뭐든지 함께 나누려고 하고 배려심이 누구보다 뛰어나지.'

드디어 엄마 차례다 엄마는 별로 잘한 게 없어서 가슴 졸이며 아이들 말에 잔뜩 긴장하고 있다.

'엄마는 요리를 잘 해요. 그리구 다 맛있어요. 우리를 늘 보살펴 주시고 늘 최선을 다한다는 거 인정! 우리 안 데려 왔으면, 고아원에서 20년 동안 썩었잖아요. 엄마는 늘 뜻깊은 조언과 말씀을 많이 해 주는데, 우리가 실천하지 못하는 것뿐이지요.' (으악! 요것들이 언제 이리 컸나? 잔소리를 이렇게 멋지게 표현하다니 감동의 물결이 넘실거린다.)

이모 차례다. (오갈 데 없어서 우리 집에 함께 사는 지적장애 할머니) '이모는 사랑의 아이콘이에요. 만나기만 하면 하이 파이브 하자고 하고 끌어안고 '사랑합니다' 말하고 마을 사람들한테 다 인사하고 심지어 외국인노동자들한테도 다 인사해요. 이모는 우리 동네 유명 인사예요. 국회로 보내야겠어요. 까르르 하하 호호.'

만장일치 박수로 서로 칭찬하기를 마감한다. 코로나는 수그러들었고 일상으로 돌아왔다.

자녀들이 뭘 생각하며 뭔 일을 벌이는지 알 수 없다. 온종일 뭐에 빠져 있는지도 잘 모른다.

마냥 걱정만 할 뿐이다. 아이들의 눈빛이 예전과 다르게 느껴진다.

행동도 많이 변했다. 그저 당황하고 있을 뿐이다. 그 어떤 조치도 대책도 내리지 못하고 있다.

다만 저녁 식사 후 아이들과 찬양하나 부르고 성경 필사하고 기도하고 그것만이 간신히 붙잡고 있는 실정이다.

그나마 다행인 것은 아직은 반란 없이 잘 따라와 주는 것만 고맙게 생각하고 있을 뿐이다.

모세오경 훈련에 돌입했다 출애굽기를 통하여 구속자적인 의미와 하나님의 뜻을 분별하고 깨닫는 지혜 얻어 순종의 훈련 말씀의 깊이를 알아 하나님의 목적과 뜻대로 행동하는 신앙으로 변화되어 우리 안에 생명이 들어오고 성령의 도우심으로 성경이 깨달아지는 은혜를 기대하며. 젊었을 때보다 더 바쁜 활동지원사, 요양사, 입양 강사 등등 노년 쓰리잡으로 돌입했다. 아이들 일어나기도 전 주먹밥 내지는 김밥으로 아침을 준비해 놓고 이웃에 살고 있는 장애아동 학교 등교시키고 오면 아이들은 다 사라지고 어지러운 밥상만 날 반긴다. 나 홀로 아침을 먹는다. 그리고 지적 장애 할머니 세 시간 케어하고 함께 점심 먹고 아이들 저녁을 준비해 놓고 요양을 위해 집을 나선다. 6시 일을 마치고 돌아오면 가족 요양 시어머니 한 시간 케어하고 8시 기도회 마치면 하루를 마감한다.

아이들은 나보다 더 바쁘다. 학교에서 돌아오면 셋째는 컴퓨터, 수영, 피아노 다녀오고 다섯째는 수영, 드럼을 다녀온다.

피아노 모두 마치면 얼굴 마주치기 어렵다. 코로나 끝나고 완전히 바뀐 우리 가족의 모습이다.

나의 계획은 성공한 셈이다. 방안에 콕 박혀 사회성이 부족한 셋째 아들을 어떻게 하면 방문 밖으로 나오게 할 것인가? 고심하다 선택한 일이다. 코로나 전까지 치료 외에는 학원이라고는 한 번도 접해보지 않은 아들에게 학원등록을 시켰더니 나는 왜 노는 시간도 없냐고 투정한다.

종종 씻는 문제로 다투기도 하는데 수영장에서 해결할 수 있는 것 또한 감사한 일이다.

　SNS에 푹 빠져 있는 막내딸 어떻게 하면 손에서 핸드폰을 내려놓게 할 것인가?

　수영 다녀온 딸은 피곤한지 일찍 지쳐서 자고 있다.

　거꾸로 사는 삶 코로나는 우리로 하여금 거꾸로 사는 삶을 가르치고 있었다.

　이웃들과는 사회적 거리를 두게 하고 가족들과는 친밀한 관계를 가지게 만든다.

　평소 해 보던 일이 아니라 어색하기 그지없다. 여행을 좋아하는 사람이나 맛난 음식 찾아다니는 사람이나 여행 한번 못 가 본 사람이나 집에서 하루 세 끼로 만족하는 사람이나 모두 평등하게 되었다.

　여행에 익숙해 있던 사람들은 코로나로 여행을 못 하니 적응이 안 되어 정신과가 문전성시를 이룬다 하고 여행을 못 다녀 본 사람들은 그냥 살던 대로 살면 된다. 거꾸로의 삶이 하나도 싫거나 불편하지 않다.

　코로나가 끝나면 좋겠지만 그리 되지 않을지라도 그냥 잘 적응하며 사는 것이 하나님의 은혜다.

마음이 가난해지는 복

　12년 전 내 나이 쉰여덟 살 때 네 살 된 여자아이를 가족이라는 이름으로 품에 안았던 때가 있었다.

요렇게 사랑스런 꼬맹이가 어느새 자라 중학생이 되었다. 그리고 시작된 사춘기가 영원할 것처럼 공포스러울 때가 있었다. 그 막내딸로 인하여 깊은 터널 속에 들어와 있는 이 느낌은 무엇일까? 검은 구름 속에 깊은 긍휼을 기대하며 다섯 번째 맞이하는 사춘기인데도 영 적응이 안 된다.

각자 자기 방에 문 닫고 들어가면 문은 좀체로 열리지 않고 '남들도 다 그러고 살제' 했던 시간들이 있었다.

막내딸의 사춘기는 위의 네 오빠와는 차원이 달랐다.

정체성 혼란으로 '우리 가족은 나한테 관심이나 있어? 다 싫어. 죽고 싶어. 언제 내 얘기 진심으로 들어 준 적이 있냐구? 엄마가 나한테 해 준 게 뭐냐구?' 악다구니를 해 댔다.

언제나 일로 바쁜 늙은 엄마는 '이누무 지지배가 뭔 복에 겨운 투정이냐구! 내가 지를 을매나 이뻐하는디'라며 센 척 호기를 부려 보지만, 언제부터인가 부모에게는 자녀가 갑이다.

서로 사랑의 온도 차가 하늘과 땅으로 벌어지기 시작하면서 감당이 안 되었다.

그 나이에 있을 법한 자해, 자살, 유튜브에 심취해 있는 딸을 경험하며 위에 네 오빠들에게서는 겪어보지 못한 음주가무에 능하고 흔히 사춘기에 시도해 본다는 이것저것 관심을 보이는 막내딸의 행보는 늙은 엄마를 충분히 겁먹게 했고 흔히 나타나는 학교 부적응으로 인한 등교 거부는 엄마로 하여금 대안학교를 찾아 전국을 떠돌게 했다.

굳게 다문 입은 열리지 않았고 오로지 핸드폰에만 매달려 죽기 살기로 끝장을 내기라도 할 듯 채팅방에서 온종일 낄낄거렸다.

교회 가는 것도 마지못해 질질 끌려가고 가정예배도 못마땅해 찬양도 기도도 이런 걸 왜 하느냐는 표정으로 시큰둥해하며 잔뜩 뿔이 났다.

주의 집중력을 높이는 약 처방은 점점 강도가 세지고 약 먹일 때마다 실갱이를 한다.

가정예배 드린 후 공감 능력 바닥인 가족들이 공감 능력 키우는 공부를 시작했다.

초딩으로 돌아가서 그림 그리고 주일 오후엔 뒷산 덕고산에 올라 자연경관을 접하고 평소 관심 없던 소설책 들여다보고 가족들은 막내딸이 현실로 나오지 못하는 가상 세계에서 말 안되는 얘기 지절거려도 '~구나, ~아팠겠구나, ~힘들었겠구나, ~좋았겠구나, ~짜증 났겠구나'를 연발 내뱉으며 비위 맞추기에 급급했다.

이제 곧 3월이면 새 학교로 전학 가게 될 꿈도 생겼다. 딸은 핸드폰을 내려놓고 책을 손에 들었다 기적이다.

어느 날부턴가 규칙을 정하고 아침에 일어나면 학원 가는 거 싫어하는데 피아노 학원부터 다녀온 후 찬양 5곡 부르고 성경 5장 읽고 그리곤 핸드폰 찾아간다.

하루 폰 6시간 안 넘기기 규칙을 세워 놓고 위반하면 한 달 일시 정지 하기로 한다.

저녁 9시면 온 가족이 핸드폰 내고 취침을 한다.

딸은 잠을 못 이루고 '팔다리 없는 귀신이 눈앞에 떠돈다'는 것도 '이상한 소리가 들린다'는 것도 귀담아듣고 약을 챙겨 먹인다.

일 중심이었던 엄마가 가정을 살리기 위해 턴하기까지 늘 피로에 찌들었던 지친 삶에서 벗어나게 해 준 건 막내딸의 사춘기 덕분이다.

'에공, 요 가시나가 하늘에서 떨어졌나 땅속에서 솟았나.' 하며 물고 빨고 하던 시간들도 있었는데~

어느 날 갑자기 학교를 안 가겠다며 생떼를 쓰며, 가족들을 공포에 집어넣을 때도 나의 뇌종양을 고치신 살아 계신 하나님을 의지하며

'또 좋은 경험 주시는구나. 남들이 가지 않는 길을 여시는구나.' 하며 고난의 끈을 놓지 않았다.

'그 아이 고칠 상담가는 내가 보기엔 강원도에는 없는 것으로 보이니 서울로 가 보시는 것이 좋겠다'는 조언도 전에 다니던 교회, 상담을 전공하신 담임 목사님으로부터 들었다.

중학교 1학년 하반기부터 시작된 사춘기가 2년 가까이 시간이 흐른 뒤에야 고난은 반드시 끝이 있다는 것을 증명이라도 하듯 언제 그랬느냐는 듯이 해맑게 웃으며 새로운 학교로 등교하던 날 가족사진 찍고 싶다고 오빠들을 불러 세웠다.

넷째 아들의 격동기

그리고 다음 날 새벽 바로 위 넷째 오빠도 대학교 기숙사로 떠났다.

어렴풋이 5년 전 운동하는 넷째 아들의 슬럼프로 고통하던 때가 기억이 났다. 고2 때 코치와의 불협화음으로 '인내심에 한계가 왔다'며 강원체고에서 일반고로 전학 가서 운동은 그만두고 공부를 하겠다며 밤낮 떼를 썼다. 감독 선생님은 '어머니 잘 달래 보세요.' 수시로 전화를 하셨고, 아들은 '왜 내 맘대로 못 하게 하느냐'며 울고불고 심술만 커져 갔다.

영어에 재능이 보이는 것 같아서

"아들! 그러지 말구 외국에 나가 공부해, 그리고 원어민 강사로 들어와."

"에고, 그건 나중에 천천히 생각할래요."

이유는 코치 선생님의 언어 폭력 때문이었다. '그렇게 할 거면 집에 가라'는 식의 실망스런 말투. 선배들의 후배 기강 잡는다는 이유로 어이없는 심부름을 시킨다고 한다.

마음이 여린 아들은 정신적 스트레스로 우울해하던 중이었다.

'투포환은 그만둘래요. 코치가 맘에 안 들어요.' 하며 레슬링부에 가서 기웃거리다가(키 190, 몸무게 110kg) 다른 학교로 전학을 가겠다고 하다가 학교에서 절대로 놓아줄 기미를 안 보이자 하는 수 없이 다시 돌아와 코치와의 대면을 어려워하던 차에 코로나 사태를 맞았다.

피할 길을 주시는 하나님 학교에 가지 못하고 단톡방에 올라온 코치의 지시에 따라 하루하루 운동량을 채워 나가면서 가족들과의 유대관계도 좋아지고 코치와의 비대면 수업이 유효적절했다.

코로나가 나와 아들을 살렸다.

어제는 가족들이 그때 그 이야기를 하며,

'아이고, 내가 그때 운동 때려쳤으면 지금 상비군이 됐겠어요?' 하며 고마움인지 미안함인지

코로나로 인해 얻은 수확은 더 있었다.

난 아이들에게 온종일 먹거리 대는 게 일상이 되어 버렸다.

밥 먹을 때조차 손을 잘 씻지 않던 아이들이 손을 잘 씻게 되었고, 예배를 부담스러워하던 아이들이 예배를 열심히 하게 되었다.

전염병으로 종말을 말할 수 있어 천국 소망을 가지게 된 것은 은혜였다.

성경에서 읽었던 말씀들이 실제 상황이 된 것에 대해 말씀을 더 이해하고 성경 필사를 힘들어하던 아이들이 팔이 아프다면서도 열심히 쓰고 있었다. 코로나19라는 주제가 있어 많은 대화를 나눌 수 있게 된 것 사춘기를 무사히 지낼 수 있게 된 계기가 되었다.

무엇보다 혼자 하던 중보 기도를 가족과 같이 할 수 있어 힘이 되었다. 중보기도란? 모든 사람의 영혼 구원을 위해 기도 하는 것이기에 중보기도를 하면, 하나님의 마음을 깊이 알게 되고 나를 향한 하나님의 계획과 그 뜻을 알 수 있다.

고로. 나는 하나님이 하시는 일을 같이 하고 있는 동역자가 되는 것이고, 그것이 바로 그 나라와 그의 의를 구하는 것이다.

무엇보다 코로나19에 영향받지 않는 일터 주셔서 감사했다. (요양일)

탄산음료를 즐기던 아이들이 엄마가 만든 각종 과일 효소를 즐겨 먹

게 되었고, 불량 식품 군것질보다 질 좋은 엄마의 요리를 좋아하게 되었다.

위기는 언제나 기회로 우리에게 선물처럼 다가와 준다.

위기는 언제나 기회로

아주 오래전 전염병 신종플루에 걸렸던 아들이 있었다.

친엄마는 가출하고 아버지는 어린 아들을 이웃집 할머니에게 맡기고 행방불명되었다. 아들의 양육을 맡았던 이웃집 할머니는 친아버지가 양육비(월 70만 원 * 5개월 = 350만 원)를 안 준다는 이유로 어린 아들을 볼모로 잡고 있었다.

그러나 아이의 환경은 너무나 열악했다. 집안은 온통 담배 연기로 자욱했고, 술 취해 싸우는 노름꾼들로 늘 북적거렸다, 그들이 내는 자릿세로 근근이 이어 가는 할머니의 삶이었다.

안타까웠지만 친할머니조차 그 손주를 어쩌지 못했다. 밀린 양육비가 데려가는 전제 조건이었다.

난 그 동네 동사무소 사회복지과에 찾아가 가정방문 해 줄 것을 요청했다.

그 와중에 아이는 신종플루라는 전염병에 걸리게 되었고, 겁이 난 할머니는 친할머니에게 데려가라고 아이를 내주었다.

그러나 친가에서도 신종플루라는 말에 겁을 먹고 나에게 보냈다. 아무것도 모르는 우리 가족은 그 아이와 끌어안고 같이 밥도 먹고, 지내다가 아이가 원주의료원에 예약이 되어 있어 갔더니, 신종플루였음이 드러났다.

그 아이를 방에 가두고 우린 거실에서 지내며, 아이가 신종플루임을 쉬쉬하며 아이들의 입단속을 시켰다. 그 이유는 가족 중에 한 사람이라도 신종플루가 있으면 아이들은 학교에 갈 수가 없기 때문이었다.

일곱 살 혈기 왕성한 어린 아들을 방안에 가두어 놓고, 아무도 접촉하지 못하도록 하는 일은 서로에게 고통이었다.

그러나 우린 '신종플루야 고맙다'를 얼마나 외쳤던지 '네가 내 아들이 된 것은 다 신종플루 덕분이야!' 하며 지금도 그 당시를 떠올리며 코로나로 위기를 맞았지만 우린 또 곧 '코로나야 고마워 다 네 덕분이야!'라고 외칠 날이 올 것이다, 바로 우리 넷째 아들 이야기다.

세상에 우연이란 없다. 지금의 사태는 꼭 필요한 시간이었음을 우리는 알게 되리라 의미를 부여해 본다. 의미가 생기면 무슨 일이든지 상관없다 '여기가 좋다 지금이 좋다'로 결론짓게 되기 까닭이다. 코로나는 교회의 위기라고 입을 모았다. 진짜 믿음은 위기에서 빛이 나는 법이다. 코로나는 진짜 믿음 가진 자를 찾는 계기가 되었다. 코로나로 인해 하나님을 찾아 만나고, 성경에 전염병이 올 때마다 하나님의 심판이 자리했다. 견디기 힘든 때일수록 하나님의 일하심을 보기 때문이다.

우리 가족 사진을 본 친구가 '자식 농사 잘 지었네'라고 한다.

아직 단언하긴 이른 감이 있다. 그렇게 변화무쌍한 게 자식 농사인

듯 풀도 어렸을 때 뽑아야지 쉽게 뽑힌다는 것이 무엇이든 시기를 놓쳐 버리면 뽑기도 힘들뿐더러 옆에 곡식까지 뽑아지는 안타까움이다. 그런 면에서 아이의 사춘기는 적당히 드러내 주는 것이 맞고, 사춘기를 기회로 상처가 치유되는 것이 맞다는 생각이 들면서 딸의 사춘기가 요동칠 때마다 오히려 고마운 마음을 가져야 했다.

　기질적으로. 조용히 혼자만의 시간을 즐기며 에너지를 받는 나와 시끌벅적 관계를 통해 에너지를 받는 딸과 나는 극과 극이다. 딸은 극한 외로움을 핸드폰으로 대신하고 있었다.

　핸드폰 속에는 딸을 유혹하는 것들이 너무도 많았다. 비슷한 성향을 가진 친구들이 모여 채팅을 밤낮없이 하며 시끌벅적 떠들며 가족들과는 점점 멀어져 갔다.

　네 명의 아들들을 통해 충분히 사람이 되었다고 착각하고 있는 동안 막내딸이 '훅?' 하고 쳐들어와 사람 되긴 멀었다고 어림없는 얘기라고 소리치는 거 같았다.

　길거리에 노랑머리 소녀들이 지나가는 걸 보면서 설마 내 딸은 아니겠지? 했던 때도 있었다.

　그 노랑머리 딸이 나랑 같이 붙어 있지 않으면 아무도 내 딸인지 모른다. 그렇다고 어찌 사람들을 피해 다닐 수 있겠는가? 딸과 함께 저녁 산책을 하며 동네 어르신들을 마주한다.

　'김신혜 권사 딸이 머리를 샛노랗게 물들였더라.' 소문나는 건 시간 문제겠다 상상한다. 어제 손바닥에 불이 나도록 염색약을 비벼 댄 것은 다른 사람이 아닌 바로 나였다.

　제발 개학 무렵 하면 안 되겠나? 사정해 보았지만, 그 씨름이 무의미하다는 걸 깨닫는다.

　자기성찰의 시간을 가진다. 네 모습이 어떻든 너를 사랑해야만 하고 사랑스럽게 보기까지 너무 먼 길을 돌아서 왔다. 이제는 아이의 그 어떤 모습에도 놀라지도 호들갑 떨지도 않을 자신이 생겼다.

　딸이 나를 그렇게 변하게 했다. 잔머리 굴리지 않고 나의 고백이 진짜가 되게 하자.

　아이가 집을 나간 지 9개월하고도 9일이 지나, 해도 바뀌고 달도 아홉 번이나 바뀌었다. 동네 소문은 '감금 폭행 그리고 내쫓았다'였다. 그것이 아이의 머리에서 나온 꼼수라고는 지금도 그때도 믿기지 않는다. 아동학대 무혐의 판정을 받았지만, 변명한다는 것조차 생각할 수 없었다.

　'왜 다시 받아들이기로 하셨어요?' 수없이 쏟아지는 질문 앞에서 '오해를 풀어야지요'라는 말밖에 할 말이 딱히 생각나지 않았다. 그 당시 생각은 그냥 '잘 살자, 잘 살아 보자'였다.

　이제 난 뭘 해야 하나? 일 중심에서 벗어나 여행을 떠나볼까? 내 중심이 아닌 아이 중심으로 살아 볼까? '내 친구만 소중한 게 아니고 아이의 친구들도 아무리 부족하다 느껴지더라도 허용하고 관심을 보이자'였다.

　입양 전문 상담사는 '절대로 아는 척하지 마세요, 이렇게 상담해 놓고는 부모님들은 제 말 안 듣고 나중에 후회 엄청 하십니다.'

나도 그랬다. 눈물로 편지를 쓰고 영상을 찍어 아이에게 마구마구 쏘아 댔다.

상담사 말이 맞았다. 아이는 더 의기양양 버티었는데 감금, 폭행이라는 거짓말 때문에 못 돌아오는 것일 수도 있겠다, 위안을 삼았다.

그러다 영영 남이 되어 버리는 경우도 여럿 보았기에 이대로 입양의 불명예를 안고 자폭하는 것이 아닌가? 조급한 마음에 초조해지기까지 했다.

두 번째 가출이 왔을 때는 경찰 서장이 마주 앉은 우리 모녀를 향해 "화해하세요, 그리고 잘 달래서 데려가세요."였다

나는 단호하게 말했다.

"아니요, 저는 이쯤에서 아이를 놓아주겠습니다. 저는 최선을 다했고, 다시 돌아오지 않는다 해도 후회하지 않을 겁니다."

나의 당당함에 경찰서장님 놀라는 눈치였다.

경찰차를 타고 집에 온 아이는 짐보따리를 싸서 우리 곁을 떠났다.

그리고 3일 후 멋쩍은 얼굴로 다시 집으로 돌아왔다. 그 후 가출은 없었다. 상담사 선생님이 옳았다. 전문성을 외면한 나의 오만의 결과물이다.

3부
정체성 찾아가기

사춘기와 갱년기의 격돌

입양 강의가 끝나면 늘 하는 마지막 멘트가 있다.
"여러분 입양 가족 만나 본 적 있어요?"
"아니요~ 오~"
"그럼 우리 입양 가족을 한번 만나 볼까요?"
하면서 초등학교에 갓 입학한 막내딸의 영상을 띄운다.
"저는 입양됐습니다, 입양은 함께 나누는 행복입니다. 입양은 부끄러운 게 아닙니다. 가족이 되는 방법입니다.

우리 입양 가정과 모든 가정은 다 똑같습니다, 난 입양이 좋습니다. 왜냐하면 나는 먼저는 다른 엄마한테 있었습니다. 어느 날 엄마가 날 입양하는 곳에다가 맡겼습니다. 그래서 김신혜 엄마한테 입양됐습니다.

김신혜 엄마는 맨날 모자를 씁니다. 왜냐하면 모자를 안 쓰면 할망구 같아서입니다. 모자를 쓰면 아주 예쁜 아가씨 같습니다. 오빠가 '할망구'는 욕이라고 합니다.

내 엄마가 보고 싶습니다. 저의 진짜 이름은 권채희였습니다. 그런데, 지금은 유에스더입니다. 난 권채희가 좋습니다. 왜냐하면 내 엄마를 찾아야 합니다, 꼭 한번 만나 보고 싶습니다. 왜냐하면 나를 꼭 닮았는지 알아보고 싶습니다.

엄마, 엄마의 딸 에스더예요. 저처럼 웃긴 아이는 없을 거예요. 사랑하고 고마워요.

언니 오빠들 우리 엄마 강의 끝까지 들어 줘서 고마워요. 안녕~"

그 영상을 본 학생들의 반응은

'와~ 너무 귀여워요.'

하며 입양에 대한 긍정적인 생각을 갖는 데 도움이 되곤 했다, 강의 때마다 껌딱지처럼 붙어 다니는 막내딸을 학생들은 사랑스럽게 안아 주곤 했었다.

그 아이와 내가 만난 건 13년 전 내 나이 58세 때 그 아이는 네 살 때 일이었다. 뇌종양 4년 차를 보내고 있는 나에게 그 아이는 하늘에서 보내 준 선물이었다.

보육원 원장님은 뇌종양이 있다는 것은 우리 둘만, 아는 비밀로 하자며 아이의 입양을 허락하였다.

그 아이와의 2년 동안은 정말 행복했다. 우리 가정에 많은 기쁨을 가져다준 것은 누구도 부인할 수 없다.

사내들만 키우다가 딸이 오니까 군대 같던 집안 분위기가 민간인 집으로 변했다.

한마디 한마디가 총명하고 지혜로웠다. 어디를 가든지 인사를 잘 해 인기를 독차지했고 기막힌 말로 좌중을 압도했다.

노래를 잘 불러서 KBS '노래가 좋아'에도 두 번이나 출연했고 아침마당 성탄 특집 '하늘에서 보내 준 선물'이라는 주제로 토크쇼에도 출연하고 아침마당 수요일 '도전! 꿈의 무대' 성탄 특집에도 출연했다, 입양의 날 행사에서는 1급 뇌병변 장애 아들을 5년 만에 5급으로 하향시켰고, 쉰넷이라는 나이 차를 극복하고 입양된 막내딸 덕분에 국민훈장 동백장을 받기도 했다.

그렇게 막내딸과 정신없이 2년을 보내고 뇌종양 6년 차 되던 어느 날. 또다시 이상 증세를 보여 병원을 찾았다 MRI 결과는 의외로 암세포 괴사로 인한 완치 판정을 받았고 더 이상 병원에 올 필요 없다고 했다.

의사 선생님은 방사선 효과라고 하셨고 나는 딸이 준 웃음 치료 효과라고 속으로 중얼거렸다. 사람을 통해서 일하시는 하나님이 막내딸을 통하여 일하셨다.

그렇게 보물 같았던 아이가 10년이 지나 중학생이 되고 코로나는 서서히 잠잠해져 갈 즈음 아이의 사춘기가 시작되었다. 등교 거부와 가출이 반복되었다.

그 어느 때보다 힘들고 고통스러운 시간을 보내고 있었다. 믿지 못할 일이 벌어진 것이다.

그 아이가 잘못될까 봐 두려웠다.

위로 입양한 세 오빠들은 순둥이들이라서 그랬나? 사춘기가 있었는지 기억이 없다.

하지만 딸은 오빠들과는 매우 달랐다. 내게는 아이를 이해하고 받아들이는 시간과 노력이 필요해 보였다.

입양한 딸이라 더 큰 반향을 불러일으키는지도 모르겠다.

공무원들은 법적 근거도 없는 입양 가정방문을 당당하게 하고 냉장고 문을 서슴없이 열며 사진을 찍어 댔다.

혹시 아이를 굶기기라도 하였나? 고기반찬이라도 제대로 먹이는지 살피는 듯했다.

나는 처음에는 화가 나고 괴로워 죽을 지경이었다. 하지만 엄마 잔소리의 의미를 알기에는 너무 어린 나이였을까?

그 아이의 진짜 문제는 그의 마음 가장 깊은 곳에 있음을 알게 되었다.

가족들과 관계는 맺고 있었지만, 더 귀하게 여기는 것이 따로 있었다. 그것을 얻지 못한다면 가족과의 관계까지도 내다 버릴 의향이 있음을 보여 주는 것처럼 보였다.

정체성 혼란이 사춘기를 맞아 낮은 자존감까지 동반하여 최고조를 이루는 듯했다.

내가 그런 식으로 질타하지 말았어야 했다. 딸이 선사하는 폭풍우를 그대로 맞으며 매우 고통스러운 시간을 보내고 있었다.

그때부터 나의 삶이 얼마나 엉망진창이었고 아이가 사무치게 그립고 보고 싶었다.

꿈에서라도 본 날은 더욱 그랬다.

우리의 관계가 여기서 이렇게 영원히 사라져 버린다면? 하는 두려움으로 가득했다.

앞으로 닥쳐 올 어려움에 예방 주사 맞는 기분으로 지혜롭게 대처하자고 다짐에 다짐을 해 본다.

〈수렁에서 건진 내 딸〉이라는 아주 오래된 영화 한 편을 보면서, 그래도 끝은 있구나. 기대를 가지고 아이를 믿어 보기로 한다. 사람은 믿음의 대상이 아니라 사랑의 대상일 뿐이라고 누군가 귀띔한다.

그 아이를 이용하여 '자기실현 욕구를 채우는 사랑'과는 전혀 다르다고 생각이 들자, 그 사랑의 신비를 밑바닥에서 배우다니 잔인하다.

나는 지금 내 평생에 가장 가치 있는 시간을 보내고 있다는 생각이 들었다.

그 아이의 어려움이 보이기 시작했고, 극도의 외로움도 보였다.

그 아이의 정체성은 늘 불안했던 것 같다. 초등학교 6년 동안 1학년부터 4학년까지는 나는 학부모회장으로 5, 6학년은 운영위원으로 늘 학교를 드나들었던 늙은 엄마를 조금도 부끄러워하지 않는다고 생각했던 것은 엄마만의 큰 착각이었다.

다른 입양 부모들이 아이들이 부끄러워해 학교에 못 가겠다고 말했을 때 우리 딸은 너무 자랑스러워한다고 자랑질했던 것이 얼마나 후회가 되는지.

왜 아이는 정직하게 말해 주지 않았을까? 엄마에게 잘 보이고 싶은 마음이었을까?

지난 10년 동안 아이 때문에 충분히 행복했고, 충분히 누렸다.

이제 내가 아이에게 그 행복을 돌려주어야 하는데 아이는 곁에 없다.

결국 나는 홀로 남겨지게 되었고, 우리는 자존감이 부족한 것이 문제이고 너무 많은 수치심과 자기 정죄를 안고 살아간다고 배운다.

아이를 끌어안으며 '너는 우리 집 보배야. 넌 소중해. 항상 널 응원할게. 존재 자체로 가치 있는 사람이야. 존중받아 마땅해, 조건 없이 사랑받을 만한 사람이야.'

등등 온갖 좋은 말로 아이의 행동거지는 뒤로하고 자존감을 높여 준다는 목적으로 인위적으로 하는 건 그다지 효과가 없음을 알아차렸다.

삶의 최고점이 아니라, 골짜기와 심연 바닥에서 발견하고 만다.

때로는 어려운 상황과 가혹한 경험을 통해 목격해야만 깨닫게 되나 보다.

우리는 그가 다시 돌아온 것만으로도 기뻐해야만 했다.

나는 분명히 바뀔 의향을 보여 주었다. 그 아이를 도울 준비가 되어 있어야만 했다.

그렇다고 하룻밤에 어떤 변화가 일어나지는 않는다는 것도 알아야만 했다.

더 깊이 더 깊이 아이가 받아들여 줄 때까지 내려가야 했다. 아니 모든 자존심 까뭉개고 내려가기로 한다.

그러지 않으면 아무런 소망이 없다는 현실에 직면한다.

어쩌면 내겐 스스로 정당화하고 자신의 경력 성취를 자랑하려는 피할 수 없는 욕망이 있었다.

나의 독선은 다소 줄었지만 사라지지는 않았다.

내 문제를 철저히 파악한 것처럼 보일 때마다 사실은 더 깊이 내려갈 필요를 느꼈다.

우리 행복의 토대가 위협을 받는 상황이 되면 분노, 불안, 절망에 휩싸여 어쩔 줄 모르게 된 것이다.

설득이 시작되었다 부드러운 대화를 시작했다. 심리치료사가 건넬 만한 질문을 던진다. 여전히 내겐 독선이 가득하다.

숲속 외딴 오두막에 사는 사악한 마녀가 나오는 전래동화를 읽은 적이 있다.

지나가던 여행자들이 찾아오면 마녀는 식사와 침대를 제공했다. 지나치게 편안한 침대는 다음 날 아침 나그네를 돌로 변하게 한다.

그 집에서 일하는 한 소녀는 어느 날 한 젊은이 침대에 나뭇가지, 돌멩이와 엉겅퀴를 잔뜩 넣어 잠들지 못하도록 만든다. 밤잠을 설친 젊은이는 불평을 있는 대로 쏟아 내며 그곳을 떠난다.

아이를 살리겠다고 집어넣은 사랑의 나뭇가지와 돌멩이들이었는지 진지하게 고민하게 되었다. 그렇게 나를 번민하게 하던 그 아이는 많은 시간이 흘러 다시 집을 찾았다.

딸 버티어 주어서 고맙다

그 아이의 손에는 한 통의 편지가 들려 있었다.
'상처받은 엄마 아빠께!
저는 부모님께 상처만 드리는 불효녀 에스더예요. 제가 이 편지를 적는 이유는 서로 간에 쌓여 있던 말, 하지 못했던 말을 풀어내 보기 위해서입니다.
일단은 이 편지를 읽고 계시는 부모님께 사과드립니다. 죄송합니다. 저는 예전에는 엄마 없으면 안 된다고 이 세상에서 엄마가 제일 좋다고 했었죠.
엄마 돌아가시면 따라가겠다고 말하던 엄마의 껌딱지가 이제 조금 컸다고 엄마를 부끄러워했죠. 초등학교 저학년 때까지만 해도 엄마 아빠를 무척이나 좋아했죠.
그런데 초등학교 5학년부터는 엄마를 따라다니지 않았고, 중 1이 되어서는 아예 체육 대회에 오지 말라고 했죠. 그 뒤에 가족들이 상처받을 걸 알았지만, 또 놀림 받을까 봐 두려웠어요. 거기서까지 따돌림을 받기 싫었거든요. 제가 참 바보 같다는 생각이 듭니다.
제가 그토록 핸드폰에 집착하는 이유는 그냥 외로워서가 아니라 남아 있는 제 모습을 좋아하는 친구가 절 버릴 것 같아서 그랬어요.
이미 너무 많이 버려져서 더 이상 버림받기 싫어요.
그리고 제 주위 사람들이 어떤 모습이건 성별이 뭐건 전 중요하지 않았어요.

그 사람들은 누구보다도 따뜻하고 자상하니까요. 그래서 핸드폰에 집착을 했습니다.

저도 제가 왜 말썽을 피우는지 잘 모르겠어요. 잘해야지 하고 정신 차리면 엄마랑 마주 앉아 싸우고 있더라고요. 제가 말썽 피우는 건 부모님 빨리 돌아가시라고 부추기는 거라고 '안녕하세요!'에서 신동엽 아저씨가 말하더군요.

그래서 생각해 봤는데 아빠에게 여러 가지 지병이 있는 것도 저 때문인 거 같아요.

요즘 엄마가 많이 바뀌셨는데 저도 어떻게 하면 바뀔 수 있을까요?

저는 그 누구보다도 가족을 사랑합니다. 속마음을 이야기하고 나니까, 이제 편안해졌어요. 불효녀 에스더 올림.'

그래, 딸아! 이번 계기가, 무너지고 낮아진 자존감을 회복할 수 있는 기회가 되었으면 좋겠다.

그 아이를 돕기로 결심한다. 정체성 혼란에서 벗어나 제대로 된 튼튼한 자존감을 세워 주기 위해 이번 일이 중요한 사건 중의 하나로 기록되어 그 아이의 인생 이야기가 만들어 지기를 기대해 본다.

우리는 폭풍 속으로 던져졌고, 모든 의문이 해소되지는 않았지만, 그 폭풍 속으로 던져졌기 때문에 폭풍 한가운데서 서로의 사랑이 있음을 확신할 수 있었다.

그 관계가 한쪽의 희생을 요구하는 순간 즉 받는 것보다 주는 것이 많아지는 순간 얼마든지 폐기될 수 있다고 사회는 말하지만, 자녀 양육은 이런 현대적 태도에 완강하게 저항한다.

  부모는 고통을 감수해야만 한다. 그렇게 하지 않으면 그 고통을 자녀가 떠안아야만 한다.

  또 다른 쪽은 화해의 영역이었다, 용서할 능력과 의지 없이는 회복될 수 없음을 알았다.

  우리 부부가 그 아이에게 제대로 된 화해의 모습을 보여 주지 못했음도 알았다.

  그래서 그 아이는 누구와도 화해하지 못했다. 우리 삶에 폭풍이 닥치는 한 가지 이유는 그것을 통해서만 가능한 방식으로 견디고 심지어 성공할 힘을 얻게 되는 것 같다.

  지금의 아픔이 나중에 더 큰 아픔을 방지해 줄 수도 있다는 용기를 주었다.

  그 아이가 내 곁에 있는 한 난 더 이상 어떤 슬픔도 고통도 견디어 낼 수 있는 힘이 생겼다.

  그 이유는 지금의 고통이 정체성 혼란과 낮은 자존감에서 벗어날 수 있는 유일한 방법이기 까닭이다.

  딸이 말한다.

  '난 김신혜 엄마의 딸로 다시 태어나 한 살부터 살고 싶다!'고 요즘 너무 바빠 딸과 함께 할 시간이 모자라 거의 방임 수준이어서 미안해하는 나에 대한 섭섭함일까?

아니면 학교에서 무슨 일이라도 있었던 걸까? 만감이 교차하는 시간

'어이 딸~ 부모는 내 마음대로 자식을 선택할 수 없다는 거 알지? 그러나 엄마는 널 선택했지, 우리가 하나님을 선택할 수 없듯이 하나님이 날 선택해 준 것과 같아.'

여기까지 얘기하고 나니 입양은 하나님과 동역하는 아주 소중한 일임을 깨닫게 한다.

'엄마 나는 엄마한테 어떤 딸이야? 나 키우면서 힘들지 않았어? 미안해, 예전 사진 보면 진짜 젊었는데 지금은 이쁘기만 한 우리 엄마 진짜 미안해요. 나 때문에 필요 없는 고생시키고 엄마한테 미안한 게 너무 많은데 내가 생각한 대로 엄마한테 표현을 많이 못 한 것 같아요. 사랑한다고 못 하고 미안하다고도 많이 못 했어요. 미안하고 고마워요. 지금까지 날 키워줘서 날 버리지 않고 힘겹게 키워 주어서 고마워요, 사랑해요, 그리고 계속 사랑할 거예요.'

딸! 지금까지. 살아 줘서 고맙고 오늘도 버텨 주어서. 고맙다. 엄마도 딸 때문에 여기까지 왔구나! 우린. 또. 각자의 길을 열심히 가야지.

사랑하는 딸, 힘내자 그리고 엄마가 도울게! 사춘기에 마침표를 찍는 그날을 기다리며.

단식원에서 사춘기를 고친다고?

딸의 사춘기 고치려고 단식원을 찾았다.

딸은 중 3, 중요한 시기에 등교 거부하는 막내딸을 맛있는 거 먹으러 가자고 꼬여 데리고 달려간 곳은 강화도에 있는 생명개발원 단식원이었다.

입소 첫날 딸의 모습은 도살장 끌려온 듯. 주둥이를 한껏 내밀고 불만이 터질 것 같은 그런 모습이었다.

나도 처음 경험하는 일이라 조심스럽게 그러나 딸을 살리기 위한 마지막 방법일 수도 있겠다, 생각하고 휴가를 얻어 어렵게 시간을 냈다.

5일 단식 후, 실시한 인바디 검사 결과는 딸은 7kg 감량했고 엄마는 4kg 감량했다.

원래 아이들이 급속도로 빠진다는 직원의 설명이다.

엄마의 신체 나이 64세(현 만 70세) 세포 나이는 34세 근육량 31.7에 비해 딸의 신체 나이는 15세(현 만 15세) 세포 나이는 미성년이라 불측정하고 근육량 31.7 엄마와 동일하게 나왔다.

엄마의 왕성한 체력에 비해 딸은 매우 불안정한 수준이다. 이걸 어떻게 설명해야 할까?

지난 1년 6개월 동안 격동의 시간과 절박함에서 딸은 굶기를 밥 먹듯이 하고 온종일 핸드폰과만 보낸 시간들의 결과물이었다.

가장 오래 사는 학과 거북이는 위장을 20%만 채우고 돼지는 80% 채우는 반면 사람은 120%~150%를 채운다는 통계를 내놓으시며 결론은 먹어서 수명이 줄고 몸이 망가진다는 사실을 이곳에 와서 알게 되었다.

지금 지고 있는 이 무거운 짐을 좀 내려놓고 싶었다. 그러나 그 방법을 몰랐다. 다만 엄마를 사람 만들기 위해 딸에게 악역을 맡기신 하나님 뜻으로 받아들이기로 한다.

'수고하고 무거운 짐 진 자들아 다 내게로 오라 내가 너희를 편히 쉬게 하리라' 전도할 때 불신자들에게 많이 인용하는 말씀이다.

예수를 믿으면서도 기도의 짐 말씀의 짐 봉사의 짐 전도의 짐 예배의 짐을 지고 늘 큰 부담을 안고 지고 고행하듯 수행하듯 수고하였다. 그러나 여전히 삶은 변하지 않았고 관계는 점점 더 어려워져만 갔다.

그것이 큰 숙제였다. 그런데 그 큰 숙제가 하나 풀렸다.

너희는 먼저 그의 나라와 그의 의를 구하라 모든 것을 다 주시겠다. 그의 나라와 그의 의는 하나님의 뜻을 구하는 것이며 하나님의 뜻은 항상 기뻐하고 쉬지 말고 기도하고 범사에 감사 하는 것이다.

어떻게 그게 가능할까? 한 시간 이상 기도하기 운동에 참여도 해 보았다. 하루에 수십 장 성경을 읽어 보기도 했다. 열심히 봉사하고 전도하고 그러나 그 모든 것이 인간의 열심이었다면 이제는 내 힘이 아닌 그분이 주시는 힘으로 무거운 짐 내려놓고 항상 기쁘게 쉬지 말고 기도하며 범사에 감사하는 생활이 가능할까 기대를 걸었다.

남들은 애를 참 잘 키우는 거 같은데 나도 아들 넷을 거뜬히 잘 키워냈다고 국민훈장 동백장도 받았는데 이제 사춘기를 맞은 막내딸로 인하여 깊은 터널 속에 들어와 있는 이 느낌은 무엇일까? 과연 검은 구름 속에 깊은 긍휼은 있을까?

거대한 슬픔의 파도가 뼛속까지 스며들며 마음을 때린다. 유난히 엄마를 좋아해 기대했던 아이라 불신 절망 분노가 요동을 친다.

단식원에서 배운 건 쉼이다.

내 생애 병원에 입원했을 때 빼고는 단 한 번도 그렇게 억지로 쉬어 본 기억이 없다.

침대와 밀착되어 뒹굴뒹굴 7일을 온전히 나만 쉰 것은 아니다. 뇌도 장도 세포도 함께 평소 내가 좋아하고 즐겨하던 것들 아무것도 볼 수 없었고 들을 수 없었다.

무언가 하고 있으면(수다를 떨거나 책을 보거나) 원장님으로부터 여지없이 혼난다. 24시간 오로지 말씀으로 만들어진 귀에 익숙한 구수한 전통 가락으로 불리는 찬양만 들어야 한다.

그 이유는 무엇이었을까? 주기도문에 나오는 하늘의 뜻이 이 땅에 이루어지는 것을 말한다. 하나님의 나에 대한 온전한 계획을 듣고 알기 위해 뇌를 비우는 중이다.

우리는 하나님의 형상으로 지음받았고, 그래서 하나님은 당신의 지혜 능력 재능을 가지길 원하신다.

그러나 우리는 거기엔 (하나님의 뜻) 관심이 없다. 이 세상에는 내가 좋아하는 것들이 너무 많기 때문이다.

금식은 뇌를 비우는 작업이고 비운 뇌는 말씀으로 채우고 그 말씀이 나를 통해 이 땅에 그대로 이루어진다는 것은 하나님의 계획을 나도 알게 되었다는 놀라움이다.

세상의 그 무엇인가로 가득 채워진 뇌에는 하나님도 역사하실 수가 없다.

단식원에서 돌아온 날 저녁 밥상 앞에서 막내딸은 굳이 라면을 끓여 달라고 한다. 계란 까지 넣어 맛있게 끓여 내놓으니. 아이는 고맙다고 인사하며 미안한지 최고로 맛있다고 연신 엄지 척을 한다.

"딸, 엄마가 좀 달라진 거 같지 않니? 전 같았으면 '멀쩡한 밥 놔두고 라면은 무슨 라면? 먹기 싫으면 먹지 마.' 그랬겠지? 너도 이젠 쪼금만 달라지면 안 될까?"

"알았어, 와! 낼 드디어 학교 간다. 걱정 마 엄마 이젠 학교 잘 다닐 게! 빨리 자고 낼 학교 가야지!"

그러나 그다음 날도 또 그다음 날도 학교는 가지 않았다. 엄마의 진심이 딸에게 전해지기까지 시간이 좀 걸릴 듯하다. 단식원 다녀와서 금방 좋아질 거라는 기대는 하지 않았다.

그러나 변한 건 엄마인 나였다. 전에는 억지로 화를 참으며 가식으로 아이에게 환심 사려고 아무렇지도 않은 척 가장하며 책에서 배운 대로 상담사에게 들은 대로 하였으나 지금은 자연스럽게 아이를 진심으로 걱정하는 마음이 생겼다.

그 마음이 꺾이지 않도록 노력 중이다. 억지로가 아닌 자연스러움, 세상이 줄 수 없는 평안이다.

어쩌면 뇌종양으로 콧줄 끼고 누워 있을 때도 녹내장으로 눈이 안 보일 때도 이런 느낌의 평안이었고 급속도로 회복되었던 것으로 기억된다.

뇌를 비워서 그런지 설교 말씀이 폭풍처럼 밀려 들어오기 시작했다.

세상 소리 다 끊고 온종일 말씀 찬양 듣는 것이 행복했다.

칭찬과 인정에 목마름으로 주목받으려는 욕구가 강한 아이 억누르고 있다가 튀어 오른 것이 엄마의 약점이 적나라하게 드러나는 계기가 된 딸의 사춘기와 맞물렸다.

'너는 내가 알아' 훈계하고 가르치고 그런 엄마 때문에 힘든 딸 이제 그 애는 나와는 다른 인격체이며 다른 종류의 사람임을 인정하고 독립적인 존재로 받아들이는 순간 문제 부모의 결정판을 날려 버린다.

'너 지금 엄마한테. 반항하는 거지? 하고 싶은 거 마음껏 다 해 보거라. 숨겨진 재능, 기회 마음껏 펼쳐 보이거라.' 믿고 기다려 주기로 한다.

나는 지금 딸과 나와의 손익계산서를 적고 있다.

위에 네 명의. 오빠들도 사춘기가 있었나? 가물가물한데 막내딸의 사춘기는 미친 여자 널뛰듯 나를 격동의 도가니로 몰고 간다.

그 아이로 인해 죽을 때까지 경험할 수 없는 누구도 가 보지 않은 길을 가고 있다.

그 경험들은 과연 나에게 어떤 손익계산서를 안겨 줄지 흥미진진(?)하게 펼쳐지고 있다.

'너는 걱정 근심이 없다고 했지? 과연 그럴까? 이래도 그런 말이 나올래?' 사단이 그러는 거같이 느껴질 만큼 질풍노도에 직면하고 있다.

난 본래 근심 걱정이 많은 사람이다. 뇌종양의 원인이 바로 그것이었다.

17년 전 이명박 대통령 당선되던 바로 그날 정신을 잃었고 성대 마비로 콧줄 끼고 누워있었다. 이번에 단식원에서 깨달은 것은 다른 곳이 마비되어 먹으면서 치료했다면 고칠 수 없었을지도 모른다는 생각을 하게 되었다.

삼키는 기능이 마비되어 굶식(?) 할 수밖에 없었고, 그렇게 3주가 지나 성대 마비가 풀어져 죽을 먹기 시작했다.

그리고 곧 퇴원했고 직접 운전하고 집으로 돌아왔다. 그때부터 근심 걱정은 생기지도 않을 일을 상상하며 만들어 가고 있다는 것임을 알았고 그걸 알게 되니 자연히 걷어치우게 되었다. 지금까지 건강할 수 있는 이유다.

신앙생활을 열심히 하면서도 문제는 삶이 변하지 않는다는 것이다. 환경에 따라 기분이 좌지우지되어 주변에 민폐를 끼친다는 것이다.

그런데 이번에 단식원에서 그 이유를 알았고 그 방법은 아주 적중했다. 단식을 통해 우리 몸의 세포가 장기가 뇌가 다시 새롭게 만들어지므로 몸의 모든 독소를 빼내어 병이 치료된다는 사실도 알았다.

사춘기로 널뛰듯 하는 딸의 파도에 꿈쩍도 않는 그것도 평온한 마음으로 수도하듯이가 아닌 자연스러움으로 새로운 길을 맞이할 준비가 되어 있다. 온종일 말씀 찬양을 읊조리며 너는 너의 길을 나는 나의 길을 가기로 한다.

우리가 살면서 얼마나 더러운 말 사탄의 말 부정적인 말 사망의 말로 상대방을 죽였는지 사랑의 말, 좋은 말, 성령의 말로 그 누군가를 살릴 수만 있다면 나는 할 것이다.

더러운 것이 들어가면 더러운 것이 나올 수밖에 없다는 것을 깨달았다.

사춘기 청소년들의 경우 온갖 유튜브를 통해 악한 사탄들이 자리하고 있어 그럴 수밖에 없었다고 아이의 행동을 보며 느낀다. 단식을 통해 모든 독소를 다 빼내고 비워 두면 더 악한 것들이 들어오니 온종일 말씀을 읊조리며 뇌를 청소한다.

말씀으로 채우지 않으면 또다시 전보다 더 많은 사탄이 들어올 수 있다는 것이다.

딸아이가 단식 5일 한 것도 기적이고 스스로 핸드폰을 손에서 내려놓은 것도 성경을 입으로 읊조리는 것도 기적이다.

5일 굶고 나더니 먹을 거만 주면 무엇이든지 시키는 대로 다 할 것처럼 보였다.

새 중의 왕 독수리는 먹잇감이 자기 덩치보다 커도 겁을 내지 않는다. 성경에 자주 등장하는 새 독수리가 아기 독수리를 강하게 훈련 시키는 모습이 퍽 인상적이다. 광풍과 태풍 폭풍을 즐기는 새 어쩌면 고난을 즐기는 크리스천을 많이 닮아 있다.

고난은 유익이라 고난이여 오라 얼마든지 상대해 주마 딸의 사춘기를 즐기기로 한다.

최악의 상황이 최고의 간증이 되다

나쁜 일은 겹쳐서 오나 보다. 어느 날 갑자기 거대한 골리앗인지 사울인지 아무튼 그런 그림이 내 머릿속에 그려지며 아주 가까운 곳에서 늘 만나고 호흡하고 가장 믿었던 사람이 전혀 예기치 않은 방법으로 지속적인 괴롭힘을 가해 왔다.

갑자기 두려움이 덮쳐오는 느낌을 받았다. 나를 비난하는 자가 차라리 내 원수였다면, 나를 미워하는 자가 차라리 나보다 잘났다고 자랑하는 내 원수였다면 나는 그를 피하여서 숨기라도 하였을 것이다. 그런데 나를 비난하는 자가 바로 너라니! 나를 미워하는 자가 바로 내 동료, 내 친구, 내 가까운 동역자라니! 우리는 함께 사역하며 장애부모회, 여전도회, 성가대, 주일학교 교사로 사람들과 어울려 하나님의 집을 드나들곤 하였다. 함께 걸었던 길은 배반의 피로 더럽혀졌다. 내 마음은 공포로 떨리고 비둘기처럼 날개가 있다면 날아가 버리고 싶은 심정이었다.

우리는 함께 식사를 하고, 비슷한 관심사들을 나누고, 서로의 자녀들에게도 관심을 가졌다. 그녀는 나의 두 아들(셋째, 넷째)의 중, 고등부 선생님이기도 했다. 함께 커피를 마시던 장소와, 같이 장애 자녀를 가진 부모 모임에서 임원으로 좀 더 좋은 환경과 처우개선을 위해 토론했던 시간들이 이제 다시는 돌아갈 수 없는 나라에 속하고 말았다.

서로 얽혀 있던 친밀한 관계들과 인간관계도 끊어지고 서로 공유 했던 이야기들을 이제는 그 누구도 들을 수 없을 것이다. 우리의 상실한 우정은 한 사람으로 끝나지 않을 수도 있다.

그것은 마치 산사태처럼 가파르게 곤두박질치며 내가 오랫동안 쌓아 왔던 우정이 와해되고 난 후, 우리 두 사람이 다 알고 지내던 친구들마저 떠났다. 관계란 영구적일 것 같지만 땅처럼 지진이 나면 흔들릴 수밖에 없다. 그는 골리앗처럼 나보다 강했고 사울처럼 권력이 있었다. 마을 어디서든 그녀를 만날까 봐 걸어서 다니는 일은 자제했다. 상실감을 잘라 버리고 지금 일어난 모든 상황을 단절시켜 버리는 이 방법을 모색했다. 마스크하고 모자를 깊이 눌러쓰고 선글라스까지 착용하고 복면가왕으로 외출을 시도한다. 그러나 그런 나를 아무도 이상한 눈으로 보지 않는 것은 코로나 덕분이었다.

입양과 위탁과 장애 어르신을 모시는 일로 주변에서는 '대단하세요, 누구나 갈 수 있는 쉽지 않은 길인데'라고 응원하는 사람도 있지만 그 반대로 색안경을 끼고 정부에서 얼마나 지원을 받느냐고 노골적으로 물어 오는 이도 있다.

그녀가 원하는 것은 무엇일까? 원망 불평으로 믿음이 없어지고 고난은 해결되지 않고 내가 사망을 향해 가기를 원하는 것일까?

그러나 그럴수록 나는 정신을 차려야만 했고, 고난 속에서 나는 마음이 가난해져야만 했다.

정말 죄의 문제가 아니라면 내가 이렇게 가난한 마음으로 간절하게 하나님 앞에서 나아가 겸손하게 도움을 구할 수 있을까?

이 고난에서 벗어나도록 믿음을 보여야만 한다. 우리는 고난의 이유를 다 알지 못한다. 단지 그 고난을 통해 배워야 할 것이 있음을 알 뿐이다. 이것이 가장 빠르게 고난을 이기는 방법이다. 엄청난 고난의 한가운데 있을 때는 아무 생각도 나지 않고 기도도 되지 않았다. 그래서 평상시 작은 고난이 있을 때 잘 훈련해야 한다. 이유를 묻지 말고 원망하지 말고 겸손하게 마음을 가난하게 만드는 방법은

'고난 당한 것이 내게 유익이라 이로 말미암아 내가 주의 율례들을 배우게 되었나이다' (시 119:71) 예수님을 이해하고 깊이 알아가는 시간으로 고난을 잘 통과해야 한다기보다는 인내로 버텨야 하는 것이다.

그녀는 내게 따져 물었다 '왜 자신의 수치를 만인 앞에 공개하죠? 나 같으면 안 그럴 거 같아요.' 나는 대답했다.

'그게 저만의 치료 방법입니다.'

내겐 그럴 만한 이유가 있다, 언제부턴가 반전을 기대하는 버릇이 생겼다. 그리고 모든 것을 하나님과 연관 짓는 버릇이 생겼다. 분명 이런 일이 생기는 데는 하나님의 계획과 의도가 있을 거라는, 기대감 같은 것이 있다. 그것이 바로 그 어떤 상황에서도 염려 근심하지 않는 이유다. 그럴 때마다 사단 마귀는 마치 '이래도 정말 염려근심 안 할 자신 있니?' 하고 시험의 수위를 점점 더 높여가는 느낌이다. 욥에게 그랬던 것처럼~

사람에게는 '자기 보호 본능'이라는 것이 있어 자신의 잘못이 노출되

는 경우에 몇 가지 반응을 보인다. 첫째는 죄를 숨겨 덮어 버리려고 한다. 죄를 은폐하려는 마음이다.

둘째는 핑계를 대거나 변명을 한다. 자신의 죄를 다른 사람에게 돌리려는 책임 회피자이다. 셋째는 죄를 합리화 또는 정당화하려고 한다. 넷째는 죄책감에 시달려 자신을 학대하는 사람이 있다. 스스로 자학하는 태도이다.

나는 핑곗거리도 있었고 변명할 수도 있었으나 그러지 않았다. '적나라하게 드러내는 것만이 고칠 수 있다'라고 생각했고 겸손과 용기가 필요했다. 거기는 환영과 긍휼의 박수가 있을 것이고 선의 공동연대를 경험하게 응원하고 권면과 조언이 있을 것이다.

사단은 거짓말로 유혹한다. '정당화시킬 수 있어 정직하면 무시받고 고립될 것이야.'

그러나 나는 죄인이다. '권사'라는 이미지는 중요하지 않다. 바리새인과 서기관의 옷을 벗고 자비를 구하기로 한다. 주님은 우리를 더럽다 하지 않으시고 자비를 베푸실 것을 신뢰하기 까닭이다.

표면에 드러난 모습은 작은 조약돌이라고 생각했는데, 막상 손을 대고 나서야 눈에 보이던 것보다 훨씬 더 큰 바위가 숨겨져 있다는 사실을 발견하게 되었다.

모든 상황에 홀로 맞서 해결해야 했다. 문제 해결에 압박과 분노가 내 영혼에 불붙듯 번지는 걸 느꼈다. 주위를 둘러보아도 도움을 청하거나 의지할 사람이 전혀 보이지 않았다.

이 불이 나를 전부 태워 버릴까 봐 거칠게 저항했다. 명예 훼손 과 거짓 유포가 해를 넘기며 지속됐다. 교회에 열심히 다니며 택함 받은 자임을 자처하면서 악감정으로 가득하고 비방과 참견을 좋아하는 마치 자신이 하나님의 종이면서 또한 마귀의 종인 것처럼 행동했다. 사람은 어차피 교만하게 창조되었는지도 모르겠다. 아담이 그랬고 루시퍼가 하나님보다 높아지려 하다가 쫓겨났다. 나는 선하다. 나는 어떤 돈이든 정직하다. 나는 죄인이 아니다 나는 훌륭한 성도다. 자신을 과시하며

'회개하시오 하나님 영광 가리우지 말고' 고함치며 내 직위(장애부모회 회장)에 대해 우롱하고 조롱했다.

나는 가지고 있던 모든 직위를 내려놓아야만 했고, 바로 장애부모회 총회를 열어 그 자리는 그녀가 차지했다. 이번에도 스스로가 아닌 타의에 의해 또 한 번 '내려놓음'을 당한다. 하나님의 영광은 내 행위로 얻어지는 것이 아니다. 하나님이 만들어서 취하는 것이다.

내가 아무리 좌절하고 낙담하고 실패 속에 허우적거려도 하나님은 나를 툭툭 털어 당신 스스로 만들어 영광을 취하시는 분이다.

뇌종양으로 쓰러졌을 때도 나는 하나님 영광 가리운다고 두려워했다. 마을 사람들이 좋은 일 하는데 왜 이런 몹쓸 병에 걸리느냐고 하는 것만 같았다.

실제로 그랬다. 병문안 온 친구들이 '너는 좋은 공기 속에서 너 하고 싶은 것 마음대로 하면서 왜 뇌종양이 걸리느냐고?' 의문을 제기했다.

여러 언론매체에 TV 방송에 우리 가족이 출연하면서 나는 내 영광

을 내가 스스로 만들어 취했다.

콧줄 끼고 침대에 누워 절망 가운데 있을 때 환상을 통해 보여 주셨고 '네가 하고 있는 그 일이 나와 아무 상관이 없다'라고 분명히 음성을 들려주셨다.

그 여인의 말을 듣고 있으면 소름이 돋고 뼈가 녹는 기분이다. '주의 율법을 버린 악인들로 말미암아 내가 맹렬한 분노에 사로잡혔나이다'라고 한 다윗의 심경을 떠올리게 한다.

'공격을 받으면 마음이 꺾인다'는 표현이 적절했다. 나는 수시로 꺾이는 마음을 다시 꼿꼿이 세워야만 했다.

내 의연함 뒤에는 치열한 내적 싸움이 있었다. 믿음을 택하고 성숙하게 표현하기까지 평안을 지키기 위한 싸움은 너무도 치열했다. 내겐 자신을 들여다보거나 슬픔과 연민에 빠질 여유가 없었다. 영적 퇴로가 없었다.

순종은 어렵다. 고난을 통해서만 가능해지기 때문이다. 고난을 통해 합력하여 선을 이루시는 하나님을 발견하게 하시고 누군가는 쫓고 누군가는 쫓기는 신세가 되었지만, 그런 우리의 인생에서 하나님의 방식으로 훈련되고 있다는 것을 알게 되기까지 너무도 긴 시간 기다림이 필요했다.

다윗이 사울을 두려워해야 맞다. 그러나 아이러니하게도 성경은 사울이 다윗을 두려워했다고 말씀한다. 왜? 여호와께서 사울을 떠나 다윗과 함께 계시므로 하나님의 임재가 있느냐 떠났느냐에 따라 상황은 극명하게 역전된다. 정작 궁궐에서 호의호식하는 살해자는 공포에 떨고 동굴에서 은신하는 자가 안전함을 느낀다.

'내가 너희를 만들었다. 내가 너희를 구원하였으니 두려워하지 마라, 내가 너희 이름을 불렀으니, 너희는 내 것이라, 너희가 물 가운데로 지날 때에 내가 너희와 함께하겠다. 너희가 강을 건널 때에 물이 너희를 덮치지 못할 것이며 불 사이로 지날 때에도 타지 않을 것이고 불꽃이 너희를 해치지 못할 것이라, 왜냐하면 나 여호와가 너희의 하나님 곧 이스라엘의 거룩한 자이며 너희를 구원할 구원자이기 때문이다. 너희가 내게는 소중하므로 다른 사람들의 목숨과 너희를 바꾸어 그들로 너희 대신 죽게 하겠다. 내가 너희를 사랑하므로 너희가 또한 영화롭게 될 것이다. 내가 너희와 함께 있으니 두려워하지 마라.' (이사야 43:1-5)

이것이 바로 하나님의 임재로 인한 인생의 역설이다. 골리앗은 단칼에 사라졌지만 다시 뒤를 이어 사울의 위협과 조롱으로 마치 바로의 마음이 점점 더 강퍅해진 것처럼 들려오는 소문은 언제나 싸움을 돋우려는 것뿐 그 누구의 설득도 그 어떤 상식도 통하지 않았다. 전쟁은 하나님께 속한 것임을 보여 주는 '믿음의 실천 편' 같았다.

치명적인 적개심 질투심에 눈이 먼 사울의 분노와 증오는 광기로 치달았다.

사울을 참 많이 닮아 있는 그 여인을 보며 나 또한 닮은 부분이 참 많구나, 모난 부분이 갈등을 겪던 상대에게서 거울 효과를 통해 연민을 가지며 '참 많이 힘들구나' 그녀를 위해 기도하게 된다.

보기 싫은 그 사람에게서 왜 내 모습이 보일까?

문제가 크면 클수록 하나님의 큰일을 기대하며 내 인생길에 골리앗이 아니었으면 사울이 아니었으면 난 여전히 내가 다윗인 것처럼 착각 속에서 살았겠구나, 고마운 마음에 무거운 한 해를 털어 버리고 새로운 해를 가벼운 마음으로 맞고 싶었다.

가족들과 송구영신 예배를 일찍 드리고, 어려운 걸음으로 그 여인의 집을 찾기로 한다.

마침, 그녀의 남편도 함께 있어 잘 되었다 싶었다. 지난 1년 넘게 우리 가족을 괴롭힌 전적으로 보아 크게 기대는 하지 않았다.

물론 원인 제공은 나였지만 나의 행위가 결코 고의는 아니었기에. 충분히 대화로 풀어 나갈 수 있는 문제였건만 무슨 목적 달성이라도 해야 하는 것처럼 그녀의 괴롭힘은 집요하고도 고집스러웠다.

역시 그녀는 나를 보자마자 '당장 나가지 못해요? 경찰을 부르겠어요, 감히 여기가 어디라고?' 하며 고함을 지르며 나를 밀쳐냈다.

나의 가족들 앞에서 나의 잘못을 극대화시키며, 자기의 정당함을 어필하려는 몸짓 같았다.

그녀의 남편은 놀라고 당황스러워하는 모습이 역력했다.

"여보 이왕 여기까지 오셨으니, 얘기나 들어 봅시다." 하며 우리 가족을 거실로 안내했다.

남편은 차분히 나의 이야기를 잘 들어 주었다.

"여보, 차 좀 내 오지." 아내를 주방으로 보낸 후, 낮은 소리로
"잘 오셨습니다. 집사람 대신 제가 사과드리겠습니다. 그런 줄도 모르고 저는 여호와 중인인 줄 알았어요, 용서하세요."

정중하게 사과를 했다. 그녀는 못마땅한 듯 차를 내왔다. 남편의 겸손하고 정중한 태도에 잠시 당황스러웠다. 팔이 안으로 굽는 것이 인지상정인데 아내와는 너무도 다른 모습에 어려운 방문이었지만 오길 잘했다 생각이 미치자, 위안이 되었다.

결국 우리의 갈등은 여전히 평행선을 그었지만 내 뜻을 같이해준 그녀의 남편, 그는 분명 나를 위해 준비해 두신 하나님의 사람이었다.

'두려워하거나 당황하지 마라, 네가 부끄러움을 당하지 않을 것이다. 네가 젊었을 때의 부끄러움과 네 남편을 잃었을 때의 부끄러움을 다시는 기억하지 않을 것이다. 너를 지으신 분이 네 남편이 되실 것이다. 그분의 이름은 만군의 여호와이시다, 너를 구하신 분은 이스라엘의 거룩하신 분이다, 그분은 온 땅의 하나님이라고 불리시는 분이다. 보아라 나는 너를 공격할 사람을 보내지 않겠다. 누구든 너를 공격하는 사람은 네 앞에서 넘어질 것이다. 그러므로 어떤 무기도 너를 해 치지 못할 것이다 너를 재판에 거는 사람을 내가 물리칠 것이다. 이것이 나 여호와의 종들이 받을 몫이다. 그들의 승리는 내게서 나온다. 여호와의 말씀이다.' (이사야 54:4, 5)

그렇게 치욕스런 한해를 상처로 마무리하면서, 느낀 감정은 저 여인의 강퍅한 마음을 하나님께서 붙들고 계시는구나 생각이 들면서 새해를 맞이하는 1월에는 더 깊은 시궁창에 빠지는 느낌이 나를 괴롭혔다.

우리는 인생 가운데 답이 보이지 않는 문제를 숱하게 만난다. '내가 신뢰하여 내 떡을 나눠 먹던 나의 가까운 친구도 나를 대적하여 그의 발꿈치를 들었나이다' (시편 41:9) 발꿈치를 들었다는 것은 배신 배반으로 해석된다.

12년 감옥 생활을 하며 천로역정을 남긴 존 번연이 고백한다.

'사실 나는 그때처럼 하나님 말씀에 깊이 심취해 본 적이 없었다. 전에는 별 의미 없어 보이던 말씀들이 생생하게 다가왔고 말씀 속에서 만나는 주님과의 깊은 교제는 그 어떤 두려움과 불안도 물리치게 했고, 나를 확신 가운데 거하게 했다. 감옥살이는 고통스러웠지만 나는 고통 속에서도 하나님의 은혜의 깊이를 세심하게 느낄 수 있었다. 그런 은혜로 나는 감옥 생활 내내 세상 그 어떤 자유와 기쁨과도 비교할 수 없는 잔잔한 편안과 기쁨을 느낄 수 있었다'라고~

나 역시 고난을 통하여 직접 성경 속으로 들어가는 여행을 시작했다. 고난이 없었다면 결코 이룰 수 없는 일들을 하나님이 보여 주셨다.

이 사건은 나의 소소한 죄까지도 다 토해 내도록 주님 오시는 그날 심판대 앞에서 드러날 나의 죄목을 미리 치르고 있다는 느낌으로 성령께서 가슴속 깊은 곳에 울림을 주셨다.

'사랑하는 딸아, 저 여인의 모습이 바로 너의 모습이란다. 얼마 전까지 넌 딸에게 바리새인처럼 굴더구나. 도덕적인 의를 내세우며 딸을 비난하고 정죄하고 판단하지 않았느냐?

그래서 내가 너와 똑같은 사람을 너에게 보낸 거란다. 지금까지의 모든 것이 나의 계획이었단다. 자 이제부터 시작이야. 넌 딸 앞에서 어떤 모습으로 바뀌어야 할지 알겠지? 네가 그 여인에게서 본 혐오스럽고 무례함으로 일관했던 그 모습 그게 바로 네 딸이 너에게서 본 모습이란다. '판단하는 네가 같은 일을 행함이니라' 이제 그 여인이 어떻게 바뀌길 원하지? 고집을 내려놓고 너를 용서해 주기를 바라고 있지는 않아? 너도 그 고집과 아집을 내려놓고 딸을 용서하렴!'

방황하는 딸에게 모질게 굴었던 나의 모습이 파노라마가 되어 스쳐 지나간다.

나는 틀린 것을 보면 참지 못한다. 본래 화를 잘 내는 데다 의로운 분노가 많아서 나와 상관없는 일이라도 틀린 것을 보면 잘 참지 못한다. 문제는 이런 연약함이 딸을 힘겹게 만든 거 같다. 남의 틀린 것을 참지 못하는 연약함은 오랜 시간 나를 괴롭혔다. 나는 늘 다른 사람의 틀린 것만 지적하고 그들을 배려하는 마음은 없었다. 하나님께서 나의 아버지시니 사랑을 부어주십시오, 제 안에 선한 것이 없습니다. 주님!

나 역시 죄인이고 고의적으로 죄를 범하며 죄악 때문에 종종 비참한 지경에 처한다. 하지만 성경은 이렇게 말한다.

'미쁘다, 모든 사람이 받을 만한 이 말이여, 그리스도 예수께서 죄인을 구원하시려고 세상에 임하셨다 하였도다.' (딤 1:15)

직접 느껴 보기 전까지는 누구도 죄의 심각성을 알 수 없다. 하나님의 율법은 무서운 정죄를 통해 우리 양심에 가책을 느끼기 전에는 죄의 적절한 잣대를 찾을 수 없기 때문이다. 모든 대상은 심판의 대상이 아니고 불쌍히 여기고 긍휼히 여겨야 하는 대상이라는 것을 다짐한다.

퍼즐을 맞추듯 마지막 한 개 남은 퍼즐을 끼우며 지난 한 해 동안 풀지 못한 숙제를 풀듯 개운한 느낌이 들면서 이제 더 이상 그녀로 인해 나의 일상을 허비하지 않기로 했다.

원수를 사랑하라!

용서하기로 한다. 그러나 나에겐 용서할 힘도 능력도 없다는 것을 바로 깨닫는다. 인간끼리 누가 누구를 용서한다는 말인가? 그러나 그를 용납하기로 한다.

그녀의 불신 남편의 영혼 구원을 위해 기도하는 것으로 시작했다.

그녀의 남편이 그리스도인이 된다면 신실한 믿음의 사람이 될 것 같다는 확신이 들었다.

성경은 하나님의 길은 우리의 길과 다르고 그분의 생각은 어느 지혜자의 생각보다 높다고 말한다. 계속해서 재앙 같은 경험을 수없이 겪은 여러 해 후의 일이었다. 그렇게 힘든 세월을 인내하며 지내 왔다는 것은 큰 기적이었다. 우리가 교만하여 그분의 축복을 거절하는 순간까지도 우리 곁에서 우리를 사랑하시는 그분의 은총 이야기이며 우리의 매일매일의 삶 속에 그분이 임재하고 계신 실제적인 이야기이다.

그 여인을 통하여 하나님께서는 나에게 인내와 이타심을 천천히 가르치기 시작하였다. 누구도 훈련이나 연단을 좋아하지 않는다. 그것은 나에게 굴욕감을 준다. 자신이 잘못되었거나 부족하다는 것을 인정하기는 쉽지 않다. 그 당시에는 왜 하나님께서 우리 사이에 이러한 갈등을 계속 허락하시는지 이해할 수 없었다. 그러나 결국 지혜의 가르침을 받아들일 수 있는 사람으로 성장해 간다. C.J 매허니가 '나는 하나님의 은혜로 계속 겸손해지는 것이 자랑스럽다. 어리석은 인간은 주님의 교정 아래 겸손하게 지혜를 좇아야 한다.'라고 한 것이 이해되기까지 수년이라는 세월을 분노의 늪 속에서 위선자라고 나를 참소 하는 원수의 거짓말을 믿었었다. 그러나, 곧 하나님께서 나의 미성숙함에도 불구하고 나를 사랑하신다는 사실을 확신할 수 있었다. 그런 지난날의 고통과 슬픔의 세월 들을 돌이켜 보고 우리의 삶의 길목에서 하나님께서 우리를 얼마나 많이 성숙시키셨는지를 알고 놀랄 수밖에 없었다. 그 당시에는 그것을 깨달을 수 없었으나 세월이 지난 후 이 모든 것은 하나님의 계획에 따라 되어 갔다는 것을 알게 되었다.

그를 용서하고 용납하기로 고백했더니 우리 가정에 은혜의 문화가 형성되었다. 그 문화 덕분에 우리 가정은 회복되고 강해졌다.

다만, 용서는 원한을 품고 분노를 키우지 않는 것을 의미한다. 아이러니하게도 우리에게 상처를 준 사람을 향한 분노를 키울수록 그 사람에게서 벗어나기가 점점 더 힘들어진다.

반대로 용서할 때 사람들이 우리에게 씌운 굴레가 벗겨지기 시작한다. 용서는 곧 자유이다.

어머니는 나의 멘토

문득 신앙의 대 선배이신 나의 어머니에게서 교훈을 얻는다.

우리 가족의 인생 드라마는 아버지와 어머니로 시작된다. 그분들은 우리에게 이름을 지어 주고 우리 인생의 의미에 윤곽을 잡아 준다. 그러면서 드라마는 사람들과의 관계를 통해 더욱 발전한다.

'감사합니다, 감사합니다'라는 말이 튀어나왔다. 나는 어머니의 용기에 감사하다는 말을 하고 싶었고, 내가 어머니를 얼마나 존경하고 흠모해 마지않는지를 지금까지 단 한 번도 면전에서 표현해 보지는 못했다.

어머니에 이어 다시 나를 통해 고귀하고 거룩하게 광대한 드라마를 만들어 가시는 그분에게서 소망을 본다. 가장 의외의 사람들을 사용하셔서 가장 비상한 변화를 일으키시는 하나님 말이다. 우리는 하나님의 영광에 초점을 맞추어 단 한 번뿐인 인생을 쓰도록 부름 받은 놀라울 만큼 귀한 존재들이다.

'어머니 당신은 한 번도 평범한 인생을 살아 본 적이 없잖아요, 왜 그렇게 사셨어요?'라고 묻고 싶다.

하루 밥 세 끼 먹기 어려웠던 시절 어머니는 건장한 고아 청년을 입양했다.

그리고 성장하여 좋은 처자와 결혼하는 것까지 책임지셨다. 어쩌면 내가 입양을 겁 없이 해 댄 것도 그런 어머니의 영향인 듯싶다.

1960년대 어머니는 송파구 소재 일본 소학교를 구입하여 측량하고 내 땅 찾기를 했을 때 학교 운동장을 오랜 시간 자기 땅인 줄 알고 마당으로 사용하다가 절반이나 빼앗긴(?) 이웃집 한 여인으로부터 지속적인 괴롭힘을 당했다. 주로 우리 낙엽이 울타리를 넘어 자기 마당으로 떨어진다며 날마다 떨어진 낙엽을 쓸며 가진 욕을 다 해 댔다.

지금 생각해 보면 단순한 시기 질투였던 거 같다. 나보다 두 살 더 먹은 언니가 수돗가에 가서 양치를 하면 툇마루에 앉아 밥을 먹던 그 여인은 뛰어나와서 '더러워서 밥을 먹을 수가 없다.'라고 고함을 질러 댔다.

작은 오라버니와 결혼한 새색시가 장독대로 가서 된장이나 고추장 간장을 뜨러 가면 '너 시집 잘못 온 거여!' 하며 저주를 퍼부었다. 새언니는 화들짝 놀라 어머니에게 얘기하면 어머니는 늘 우리에게 하듯이 '귀담아듣지도 말고 대꾸도 하지 말라'고 주의를 주셨다.

그리고 오랜 시간이 흘러 우리는 누구보다 두터운 정을 나누며 이웃사촌으로 잘 지냈다, 그 여인 말고는 다른 가족들은 우리를 좋아했다. 나는 아기를 좋아해서 늘 그 집에 가서 어린애기들을 업어 재우곤 했다.

아버지는 못마땅하신지, '그러다 잘못해서 아기를 떨어트리기라도 하면 큰일난다'며 말리셨다.

그래도 아버지 몰래 가서 아기들과 놀곤 했던 기억이 난다.

어느 날 갑자기 잠실개발 사업으로 부동산 투기꾼들이 마을을 휩쓸고 다녔다. 그 여인의 가족들은 정육 사업을 한다며 보상금 받은 것과 살던 집도 팔아 떠났다.

시간이 한참 흐른 후 그 여인의 남편이 우리 집을 방문했다. 아버지 앞에 무릎 꿇고 진심으로 사죄를 구하며 용서를 구했다. 정육점 사업은 사기꾼에게 당해 다 날리고 집도 절도 없이 지하 단칸방에 살고 있으며 딸아이가 눈이 썩는 병에 걸렸다고 했다. 지금 생각하면 녹내장을 그렇게 얘기하는 것이 아닌가 한다. 그 후 그 여인도 어쩌다 길에서 마주치면 이산가족 만난 듯 반가워했다. 요즘도 가끔 친정에 가면 그 여인이 살았던 그 자리에 거대한 빌딩이 줄지어 서 있는 것을 보며 지금은 어디서 어떻게 살고 있을까 궁금해진다.

어머니는 그 여인을 만날 때마다 가슴 아파했다. 그래도 옛일은 다 잊고 미운 정 고운 정으로 함께 정을 나누면서 살았는데. 그 당시엔 난 너무 어려서 어머니의 그런 고통을 잘 알지 못했다, 칠순이 된 어머니 입을 통해 그 고백을 들으며 책을 엮으면서도 공감하지 못했다. 그런데 내가 직접 겪어 보니 어머니의 고통이 얼마나 심각했었는지 이제야 전율하며 어머니의 광야가 나에게도 똑같이 주어졌다는 것에 가슴이 벅차올랐다.

'어머니 저도 어머니처럼 잘 이겨 낼게요. 하늘나라에서 저를 위해 기도해 주세요. 어머니!'라며 토로했다.

시기 질투를 가장한 공격은 참으로 무섭다는 생각을 요즘 하게 된다. 누구에게나 어둡고 고통스런 때가 있다. 견딜 수 없는 어둠의 터널 속에 갇힐 때가 있다. 시편 기자는 '하나님은 우리의 피난처시요, 힘이시니 환난 중에 만날 큰 도움이시라' (시 46:1) '내가 크게 고통을 당하였다고 말할 때에도 나는 믿었도다.'(시 116:10)라고 했다.

모난 돌이 정 맞는다는 옛 어르신들의 말처럼 내가 너무 튄 건 아닌지 질투를 받을 만큼 잘나가는 사람도 아니어서. 딱히 분명한 이유를 모르니까 더 억울하다. 어떤 분야에서 성공하거나 하나님이 은혜로운 만남을 통해 놀라운 복을 주시면 누군가의 질투 대상이 될 수 있다. 특히 이제까지 알던 사람이 질투할 때가 많다. 그때 너무 속상해하지 말고 나를 돌아보는 기회로 삼고 '내가 혹시 나를 너무 드러낸 것은 아닌가?' '성공했을 때 남의 질투를 유발하지 않도록 사려 깊고 겸손하게 행동해야 그 성공을 오래 지속시킬 수 있고 은밀한 평안과 행복이 주인공이 될 수 있다.'라고 어떤 책에서 조언해 준다. 주변에서는 '당신은 그녀를 고발한 적 있습니까? 여기가 북한도 아닌데 어떻게 그렇게 사람이 사람을 억압하고 강제할 수가 있는 거죠?'라고 반문하기도 했다.

고린도전서 13장에 사랑은 시기하지 않는 것이라고 했다. 이것은 하나님의 사랑은 우리로 하여금 절대적인 만족을 누리게 하는 것이기 때문에 기쁨의 대상이지 시기의 대상일 수 없다는 말씀이다. 시기 질투만 하지 않아도 나는 이미 사랑의 사람인 것이 아닐까? 억지를 부려 본다.

거기에다가 일방적으로 수치와 모욕을 당하는 것이 하나님의 계획임을 알아차렸을 때 두려움이 사라지고 하나씩 치유되고 회복되는 것을 경험하게 된다.

요즘 정치권이 너무 혼란스러워 나라의 위기의식을 가지며 기도한다. 어느 분이 그 위기의 원인에 대해 올린 글귀가 마음에 와닿는다.

'한국문화는 자신이 너무 똑똑하기 때문에 누가 높은 나무로 올라가면 밑에서 자꾸만 나무를 흔들어 댄다. 결국 견디다 못해 떨어지면 그 다음에는 그 떨어진 사람을 짓밟는다. 그러면서 아픈 배가 시원해지는 것을 느끼고 10년 묵은 체증이 사라지는 것을 느끼는 사람이 많다. 그처럼 정상에 올라가면 너무 비바람이 세서 한국에서는 좋은 인물이 크게 되지 못하는 경향이 있다 심지어는 이순신도 모함을 받았다 잘못된 인성이다.'라는 글을 읽고 그녀를 이해하려 애써 본다.

그것이. 탐심이었는지는 확실치 않으나 리더 자리에서. 나를 끌어내리고, 본인이 그 자리에 앉아 공동체에서 나를 몰아내고 대부분의 경제를 몰수해 갔다. 주변 사람들은 내가 그에게 원한을 살 만큼 어떤 사연이 있을 거라고 말했다.

딱히 그럴 이유가 없었기에 그저 탐심에 의한 시기 질투가 아닐까? 하고 넘긴다.

에이브러험 링컨은 더러운 거짓말쟁이, 독재자, 도둑, 허풍쟁이, 약탈자 괴물 무식쟁이 늙은 건달 폭군이라 비난받았다. 예수님도 신랄한 비판을 넘어 조롱과 희롱을 당했다.

은혜다. 하나님의 초대다. 무서웠지만 기쁜 일이구나 단지 좀 힘든 거구나, 하나님의 위로가 필요했었구나. 그동안 고생했다. 너무 잘하지 않아도 돼 인정받으려고 애쓰지 마, 쉬어도 돼, 나의 열심이 후회되는 시간을 맞았다. 하나님을 충분히 느낄 여유도 없이 달려왔다는 생각에 미쳤다.

내 생각과 경험에 갇혀서 이렇게 하는 게 하나님의 영광을 위한 거라고 착각했다. 쉬기로 한다.

'열심히 하려고 하지 마, 존재 자체로 충분해 네 열심에는 관심 없어. 너를 바라보고 있는 것만으로 충분해, 하나님 외롭지 않게 하나님 의식하는 것을 놓치지만 마.' 하시는 거 같았다.

나를 공격하던 여인을 곁에서 동조하던 친구가 급작스럽게 목소리가 나오지 않아 직장을 그만둘 수밖에 없게 되었다는 소식을 사건 2년 만에. 전해 들었으나 마냥 기뻐할 수만은 없었다.

원수를 사랑하고 긍휼의 마음으로 불쌍히 여긴다는 말씀이 살아나는 순간이다.

하나님이 주시지 않았다면 나를 해할 권한이 그녀에게 없었을 것이기 때문이다.

어느 날 셋째 아들이 묻는다.

"엄마, 성경에 염소는 나쁜 의미로 나오는데 그건 왜죠?"

"그렇긴 하지만 염소는 꼭 필요한 존재란다. 양들은 무리를 짓는 습성이 있기 때문에 다닥다닥 붙어 뭉치는 경향이 있고, 돼지나 소보다 약간 떨어지는 낮은 인지 능력을 갖고 있다고 해. 그래서 깔려 죽기도 하고 더위에 질식되기도 하는 걸 방지하기 위해 한, 두 마리의 염소는 반드시 필요하다고 하더라, 염소는 양이 붙어 있는 꼴을 못 보거든 반드시 떼어 놓고야 말지, 매우 중요한 역할을 하는 거지."

"아, 알겠어요, 그래서 교회 안에도 염소가 필요한 거군요, 양들을 살리기 위해서요."

"그러나 누가 염소다 양이다 구별하고 판단할 수는 없어 세상 마지막 날 예수님이 심판하러 오시면 양과 염소를 갈라놓으시지 그때까지는 아무도 알 수가 없지."

어렸을 적. 염소를 키워 본 적이 있다. 아침에 풀밭에 내다 매고 저녁엔 끌고 들어온다. 종종 목줄이 풀려 남의 곡식을 뜯어 먹으면 손해 배상을 하기도 했다.

목줄을 짧게 잡으면 들이받아 무서웠다. 길게 잡으면 길 곁에 남의 밭곡식을 뜯어 먹어 골칫거리였다. 염소의 특징은 시기 질투다. 공격성도 난폭함도 다분히 있다. '양 무리 속에 염소를 둠은 양의 생존을 돕기 위함이다'라고 들었다.

교회 안에 염소가. 필요한 것은 성도의 생존과 성숙과 성화를 위해서라고 한다. 염소의 공격을 받을 때 필요한 것은 하나님의 위로다. 너무나 평온한 신앙생활은 나태해지기 쉽고. 자만에 빠지기 쉽다.

염소의 공격을 받고. 실수와 실패 앞에 낙담하고 수치와 모욕감에 낙심하던 그때에 다행히 성경 속으로 걸어 들어가 나처럼 실패한 영혼들을 만난다.

간음한 여인, 키 작은 삭게오, 거라사 광인, 음탕한 고멜, 강도 만난 나그네를 지나친 제사장과 레위인도 만났다. 남의 얘기 같았던 사건들이 모두 내 얘기로 다가오는 건 놀라운 은혜이고 위로였다.

양의 또 다른 특징은 고통스러울 때 오히려 소리를 내지 않는다고 한다. 몽골에 계신 선교사님께 들은 얘기다. 양의 가슴에 칼을 들이대고 배를 갈라도 양은 조용히 눈물만 흘릴 뿐 저항도 울음소리도 내지 않는 걸 보고 저항 없이 십자가에 못 박히시는 예수님을 생각하셨다고 한다.

나와 남편은 칠십 평생을 교회 안에서만 생활한 거 같다. 그런데 최근에 남편은 마을 노인회에 가입하고는 동네 어르신들과 가깝게 지내면서 그들이 바라보는 교회와 성도들의 모습과 태도를 가까이에서 듣게 된다.

아, 그들의 눈에 비쳐진 교회와 성도의 모습은 좋은 얘기는 별로 없고 비판과 비난뿐 상상 그 이상의 것이었다. 그들을 실망시켰다는 것은 그들이 성도들에 대한 기대치가 있었다는 것이다.

우리는 이렇게 살지만 너희들은 그렇게 살면 안 되지 않느냐? 하는 신앙인은 자기들과는 달라야 한다는 그 어떤 기대감!일까?

이제 이후로는 타협이냐? 일관성이냐? 갈림길에서 믿음을 지키기 위한 세계관이 바뀌어야 할 시점에 있다고 결론을 내렸다.

전도사 아들에게 물었다. '불신자들이 보는 교회와 성도의 모습이 왜 그래야만 하느냐?'고

아들은 '신학을 잘못 가르친 탓'이라고 한마디로 결론짓는다.

없고 없고 없어도

'비록 무화과나무가 무성치 못하며 포도나무에 열매가 없으며 감람

나무에 소출이 없으며 밭에 식물이 없으며 우리에 양이 없으며 외양간에 소가 없을 찌라도 나는 여호와를 인하여 즐거워하며 나의 구원의 하나님을 인하여 기뻐하리로다'

'복수는 원수가 망하는 것이 아니고 내가 하나님의 은혜로 흥하는 것이다' (신명기 9:6) '그러므로 네가 알 것은 네 하나님 여호와께서 네게 이 아름다운 땅을 기업으로 주신 것이 네 공의로 말미암음이 아니니라 너는 목이 곧은 백성이니라'

내가 누리는 모든 축복이 내가 착해서도 아니고 공의로워서도 신앙생활을 잘해서도 아니라는 사실 단지 상대의 악함이 이유였을 뿐 나는 선하지도 착하지도 않은 죄인일 뿐이라는 것을 잊지 말자.

모든 것을 그녀에게 다 빼앗긴 그 상황에서 수입이 늘어난 것도 아니고 지출을 줄인 것도 아니었다.

대출금도 다 갚고 계획했던 대로 살던 집. 1호, 2호는 외국인 노동자들에게 주고 우리 가족은 3호, 4호 새집으로 이사를 했다. 최근에 5호집을 또 구입하여 수리 중이다.

기적은 드물기 때문에 기적이다. 하나님이 가끔 기적을 행하실까? 물론이다. 이것이 기도해야 하는 이유이다.

12년 전 안흥고등학교에 발령받아 이곳으로 이사 와서 정착한 지도 어느새 12년째 접어들었다.

월셋집 전전하다 지상권만 있는 집을 한 채 샀다. 온 가족(7명)이 다 머물 수 없어 마당에 집을 한 채 무허가로 지었다.

그러나 이웃집에서 우리 터를 자기 땅처럼 사용하고 있었다. 이사 오기 전부터였으니, 내놓으라 말도 못 하고 친정어머니처럼 굴러온 돌이 박힌 돌을 빼낸다고 할까 봐 속앓이 한다.

땅을 사기로 마음먹는다. 측량하고 말뚝 박고 담을 쳤다.

돈은 이미 다 건너갔고, 등기 이전 하려고 하니 마당에 지은 무허가 집이 문제가 되었다.

땅 주인은 그 집을 헐면 언제든지 등기를 해 줄 테니까, 우선은 가등기를 하자고 했다.

가등기라는 것에 대해 공부를 했다. 10년 안에 본등기로 전환해야 하고 본 등기로 가기 전에 문제가 생기면 소송할 수도 있다는 많은 예시를 보고 고민이 깊어졌다. 주인은 이미 연로하신데, 앞일을 어찌 알겠는가? 피할 길을 달라고 기도했다.

마당에 무허가 집을 헐어야 할지도 모른다는 불안감에 가등기를 만들기로 하고, 법무사 사무실에서 만나 계약하기로 했다. 땅 주인이 조금 늦는다고 연락이 왔다.

법무사께서 '좀 더 알아보고 계약하시죠? 제가 그랬다고는 하지 마세요'라고 한다.

땅 주인이 도착했다.

'저 죄송하지만, 우리 아들이 좀 더 알아보겠다고 계약을 좀 보류하라고 연락이 와서 오늘은 좀 어려울 거 같다'고 말씀드렸다.

사무실에서 나와, 토지개발 공사 상담실에 들러 상담을 했다.

'이 땅은 등기 이전이 어렵습니다. 마당에 있는 무허가 건물 때문이기도 하고 길이 없는 맹지군요, 길 사용 허가를 받든지 매입하든지, 그리고 옆집이랑 50cm 떨어져야 하는데 벽이 붙어 있네요. 이런 경우 옆집에 허락을 받아야 합니다.'라고 했다.

 땅 주인에게 그 땅은 잠시 보류하고, 그 옆에 있는 땅을 사겠다고 제안을 했다. 주인은 그럼 그 터에 있는 폐가를 먼저 구입하라고 했다. 백방으로 수소문하여 집주인은 이미 10여 년 전에 죽었고, 그 딸을 어렵게 찾아 폐가를 구입했다. 그 터도 오래전부터 옆에 살던 이웃이 밭으로 사용하고 있기는 마찬가지였다. 측량하여 우리 땅을 모두 찾았다. 그러나 그 집도 등기가 안 나기는 마찬가지였다. 전으로 등기를 내려면 폐가를 헐어야 한다고 했다. 그런데 며칠 후 주인이 처음 매입하기로 했던 땅 등기를 만들어 왔다. 그것도 전이 아닌 대지로(대지는 값이 전에 비해 곱절이다.) 그 과정은 아무도 모른다. 묻지도 따지지도 않았다. 궁금해하지도 않았다. 무허가도 맹지도 붙어 있는 옆집도 문제 되지 않았다. 그냥, '하나님이 하셨구나' 할 뿐이었다.

 등기를 찾으러 갔더니 법무사님께서 '수지맞았네요, 땅을 반값에 사신 거나 마찬가지예요. 무허가 건물이 있는데 등기가 난 것도 신기하지만 전을 대지로 바꾼다는 것도 있을 수 없는 일입니다. 대지는 전보다 배나 비싸거든요. 돈 버신 겁니다.' 하신다.

 문득 친정엄마의 회고록에 보면 전 재산을 다 뺏어 간 인물이 있었다. 교회를 지어 주기로 했던 건축업자가 돈만 받아 챙기고 건축은 중단

되었다.

그 돈은 어머니가 평생 농사지어 모은 재산이었다.

큰 재산은 아니었지만, 잠실이 개발되면서 소유하고 있던 땅으로 인해 어느 날 아침 눈을 떠보니 거부가 되어 있었다.

어머니의 회고록도 길고, 지루하게 거듭되는 재판 중에 칠순을 맞아 완성되었다.

그때 나는 어린 나이였지만, 학교에서 배운 타자 실력으로 모든 재판 고소장을 직접 타이핑 하며 법조계의 비리를 너무 일찍 알아 버렸다. 옳고 그름을 떠나 돈을 많이 뿌린 사람이 이기는 이유는 '귀에 걸면 귀걸이 코에 걸면 코걸이'라는 속담이 그래서 만들어졌다는 것도 알게 되었다. 교회를 향해 사기를 친 사기꾼들이었으나 교묘하게 법을 이용하여 재판에서 교회는 패소하고 말았다. 그 후 교회는 한 사람의 재물이 아닌 온 성도들의 헌신으로 하나님의 기적과 함께 완성되었다.

나도 고난의 끝을 기다리다가 칠순을 넘기고 말았다.

고난의 끝을 기다리지 않기로 한다. 그 고난이 끝나는 날 멋지게 간증하고 싶었는데 그걸 기다리다 책을 영영 못 쓸 수도 있겠다 싶었다.

핸리포드는 '실패는 더욱 현명하게 재출발하는 사람에게 기회일 뿐이다'라고 했고 일본의 신학자 내촌감삼(內村感三)은 '실패는 실패가 아니라 성공에 이르는 단계다. 꽃이 떨어져 열매를 맺듯이 씨가 썩어서 싹이 나고 실패를 통해 성공이 오는 것이다'라고 했다. 세상에 문제 없는 사람이 없듯이 실패를 경험하지 않는 자도 없다.

나의 고난도 3년이 지나고 4년째 접어들었으나 여전히 해결되지 않는 고난 중에 책을 쓰기로 마음먹는 시간이 있었다.

시아버님 추도예배를 드리던 날 난데없이 친정어머니 회고록 이야기가 화두가 되었다(친정 식구들만 다 모임).

33년 전 일이고 책이 다 없어진 상황이라 다시 재판을 할 것이냐? 말 것이냐? 고민하고 있었는데 큰아들이 재판을 권했다.

아들은 회고록이 나왔을 때 여덟 살이었고 할머니 회고록에 대해 별 관심이 없다가 성인이 되어서야 열어 보게 되었는데,

'나의. 뿌리를 안다는 게 이런 거구나!'

그때의 감동과 기쁨을 끄집어내며 내가 태어난 것이 우연이 아니고 분명한 하나님의 계획과 섭리였음을 깨닫는 순간 허투루 살면 안 되겠다고 다짐했으며 '돈이냐? 신앙이냐?' 갈림길에서. 방황할 때마다 외할머니와 외할아버지의 삶을 기억해 내며 올바른 선택을 할 수 있었노라고 고백했다.

그리고 사촌들에게

'너희들도 너희 뿌리를 제대로 알고 사는 것과 막연히 알고 사는 것은 천지 차이다'라고 하면서 지나간 부모님들의 역사를 통해 그들의 자랑과 영광만이 아니라 실패와 좌절과 범죄의 사건을 보면서 교훈을 받아야 한다고 했다.

사도바울은 '무엇이든지 전에 기록된 바는 우리의 교훈을 위하여 기록된 것이니 우리로 하여금 인내로, 또는 성경의 위로로 소망을 가지

게 함이니라.'(롬 15:4)고 했다.

회고록은 좀 그렇고 산문집 하나 내고 싶은 생각은 간절했으나. 뭘. 어떻게 어디부터 시작해야 할지 감이 오질 않는다. 그렇게 시간은 속절없이 흘렀다.

문득, 하나님은 나를 통해 당신의 이야기가 드러나 멀리 퍼지기를 원하시지 않을까? 에 생각이 미치면서 구하고 찾고 두드리는 하나님의 영광을 창조하는 살아있는 글을 쓰고 싶어졌다.

내 인생에서 가장 중요한 역할을 한 여러 인물 중 한 분을 인정하지 않을 수 없는데 그 중차대한 인물은 바로 내 혈연의 어머니시다.

어머니와 나의 공통점은 하나님 이야기 속에서 잠잠하고도 열정적으로 그리고 쾌활하게 이어져 가고 있다는 느낌이 들었다.

우리 모녀가 평생 할 일은 오로지 구하고 찾고 두드리는 것이었다.

어머니는 여전사이시다. 십 전 팔기의 강인한 생존자다. 인생은 긴장감이 있기에 인생인 것이다.

비극적인 사건과 긴장이 주는 전율과 불확실성과 열정이 우리에게 없다면 우리는 죽고 말 것이다.

비극적인 사건이 일어날 가능성은 항상 도사리고 있다.

비극이 우리의 문지방을 넘어 들어오는 것은 불가피하다. 그것이 인생이다. 그렇지만 우리는 언제나 비극보다 큰 존재다.

이야기의 결말은 좋을 수도 있고 나쁠 수도 있다.

내 이야기를 써 내려가며 하나님이 내 인생과 결말을 위해 무엇을 준비해 두셨는지 알게 된다.

앞서 발생했던 모든 것들이 절정으로 풍부하게 펼쳐지는 자리다.

내가 몰랐던 사실은 하나님이 지구를 조성하신 그때부터 이 순간을 이미 계획하셨다는 사실이다.

나는 고난의 한가운데서 스스로에게 가장 진실한 혹은 가장 거짓된 자아를 발견하게 된다.

자신의 과거를 읽어 냄으로 현재의 삶을 어떻게 살아 낼지 좀 더 나은 깨달음을 얻는다.

자신뿐 아니라 가족과 친구 그리고 원수의 이야기까지도 사랑하게 될 것이다.

내가 그랬던 것처럼 우리 자녀들도 믿음의 선배이신 할아버지 할머니의 삶을 지표로 삼아 별을 따라가듯 갔으면 좋겠다.

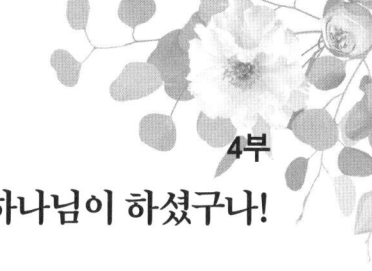

4부
하나님이 하셨구나!

거룩한 장소

거룩한 장소는 왜 어두운. 장소여야 할까? (C.S. 루이스)

지난 주말 늦은 밤 10시 칠흑같이 어두운 밤 원주에서 다윗 세대(청소년 선교) 훈련을 마치고 귀가하는 막내딸을 태우고 한참을 달리고 있었다.

뒤에서 오던 차가 '빠~앙' 경적을 울리며 지나간다.

"왜 저래?"

"엄마가 차선 넘은 거 아냐?"

"? 아닌데."

그렇게. 원주 시내를 빠져나와 외곽으로 접어들었는데 갑자기 앞이 보이지 않았다.

"어, 무슨 일이지?" 놀라 당황하는 순간 라이트를 켜지 않았다는 것을 알게 되었다.

"아. 그걸 알려 준 것이구나!" 오해가 풀리는 순간, 빛 가운데 있을 때는 내 등이 꺼져 있다는 사실을 몰랐는데 어둠 속에서야 깨닫게 되다니, 우리는 늘 밝은 곳에서만 살다 보니 내 등이 꺼진 걸 모르고 사는가 보다.

그렇다면 그 어두운 곳이 어디일까?

며칠 전 기독 TV에서 보았던 원주 석식당이 생각났다.

늦은 밤까지 귀가하지 않고 방황하는 청소년들을 불러다가 따뜻한 밥을 차려 주는 젊은 목사의 스토리였다.

아이들이 미안해할까 봐 밥값은 단돈 1천 원만 받는다고 한다.

내 이야기를 들은 막내딸은 그 목사님을 지난 주말 다윗 세대에서 직접 뵈었다며 으스댄다.

그렇다면 내 등이 꺼졌는지 확인하기 위해 나도 어서 어두운 곳을 찾아 떠나야 한다.

그곳이 어딜까?

그때 마침 동창회 나오라고 연락을 받고 나갈지 말지를 고심하고 있었다.

이번엔 특별히 강원도에서 모이니 꼭 와야 한다며 친구가 약속과 다짐을 받는다.

만나서 밥 먹고 술 마시고 노래방 가고 늘 정해진 코스가 맘에 들지 않아 줄곧 보이콧 했는데, 그런데 이번엔 그곳이 어두운 곳일 수도 있겠다는 생각이 들며 가기로 한다.

매번 그랬지만 친한 애들끼리 삼삼오오 주거니 받거니 하다가 헤어져 돌아오면 한 번도 말 섞지 않은 친구가 수두룩하다.

말하기 좋아하는 친구는 연신 떠들어 대고, 나처럼 말주변 없는 경우 거기에 한마디도 얹지 못하고 귀에 피가 날 정도로 경청만 하다가 동창회가 끝나 버린 후의 허망함 그러다 보면 나와 정서가 다른 딴 세상의 비호감 친구도 만난다.

이번엔 분위기를 바꿔 보기로 작심을 하고 미리 준비해 간 종이와 펜을 나누어 주며 고등학교 졸업하고 각자 지난 50년 동안의 근황을 5개만 적으라고 했다.

그중에 하나는 반드시 거짓이어야 하며 그 거짓을 찾아내는 친구에게는 상품이 있다고도 했다.

몇몇 친구는 거침없이 써 내려갔지만 대부분 뭘 써야 하냐며 이런 걸로 스트레스 주지 말라고 항변하는 친구도 있었다.

결국 백지로 내는 친구도 두어 명 있었다. 그러나 대부분의 친구들은 진지하게 적어 냈다.

순서에 따라 발언을 하며 서로의 흉허물을 자연스럽게 고백하고 이해받았다.

부를 자랑하고 자식 자랑으로 부담 주기보다는 자신의 삶을 진솔하게 고백하고, 여기까지 버티어 준 자신을 대견해하며 친구들의 아낌없는 박수와 지지를 받는 의미 있는 시간이었다.

대화를 독점해 나가는 친구도 없었고 얌전히 경청만 하는 친구도 없었다.

'쟤 우리 동창 맞냐?'라고 의심할 정도로 평소 존재감 없는 나였다.

성적표엔 늘 '내성적이고 발표력이 부족하나 책임감 강하고 성실함.'
　많은 세월이 흐른 후, 큰아들 성적표에서 똑같이 기재된 것을 보고 모전자전인가? 실소를~

　아들도 고등학교 때 수학 선생님이
　"너 새로 전학 왔냐?"
　"아니요, 계속 다녔는데요."
　"그런데 왜 오늘 처음 보는 느낌이지?"
　키가 커다래 맨 뒷자리에 앉아 존재감 없기는 아들도 마찬가지였다.
　"너는 왜 발표를 안 하니?"라고 물으니
　"시킬까 봐서요, 손들면 다른 애들은 안 시키고 맨날 나만 시켜요."
　나도 그랬다 틀릴까 봐 겁나기도 했다. 집에 와서 이불 쓰고 억울해하는 타입이다.
　'내가 말할 걸 나도 알고 있었는데~'
　또 하나의 공통점이 있다.
　아들과 나는 무대 체질이다.
　교회에서 행사가 있을 때마다 내가 하던 진행을 어느 날부터인가 아들이 하고 있었다.
　같은 교회 권사이신 친정어머니와 시어머니는
　'아이구, 쟤는 어째 하는 짓까지 지 엄마랑 똑같은지.' 하며 대견해하셨다.

그날도 동창회 회장과 총무가 임기를 마쳤다며 새로 선출하는 시간이 있었다.

"너가 해."

"싫어, 난 못해."

"그럼 너가 해."

"난 안돼."

"그럼 너."

"그럼 너는?"

주욱 돌아가며 한 바퀴 도는 동안 단 한 번도 나를 지명한 친구는 없었다. 난 거기서도 존재감 부재였다(그 이유는 모임이 늘 서울 중심이어서 거리상 너무 멀었고 아직 자녀들이 어리다는 것이 그들의 배려가 아니었을까? 애써 짐작해 본다).

하나님이 옳았다. 거기가 어두운 곳이었다. 내 얘기가 끝났을 때 비신자인 친구들 입에서

'에이. 하나님이 하셨네.'

라는 고백을 이끌어 냈다.

그렇다면 난 동창회 가서 뭘 하고 왔는가?

당신의 이야기를 펼치라, 우리 자신이 곧 이야기인데, 오랜만에 만나면 솔직히 할 이야기가 없다.

그러나 한 가지 공통 주제를 갖고 자랑인 것도 같고 아닌 것도 같고 질고의 50년 삶을 진술하게 고백해 준 친구들께 감사한 마음이 들었다.

지난 50년 동안 경조사와 송년 모임에 간간이 만나기는 했으나, 서로의 과거를 진솔하게 털어놓고 공감하고 하는 기회는 없었다.

이번 동창회에선 타인 감수성 폭발, 분위기는 꽤 괜찮았다.

우리는 자신의 과거를 읽어 냄으로써 그것도 여러 사람 앞에서 공개적으로 현재를, 미래를 어떻게 살아 낼지 지혜를 얻고 좀 더 나은 깨달음의 시간이 되지는 않았을까?

각각 친구의 과거를 존중하고 좀 더 책임감 있게 현재를 써 나간다면 미래의 이야기도 더욱 많아질 것이다.

친구들아! 다음에 만날 때는 우리의 미래를 한번 써 보는 것도 괜찮지 않을까?

그때도 역시 머리 싸매고 괴로워하는 친구들이 있을 거라 상상하며 나의 미래를 그려 본다.

내가 한 가지 엉뚱한 제안을 했다.

'요양원 가기 싫은 친구는 함께 모여서 살면 어때? 그런데 조건이 하나 있다. 혼자 와야 한다. 남편 있는 친구는 사절이다.'

어떤 친구가

"그럼, 이혼하고 와?"라고 반문해서 한바탕 웃었다.

돌아오는 길에 친구가 라이트를 AUTO에 맞추어 놓으면 어두운 곳에 가면 자동으로 불이 켜진다는 것을 알려 주었다. 20년 무사고(?)인데 그것도 몰랐다니 휴!

그렇다 어두운 곳에 가면 자동으로 우리의 불은 켜지고 빛을 발해야만 한다.

하나님은 너희는 세상의 빛이라 했다. 빛을 비추라는 것이 아니고 그냥 그 자체가 빛이다. 그래서 어두운 곳에서는 자동으로 빛을 내야만 한다.

나는 왜 일을 하는가?

어렸을 때 아버지 손잡고 나가면 '아그가 아버지를 꼭 닮았네'라고 했었다.

지금은 거울을 볼 때마다 거울 안에 나와 닮은 친정어머니가 마주해 소스라치게 놀란다.

이렇게 엄마 아버지를 외모뿐 아니라 그 삶도 닮았다는 것이 신기할 뿐이다.

입양한 것도 어머니 영향이 크다고 본다. 아버지는 목회를 하시면서 반 목수셨다.

아버지의 사례만으로는 우리 오 남매를 교육시킬 수 없었던 부모님께서는 농사를 지으셨다.

그 당시에는 돈이 많은 장로님 권사님들이 그곳 잠실에 땅을 구입하여 어머니에게 농사지어 아이들 공부시키라고 맡겨 주셨다. 아버지가 어머니를 도우려고 밭에 나오시면 어머니는 성도들이 본다며 등 떠밀어 돌려보내시고는 그 힘든 일을 늘 혼자 다 감당하셨다.

아버지는 주로 집 안에서 할 수 있는 일을 찾다 보니 가축들을 키우셨다.

우리 집엔 온갖 짐승들로 늘 시끄러웠다. 돼지 염소 토끼 닭 개 등등이다.

내가 고등학교 다닐 즈음에 잠실이 개발되면서 농사도 지을 수 없게 되고 가축도 기를 수 없게 되었다.

둘째 오라버니가 이끌고 성남시로 이주하면서 젖소 축산업으로 바꾸었다.

그때부터 집에서는 연신 뚝딱거리는 망치와 톱 소리가 귀를 울렸다.

가축들이 사용하던 모든 축사들을 집으로 개조하여 집 없는 사람들에게 저렴하게 세를 주었다.

그때 부모님을 도우며 도배하는 방법을 배웠다. 나도 22년 전 이곳 횡성에 내려와 목수 한 사람 붙들고 덕고산 자락에 전원주택을 지었다. 지금은 큰아들이 살고 있고 나는 이곳 안흥으로 이사 와서 헌 집들을(지상권) 구입해 그 옛날의 친정아버지처럼 깨끗이 손질해 외국인 노동자들에게 한 채씩 세를 주고 이제 다섯 번째 집을 수리 중이다.

요양 일을 시작하면서 센터장께서 그런 스펙은 어르신들 앞에서는 말하지 마세요. 혹여라도 부담스러워할 수도 있으니까요. 종교 얘기 절대 하시면 안 됩니다. 왠지 나를 좀 껄끄러워하는지 그런 스펙을 가지고 얼마나 버티겠냐? 못 마땅해하는 눈치다.

동료 요양사가 "내 생각은 달라. 약간의 스펙은 얘기하는 것도 좋아.

요양사를 파출부나 식모쯤으로 생각하는 경우도 있을 수 있으니까 스펙이 있는 게 좋아"라고 한다.

그래 천천히 가자. 미리 걱정할 것까지야 없지 않나 싶었다. 그러나 상황은 피할 수 없었다.

처음 만나면 이것저것 물어보시는데 어찌 거짓말을 할 수가 있겠는가?

"자녀가 몇이요?"

"다섯이요."

"왜 그렇게 많아?"

"입양했어요."

"전에 하던 일은 뭐요?"

"학교 선생이요."

"그런데 왜 이런 일을 하는가?"

"왜 이게 어때서요?"

'난 돈 벌기 위해서 일하지 않는다'라고. 말하면 아무도 믿지 않는다. 그러나 나이 들어 보면 안다 수입 때문도 아니고 소유 때문도 아니다. 일이 중하기 때문이다. 여러 길을 걸어왔지만 이제야 내 길을 찾은 듯싶다.

종종. 어르신이

"선생님, 나이도 많은데 왜 일해? 집에서 쉬어."라고 하신다.

"어르신, 저 어르신 아니면 하루 종일 말 한마디도 안 해요."

"허긴 그래, 나두 선생님 아니면 온종일 말 한마디도 안 해."

그렇다, 우리는 서로 돕는 관계이다.

그동안은 나를 위해 살았다면 이제 노후는 남을 위해 사는 것도 괜찮다 싶다.

하루 24시간 중 네다섯 시간 정도는 남을 위해 쓰는 것도 보람 있는 일일 것이다.

유치원 교사로 피아노 강사로 일하다가 귀촌 후 감자떡 사업하다가 실패하고, 초중고 특수 실무 지도사로 있다가 은퇴 후에는 입양 홍보 강사로 전국 유치원부터 초, 중, 고를 휘젓고 다녔다.

그럴 즈음 요양사 고시(?)를 보라고 누군가 권했고, 낯가림이 심한 나로서는 맞지 않는다고 거절했다.

그런데 지금은 가장 적합한 일을 찾았다고 생각되는 이유는 돈 벌기 위해서도 아니고 일을 사랑해서도 아니다.

다른 사람을 위해서 일하기 때문이다. 이 사람 저 사람 찾아가 예수 믿으라고 말하면 가깝던 사이도 경계를 하며 문전박대당하고 이상한 사람 취급도 받아 봤지만, 지금은 당당하게 들어가 돈도 벌면서 당당하게 복음을 말한다.

때로는 요양 대상자에게 복음을 말했다고 신고당해 센터로부터 경고받을 때도 있지만, 돈벌이로 생각해 본 적이 없기 때문에 그 정도의 일로 스트레스받지는 않는다.

남들은 요양 받을 나이에 요양하러 다니냐고 묻기도 하지만 내 남은 시간은 그렇게 흘러갈 것이다.

돈도 벌고 내가 하고 싶은 일을 하면서 삶을 가장 아름답게 사는 방법을 찾은 것이다.

누군가에게 시간을 내어 주기에 가장 좋은 시간은 바로 지금이다.

오래 사신 어르신들에게 의미 있는 말을 듣고 그들만의 인생 경험을 통해 인격도 성숙해지고 사회성도 발달한다고 여겨진다.

그래서 부모가 해야 할 일 중에 가장 중요한 것은 자녀들과 대화를 많이 하는 것이다. 자녀의 언어능력을 발달시키고 감정적인 교감과 소통으로 감정조절 능력도 커진다.

어르신들이 말 상대가 없어 기억력 감퇴를 촉발하여 치매가 빨리 올 수도 있다고 볼 때 자녀들의 전화 방문은 큰 도움이 될 수도 있다는 생각을 했다.

그래서 일할 수 있는 것은 축복이다. 일을 하지 않고 있었으면 하루에 몇 마디나 하고 살았을까?

어르신들을 상대로 아무 말이나 지껄여야 한다는 것은 판단력과 기억력에 도움이 되며 특히 외골수인 내겐 감성지수 사회성 지수 높이는 데 일조를 하는 셈이다.

우리가 감히 거짓 없이 순수하게 누군가를 섬긴다, 그건 불가능한 것이다.

우리는 누굴 사랑할 능력이 없다. 내게 선이 없고 거짓이 위선이 가득해서 참된 사랑으로 누군가를 섬길 수 있다는 것은 불가능한 것이다.

솔직히 말해 나는 일을 좋아하지 않는다. 집에서 늘 하는 설거지 빨래 청소도 지겨운데 또 그 일을 종일 반복해야 한다는 것은 쉽지 않은 일이다.

그러나 아침에 눈을 뜨면 가야 할 곳이 있고 만나야 할 사람이 있고 해야 할 일이 있어 늘 설렌다.

힘들더라도 거기에서 내 삶의 의미를 찾는다. 거창하지는 않지만 나를 사용하시는 하나님 옆에 생명을 창조하는 창조 사역자로 그냥 서 있는 것이다.

그렇지 않으면 온종일 뒹굴뒹굴 책이나 읽으며 유튜브로 시간을 보낸다. 그럴 경우 눈도 피로하고 온몸이 찌뿌둥하고, 쑤시고 결린다. 노년에 제대로 된 직업을 가지게 된 것이다.

고독은 어른들의 불치병이다. 원래 '고'는 어려서 부모가 없는 것이고 '독'은 늙어서 자식이 없는 것이다. 이 두 글자를 합치면 어른이 되어 삶의 무게를 나눌 상대가 없다는 의미가 된다.

존재란 홀로 태어나 홀로 죽는 것이니 사실 고독은 어른이 아니라 인간의 본질인 거다.

사람은 혼자만의 시간을 두려워한다는 것이다. 일, 게임, 쇼핑, sns, 자녀 사람들은 무엇에건 몰두하지 않고는 견딜 수 없는 것도 외로움 때문이 아닐까?

그렇다면 나는 일을 하면서 어떤 성장을 기대한다. 관계의 성장.

사람들이 종종 나에게 이런 질문을 한 적이 있다

'입양을 결심하게 된 특별한 계기가 있었나요?'라는 질문 앞에 서면 딱히 내놓을 만한 뚜렷한 이유 찾기에 고심을 한다.

결혼 전부터 남편과 '우리 아이는 하나만 낳고 나머지는 둘이든 셋이든 능력 닿는 데까지 입양을 하자'로 서로 합의를 보았다.

결혼 당시 13평 주공아파트에 우리 부부 시어머님 시누이 시동생 5명이 살고 있었다. 얼마 후 시동생은 군 입대 하고 시누이는 결혼을 했다.

아들을 하나 낳고 좀 더 넓은 공간으로 옮겨 주시면 입양을 하겠다고 조건부 서원 기도를 했었다. 그 당시 입양 조건은 아이가 거처할 수 있는 아이 방이 따로 준비되어 있어야 했기 때문이다.

결혼 10년 만에 친정 부모님으로부터 유산으로 집을 한 채 받았고 친정 식구들과 시댁 식구들이 모두 한곳에 모여 살게 되었다. 그러나 서원 기도 한 것도 까맣게 잊고 시간은 흘러갔다.

어느 날 문득 집 주시면 입양하겠다고 기도한 것이 생각났고, 가족들에게 그 이야기를 했을 때 모두들 어이없다는 반응을 하며 친정어머니께서 '무슨 기도를 고따위로 하냐'며 핀잔하셨다.

어느 날 친정어머니는 '가만 생각해 보니 이다음에 하늘나라 가서 하나님이 네 딸이 입양하겠다고 했을 때 왜 반대하였느냐? 물으시면, 대답할 말이 없을 거 같구나, 네가 정 하고 싶다면 그리 하거라' 하고 마지못해 허락을 하셨다.

시어머님께서는 여엉 못마땅하신지 주변에 성공하지 못한 입양 이야기들을 모두 끌어다 전해 주었다.

6세 사내아이를 입양할 때 내 나이 40세였다. 보통은 1년 미만의 신생아를 입양하지만 나의 경우 연장아(큰 아이) 입양을 했다. (보육원에서는 만 6세가 되면 취학을 위해 호적이 만들어지며 시설로 이동하는 제도가 있다.)

그렇게 입양한 아들이 초등학교 5학년이 되었을 때 가장 힘들게 한 것은 도벽이었다.

6세 때까지 돈을 본 적이 없는 아이가 처음 돈을 접했을 때 도둑질이라는 개념 없이 돈이 보이면 다 들고 나간다.

어린 아들이 자기에게 필요한 것을 당당하게 이야기하지 못하고 훔치거나 거짓말을 하거나 억지를 써서 원하는 것을 얻으려고 할 때가 많아 가슴이 아팠다. 가족의 일원으로 사랑받는 가족이라고 생각하지 않고 아직도 자신이 혼자 힘으로 살아가야 하는 고아라고 생각하는 듯했다.

우리도 고아인 나를 하나님께서 자녀로 삼아 주셨는데, 아직도 과거에 매여 확신이 안 서고 나는 안전한가? 하나님이 나를 끝까지 지켜 줄 수 있을까? 신뢰하지 못하고 있는 것과 똑같다.

아이의 환경을 바꾸어 주어야겠다는 생각을 했고, 운영하던 피아노 학원을 접었다. 시어머님과 남편과 큰아들을 서울에 남겨 둔 채 입양한 아들만 데리고 강원도 산골 마을 전교생이 18명인 작은 초등학교로 이사를 했다.

그 당시. 배 아파 낳은 큰아들은 대입 준비로 바쁜 고3이었다.

횡성 기차역. 부근 덕고산 자락에 집을 짓고 단둘이 지내다 보니 아이가 너무 외로워하는 거 같아 세 명의 사내아이를(3세, 6세, 9세) 위탁했다.

그때 마침, 원주에서 감자떡으로 생계를 이어 가시는 노 권사님으로부터 감자떡을 배워 사업을 시작했다.

장사는 처음 해 보는 일이라 고객들이 주는 스트레스로 인해 꼭 1년 만에 녹내장이 와 앞을 볼 수 없게 되었다, 눈이 멀고서야 감자떡 사업에 빠져 방임했던 아이들이 보이기 시작했다.

그날부터 온누리 기독 TV를 틀어놓고 수화찬양 워십댄스와 노래를 함께 부르고 장구와 북 꽹과리를 두들기며 놀았다. 덕고산 자락 동네에서 가장 높은 곳에 위치한 우리 집에서 장구와 북 꽹과리 소리가 산 아래 마을로 퍼지면서 동네 어르신들은 저 집은 매일 저녁 굿 한다고 소문이 돌기도 했다.

그 일로 인해 TV 23차례(서울 17회, 지방 6회) 출연하였고 아이들과 함께 전국으로 공연을 다녔다.

군부대. 양로원. 시립아동보호소 병원 등 나의 본업은 아이들 양육하는 것임이 분명했다.

그러나 나는 관계 중심보다 일에 더 집중하는 일 중심의 사람이라는 심리 평가를 받은 적 있다. 다시 감자떡 사업을 재개하였고 녹내장 수술 3년 만에 이명박 대통령 당선되던 날, 뇌종양으로 또 한 번 위기를 맞는다.

'저희가 길 갈 때에 예수께서 한 촌에 들어가시매 마르다라 이름하는 한 여자가 자기 집으로 영접하였더라. 그에게 마리아라 하는 동생이 있어 주의 발아래 앉아 그의 말씀을 듣더니 마르다는 준비하는 일이 많아 마음이 분주한지라 예수께 나아가 가로되 주여 내 동생이 나 혼자 일하게 두는 것을 생각지 아니하시나이까 저를 명하사 나를 도와주라 하소서 주께서 대답하여 가라사대 마르다야 마르다야 네게 많은 일로 염려하고 근심하나 그러나 몇 가지만 하든지 혹 한 가지만이라도 족하니라 마리아는 이 좋은 편을 택하였으니 빼앗기지 아니하리라 하시니라' (누가 10:38-42)

그랬다 마리아처럼 관계를 더 중요시했었더라면, 하지만 마르다의 육신적인 자아와 타고난 능력과 관심이 분명 우선순위가 뒤집힌 것이다. 실제로 나는 일 땜에 마음을 빼앗겨 마리아처럼 예수님의 연인이 되지 못했던 것이다.

일꾼이 된다는 것은 좋은 일이다. 나도 하나님 나라의 일꾼이다. 하지만 나는 하나님을 위한 일꾼이 되는 것을 우선순위로 삼지 말았어야 했었다. 먼저 연인이 된 후에 훨씬 더 성공적인 일꾼이 될 수 있었으면 좋았을 것을 먼저 사랑하는 자로 부름 받았음을 깨닫지 못하고 있었던 것이다.

병원 침대에 맥없이 누워있던 그날 밤 하나님께서 짙게 깔린 구름을 환상 중에 보여 주시면서 '네가 하는 일 나와 아무 상관 없는 일이다. 모든 영광을 네가 다 받았다.' 하시며 하나님과 나 사이에 끼어 있는 먹구름을 보여 주셨다.

나는 그것이 소명이라고 생각했지만, 하나님께서는 그냥 네가 좋아서 하는 것이지 소명은 아니라고 하셨다. 만일 우리가 신앙생활을 통해 얻고자 하는 것이 이런 것이라면 우리는 그것을 어렵지 않게 얻을 것이다. 사람들의 칭찬을 구했던 바리새인들도 그들의 상을 이미 받았다. 하지만 그것은 참으로 보잘것없는 상이다. 과연 그 상은 힘들게 수고할 만한 가치가 있는 것일까 내 생각으로는 평판을 얻기 위해 그토록 힘들게 수고 하는 건 부질없는 짓이다. 다른 사람들의 평판에 휘둘리는 것은 자신이 비굴하게 아첨하는 기질을 지녔음을 나타내는 것이나 다름없다. 사람들의 평판이란 추구할 만한 가치가 없는 것이다. 거기에 신앙생활의 목표를 둔다는 건 서글픈 일이다. 우리는 스스로 선한 일을 하길 원하지만, 그것을 의지하진 않을 것이다.

깨달아지면서 바로 그때 마음속 깊은 곳에 울림이 있었다.

'네가 무엇을 하든 나하고는 상관이 없다. 네가 무엇을 하든 나는 네 모습 그대로를 사랑할 뿐이다.'

그때 깨달은 것은 언제나 나를 사랑하셨고 내 모습 그대로 나를 받아들이신 것을 이해하게 되었다.

하나님께서는 지금 나의 연약한 모습 그대로를 즐거워하신다는 사실, 내가 승리감에 도취되어 있든지 패배감에 허덕이고 있든지, 그분은 여전히 나를 변함없이 즐거워하신다는 것 말이다. 당신이 즐거워하는 것은 누가 엄청난 일을 행했기 때문이 아니라 그분의 마음은 우리가 진실하게 반응해 주길 바랄 뿐이다. 어려움에 빠져 갈등하고 있든지, 높이 날아오르고 있든지~

'네가 들어올 때는 들것에 실려 들어 왔지만, 나갈 때는 네발로 걸어 나가게 해 줄 것이다.' 분명한 주님의 음성이었다.

그리고 찾아온 평안은 정말 세상이 줄 수 없는 알 수도 없는 그런 평안이었다.

어떤 분이 '저도 입양하고 싶어요. 이다음에 천국 가면 하나님이 너 뭐하다 왔느냐?라고 물으시면 부끄러울 거 같아요.' 하신다.

"권사님 저도 한때는 권사님 같은 생각을 했어요. '내가 입양이라도 해야 조금이라도 주님을 기쁘게 하지 않을까?'라고 생각한 적이 있었어요. 우리가 감히 거짓 없이 순수하게 누군가를 섬긴다? 그건 불가능한 거죠. 우리에겐 누굴 사랑할 능력이 없어요. 내게 선이 없고 거짓이 위선이 가득해서 참된 사랑으로 누군가를 섬길 수 있다는 것은 불가능하다는 걸 입양하고 알았어요. 사실 그것은 우리가 하고 싶어서 하는 것이기 때문에 전혀 희생이라고 할 수는 없는 것이죠. 다만 하나님과 깊은 친밀감을 경험하라는 초대인 것 같아요. 사도바울은 예수님의 아름다움을 경험하는 것이 너무나 고귀한 일이기 때문에 그것과 비교하여 그리스도를 위한 자신의 희생을 배설물로 여긴다고 고백했어요."

두렵지는 않았나요? 후회한 적은 없나요?

"그냥 나는 부족한 사람인데 넘치는 은혜를 부어 주신 것을 알고 나니 입양에 대한 두려움이 사라지더라고요. 입양은 누구를 위한 것이 아니라 바로 나 자신을 위한 것이지요. 자신의 연약함을 발견하게 되는 최고의 선물입니다.

정체성 혼란으로 방황하는 아이들을 통해 나의 정체성을 찾아간다는 것은 큰 축복입니다. 너와 나 그리고 우리 모두는 '하나님께서 사랑하시는 자'라는 것입니다. 건강과 사역을 잃어버릴 수도 있고 영적 공격을 받아 관계가 깨어지고 부서질 수도 있어요. 하지만 우리는 사랑받는 자임을 확실히 알 뿐만 아니라 사랑하는 자가 되기를 추구한다면 하나님 보시기에 성공한 거 아닐까요?

매 순간 하나님의 도우심이 간절하고 특별히 정해진 기준이 없는 일에는 더더욱 그러하지요."

가족들의 눈치가 보인다는 권사님께. 가장 큰 훼방꾼은 우리의 환경이 아니라 나의 내면입니다. 내가 죄인이라는 것을 깨달을 수 있는 방법이기도 하고 어렴풋하고 희미하게라도 하나님을 아는 방법이기도 합니다. 입양은 자기 이익만 구하는 말씀에 반하는 것입니다. 입양은 사랑받는 자인 동시에 사랑하는 자입니다. 사랑할 수 있는 능력은 우리가 얻을 수 있는 최고의 보상 아닐까요? 나를 향한 그분의 계획이 있었다고 생각돼요. 신랑 되신 예수님과의 관계를 더욱 깊어지게 하는 것은 우리를 향한 그분의 계획을 온전히 아는 것이 가장 좋은 방법인 거 같아요. 저는 우리 입양가족들을 대할 때마다 자원하여 하나님을 사랑하는 자들인 거 같다는 생각을 해요. 하나님을 사랑하려고 몸부림치는 일꾼이 아니라 하나님을 사랑하는 그분의 진정한 연인이 되는 거죠. 예수님의 무릎 앞에서 말씀을 사모하는 마리아처럼 그게 나의 정체성이 아닐까 합니다. 전사가 되기 이전에 하나님의 신부, 연인이 되어야 하고 그 후에 전사로서 전쟁을 수행하는 것이죠.
　먼저 연인이 된다면 훨씬 더 성공적인 일꾼으로서 역할을 잘 할 수 있을 것입니다.

이는 너를 낮추시고 너를 시험하사 네게 복을 주려 하심이라

　위에 네 아들들은 사춘기가 있었는지 가물가물 기억도 잘 안 나는데 중1 때부터 시작된 막내딸의 사춘기는 4년 여피를 말리는 듯한 고통을 안겨 주지만 그럴 때마다 나를 입양하신 하나님 아버지의 마음이 이렇겠구나! 하며 견디어 낸다.
　나 같은 것도 자녀 삼아 주셨는데 나 같은 것도 참아 주시고 용서해 주셨는데 하면서 말이다.
　딸의 가출로 내가 치료를 받아야 할 위기가 되었다. 상담하는 선생님이 '딸을 포기할 수 없는 특별한 이유라도 있나요?'라고 물으셨다. 그 질문이 나를 당황시켰지만 조용히 생각해 보았다. 나의 대답은 내 생애에 가장 잘한 선택이 첫 번째 하나님이고 두 번째 입양이고 세 번째가 막내딸 포기하지 않은 것입니다'라고 답했다.

막내딸은 자기를 끝까지 포기하지 않은 엄마가 좋고, 엄마는 자기가 돌아가실 때까지 잘 모실 거라고 종종 진심인지 아부인지 모를 말을 한다. 진심이길 기대하면서 노후 준비는 제대로 한 것 같다.

그래서 세상에서 가장 가치 있는 일은 사람 키우는 것이 아닐까? 생각한다.

상처를 주는 것도 사람이지만 결국 우리를 일으켜 세우는 것도 사람인 거 같다. 우리나라는 머리 검은 짐승은 집안에 들이지 말라는 아주 몰상식한 속담인지 격언인지 모를 뉘앙스 때문에 입양 문화가 낙후되어 있고 주변에 입양을 두려워하는 이유이기도 하다. '그 아이로 인해 우리 가정이 힘들어 지면 어떻게 하지?' 하고 망설이다가 입양 기회를 놓치고 후회하는 분들을 종종 만난다.

입양 두려워하지 마십시오. 내 짐은 하나님이 지고 간다는 사실입니다. 나는 따라가기만 하면 됩니다.

성경에 사람이 감당할 시험 밖에는 너희가 당한 것이 없나니, (고전 10:3) 우리나라 속담에도 그와 비슷한 얘기가 있다.

'소에게 감당할 만큼의 짐만 지운다.' 전쟁으로 피난을 가면서 소에게 잔뜩 짐을 싣고 가던 중, 소가 미끄러지거나 발이 삐끗하며, 발톱 조각이라도 떨어져 나가면 다시는 못 일어난다, 군인들이 달려들어 살코기만 다 뜯어 갔다는 이야기를 들으며 소에게도 감당할 만큼의 짐만 지운다는 조상들의 지혜를 떠올린다.

고린도후서를 읽으면서 우리가 환난 당하는 것도 너희로 위로와 구원을 받게 하려는 것이요 고난에 참여하는 자에게 견디게 하시고 위로를 주신다.

고난을 당해 보지 않고서는 누릴 수 없는 여러 가지 유익들이 있다. 종종, '저 집엔 왜 저리 고난이 많아?' 그러나 '최악의 상황이 올 때마다 최고의 간증을 낳는다'는 기대감이 늘 있었다.

양은 길을 잘 잃어버리는 습성이 있다. 게다가 어떤 양은 습관적으로 목자의 손길에서 자꾸만 이탈하려고 한다. 그 상황을 목자는 인내로 지켜보다가 마침내 이탈하려는 양의 다리를 막대기로 세차게 가격한다. 다리를 잠시 절게 하더라도 자기 옆에 두어야 그 양이 안전하기 때문이다. 내게도 그런 하나님의 손길이 있을 수 있다. 간혹 회초리를 맞아 다리가 부러지는 것 같은 상황에 처해도 낙심하지 말라시며, 그 일은 나를 바른길로 인도하려는 하나님의 선하신 뜻 아래에서 벌어지는 일이기 때문이다.

세 번째로 많은 질문은 '부자세요? 그 많은 아이들을 무슨 돈으로 키우시나요? 나라에서 돈을 주나요?'라고 묻는다.

부자는 입양 잘 하지 않는다.

0.1%(?) 정도 될까? 통계가 있는 건 아니지만 입양모임에 가 보면 그런 거 같다.

기독교가 8~90% 나머지는 천주교 불교 순인 거 같다.

아이는 돈으로 키우는 게 아니다.

커피콩 얘기가 있다. 원두 콩에는 혹간 작은 구멍이 있어 그것을 골라내야만 한단다. 곰팡이 균이 있어 커피 맛을 망친다고 한다.

그걸 고르자면 눈이 아플 정도라는데 그래도 없을 때까지 고르고 또 고르고 좋은 커피 맛을 내기 위해서이다.

마찬가지로 우리도 우리 속에 죄가 없어질 때까지 자꾸 들여다보아야만 한다.

나를 너무나 잘 아시는 그분께서 나를 변화시키는 방법으로 입양을 선택한 것이 아닌가 생각이 들곤 한다.

아이를 잘 키우려고 애쓰다 보면 스트레스 받고 내가 아프다.

내가 아프면 아이들을 돌볼 수가 없다. 그래서 다 맡길 수밖에 없다.

내 주변엔 온통 신실한 종들로 둘러싸여 있어서 자동으로 착한 컴플렉스에 빠져 있다.

아버지, 오라버니, 형부, 아들, 집안의 대부분의 남자들은 모두 목회자이기 때문이다.

그러나 입양을 하지 않았더라면, 계속 착한 척 가면을 쓰고 살았을 것이다.

어떤 느낌인가 하면 시골에 가면 구정물 통이 있다. 온갖 음식물 쓰레기와 쌀뜨물을 모아 놓는 곳이다.

시간이 흐르면서 모든 것이 아래로 가라앉으면 위에는 맑은 물이 된다. 그것을 따라내고 밑에 남은 찌꺼기를 돼지에게 갖다준다.

종종 막대기로 그 맑은 물을 휘저으면 갑자기 가라앉았던 꽁치 대가리 김치 쪼가리 콩나물 대가리들이 마구 떠오르며 금방 뿌연 구정물로 변한다.

내 마음 밑바닥에 가라앉아 있던 온갖 악한 것들이 떠오르며 '나 하나님의 딸 맞아?' 하며 자신을 살피게 된다.

맹수일수록 두려움이 많다는 거 아시나요?

우리가 경계해야 할 것이 좋은 환경에서 고난 없는 신앙생활이 우리를 익숙해지게 하고 그것이 축복이라고 생각하는 것은 아주 위험하다.

그래서 입양은 두려움이 아니고 축복이다.

신애라 씨는 딸 둘 입양했는데 그분은 '입양은 선교다'라고 정의를 한다.

입양은 아골 골짜기다. 고난을 통해 내가 진짜인지 가짜인지 담금질 된다는 것이다.

나는 수도 없이 '아! 나는 가짜였네'를 외쳤다.

나는 부자는 아니다. 그러나 부자가 되는 비법을 최근에 터득했다.

신학적으로 근거를 두고 하는 얘기는 아니다.

우리 몸의 암세포는 이리저리 돌아다니다가 그 사람의 가장 약한 부분을 공격한다(의학적 근거 없음, 개인 의견).

고난도 마찬가지인 거 같다. 사랑하는 사람을 잃거나 병으로 몸이 고통스럽거나 파산하거나 나의 경우는 인격적으로 모욕을 당할 때 가장 견디기 힘든 거 같다.

지난 4년 동안 어떤 분이 엄청난 인격적인 모욕으로 공격을 해 왔다. 그때가 나의 삶에서 가장 어두운 부분이 아닐까? 생각한다.

우리의 약점은 마귀의 공격하기 좋은 목표물이다.

그 이유가 무엇일까? 생각해 보니 시기 질투 때문이었다. 사랑의 반대말은 시기 질투이다. 내게서 시기 질투만 사라져도 난 충분히 사랑할 자격이 있는 사람이다.

김병삼 목사님이 '猜'(시)라는 글자가 개(犭)과 푸를 (靑) 이 합해진 한자어인데 개가 푸르다는 것은 화가 났다는 뜻이고 '忌(기)' 자는 부들부들 떠는 것을 말한다고 한다.

사람들이 온통 시기 질투로 화가 나서 부들부들 떤다는 것이다.

사람들이 공격해 올 때 이유는 그거 하나예요. 질투라는 놈 때문에 화가 나서 참을 수가 없는 겁니다.

그래서 우리는 질투에 지배당하지 않도록 항상 주의를 살펴야만 합니다.

그리고 '질투가 나서 시기하는 거구나' 하고 깨닫게 되면 미움보다는 상대방이 불쌍하다는 생각이 들고 긍휼의 마음을 가지게 됩니다.

예수님 당시에. 제자들도 그랬고 가롯유다 가인 사울 왕 요셉의 형님들 모두 질투 때문에 망한 것 아닙니까?

시기 질투는 상대를 피고석에 세우고 판사의 자리에 앉아 하나님을 향해 악하다고. 불평하는 것과 같습니다.

시기심은 원죄의 일부이며 아담과 하와를 하나님과 비교하도록 유혹하였습니다.

상대적 빈곤감이 발동된 것이죠. 시기를 잘 관리하지 않으면 혼동과 파괴의 문이 됩니다.

약 3:16. '시기와 다툼이 있는 곳에는 혼란과 모든 악한 일이 있음이라' 우리 속담에 '남의 떡이 더 커 보인다', '남의 정원이 더 푸르러 보인다.'라는 속담이 말해 주듯. 타고난 죄성에서 비롯되는 것이죠.

내 속에 시기심을 인정하지 않으면 질투로 바뀝니다. 그런데 대부분의 사람들이 정의로 착각하고 공격성과 분노를 동반하게 되는 것이죠.

시기심을 인정하지 않으면 정의라는 이름으로 단죄하는 대상이 하나님이 되는 것입니다.

하나님 당신은 틀렸습니다. 잘못하고 있습니다. 저런 사람에게 저런 직분 지위 경제력 말도 안 됩니다.

우리의 질투와 시기심은 고통과 슬픔을 함께할 능력을 상실하고 좋은 일에 같이 기뻐할 능력이 없습니다.

시기가 다툼과 만나면 마귀 적이고 파괴와 혼돈을 일으킬 수 있는 열린 문이 됩니다.

시기심은 자연적인 조건입니다. 그래서 반드시 관리가 필요합니다. 정의에 가면을 쓴 시기는 "삶은 공평하지 않습니다. 선하지도 않습니다. 시기는 열등감과 열패감에서 시작됩니다. '부러우면 지는 것이다'라는 말이 있습니다.

사람을 이기려 하지 말고 악에게 이기려고 해야 합니다.

악에게 이기는 방법은 고백하므로 겸손으로 시기심을 잘 관리해야 합니다."라고 말씀을 맺었다.

그래서 누군가 시기 질투하면 저 사람이 나를 부자 만들어 주려고 하는구나. 생각하는 버릇이 생겼다.

한 여인이 최근에 내게서 많은 재물을 뺏어 갔다. 성경을 읽다가 신명기 8장에서 그 답을 찾았다. '여러분이 속으로 '내가 부자 된 것은 내 힘과 능력 때문이다'라고 생각할지도 모르겠소, 여러분이 착하고 정직해서가 아니라 그 상대가 악하기 때문이요. 왜냐하면 여러분은 악하고 고집 센 백성이기 때문이요.'

지난 4년 동안 예상치 못한 일들이 주변에서 벌어졌다. 요즘 건축비가 비싸서 웬만하면 집 짓는 일은 잘하려고 하지 않는다고 한다.

수입이 늘어난 것도 아니고 생활비를 절약한 것도 아니다. 지금 나라 경제는 IMF 때보다 코로나19 때보다 더 어렵고 힘든 시간을 보내고 있다고 한다.

어느 날부턴가? 마이너스 통장이 플러스로 돌아섰고 돈이 자꾸 쌓였다. 그녀가 괴롭히는 지난 4년 동안 집을 네 채나 지었고 또 하나 지으려고 준비 중이다. 그 이유를 무엇으로도 설명할 수가 없다. 두 채는 외국인들에게 세를 주고 두 채는 우리 가족이 살고 있다, 이제 다섯 번째 집을 수리 중이다.

해외에 나가서 선교를 하지 않더라도 우리나라에 들어온 외국인 근로자들에게 친절을 베풀고 그 나라 말로 된 성경책을 나눈다.

그들이 고국에 돌아갔을 때 혹시라도 선교사를 찾아가지 않을까 하는 기대가 있다.

막내딸 학교에 특강을 가다(샬롬자유학교)

'숲속에 두 갈래 길이 있었습니다. 나는 인적이 드물고 풀이 무성하게 우거진 길을 택했습니다. 먼 훗날 이 선택은 저의 모든 걸 바꾸어 놓았습니다.' 프로스트의 '가지 않은 길' 시의 한 대목입니다.

아침 식탁에서 어린 딸이 쌩뚱맞게 설문조사를 한다며 내게 물었습니다.

"엄마는 둘 중에 하나를 선택해야 한다면? 할머니, 이모, 아빠, 오빠들하고 그리고 나, 둘 중에 누구를 선택할 거야?"

"글쎄, 엄마의 의무는 가족 모두를 공평하게 돌보는 게 의무 아닐까?"

"그래도 한쪽만 선택하라면?"

"너무 어렵다. 하나님한테 물어봐야겠다."

그러고 보니 저는 가족을 여러 번 버렸습니다. 23년 전 시어머님과 남편 그리고 큰아들, 세 사람을 서울에 두고 입양한 둘째 아들만 달랑 데리고 이곳 횡성으로 이사했습니다.

그리고 불과 몇 년 전 학교 부적응 막내딸 데리고 전국 어디든 아이에게 맞는 학교를 찾아 떠나려고 했었습니다. 돌다 돌다 정착한 곳이 바로 샬롬자유학교입니다.

딸의 두 번째 질문은? "100평짜리 아파트와 100평짜리 농사 땅 어느 거 선택할 거야?"

"농사 땅."

"왜?"

"아파트는 심심하니까."

그러고 보니 23년 전 귀촌하면서 잠실 집을 버렸습니다. 천정부지로 올라 버린 요즘도 종종 친정 가면 '후회 안 해?'라고 지인들은 묻습니다.

딸의 세 번째 질문은

"길이 두 개야 하나는 좋은 길 하나는 가시덤불 길 어느 길로 갈 거야?"

"가시길."

"왜?"

"좋은 길은 재미없을 거 같아."

"엄마는 모험을 좋아하는구나!"

네 번째 질문입니다.

"지금처럼 이런 집에서 살 거야? 부잣집 좋은 집에서 살고 싶어?"

"지금 집."

"헐."

지금 살고 있는 집은 화전민을 위해 군에서 지어 준 흙집입니다. 투자가치도 없는 집에다 뭣하러 돈을 쓰느냐며 그 '돈이면 아파트 사서 편히 살지' 하며 나의 어리석음에 가족들은 '쯧쯧쯧' 혀를 찼습니다.

"너 이 설문지 어디서 구했어?"

"없어 내가 지어낸 거야 검색해 봐. 구글에도 없을걸!"

사람들이 종종 나에게 이런 질문을 한 적이 있어요.

'왜 입양했냐고?'

입양은 가시 길, 그래서 누구나 가고 싶지 않은 길 그래서 가 보고 싶은 길 마음이 끌렸던 겁니다.

오늘처럼 이렇게 갑자기 '특강을 부탁합니다'라고 하면 선뜻 '네, 할게요!'라고 응답하는 친구들 제 주변에 많지 않습니다.

왜냐하면 나만의 특별한 스토리가 없기 때문입니다. 오늘 저는 여러분에게 나만의 특별한 스토리가 있는 인생을 사는 방법에 대해 이야기하고자 합니다. 우리 막내를 만난 것은 제가 뇌종양 4년 차일 때였습니다. 부모가 건강하지 않으면 입양할 수 없는 조건에도 불구하고 원장님은 저의 큰아이들을 보시며 저의 건강과는 상관없이 우리 막내가 가도 되는 가정이라고 판단하신 겁니다. 막내딸과 함께한 2년이 지나, 6년 차 되던 해, 저는 뇌종양 완치 판정을 받게 되었습니다. 의사 선생님은 방사선 효과라고 말씀하셨지만, 저는 막내와 2년 동안 웃고 지낸 웃음 치료 효과라고 주장하고 싶었습니다.

입양이라는 것 때문에 박근혜 대통령으로부터 국민훈장 동백장을 받기도 하고 TV에 23차례 불교방송만 빼고 거의 다 출연할 정도로 저의 인생은 평범하지 않았습니다.

국민훈장 동백장을 받을 때에도 입양했다고 다 주는 것이 아니고 스토리가 분명하게 있어야 합니다. 여러 후보들을 놓고 스토리의 강도에 따라 대통령상 국무총리상 보건복지부장관상으로 나뉘기 때문입니다.

저는 입양 가족 중 가장 오래된(입양아들이 군 복무 중) 그리고 장애인입양과 나이 많은 엄마(엄마 58세 딸은 4세)라는 것 때문에 높은 점수를 주었던 거 같습니다.

그런데 저의 TV 방송이 멈추어진 계기가 있었습니다. 입양한 둘째 아들 35세가 결혼을 하게 되면서 TV에 나가지 않겠다고 했습니다. 그 이유는 나는 괜찮지만, 아내와 자식들을 지켜야 하기 때문이라고 했습니다. 우리 모두 동의했습니다. .우리 가족 이야기의 중심은 늘 둘째 아들의 사춘기로부터 시작되는데 그 아들이 싫다고 하니 방송에 나가, 할 이야기가 없는 겁니다.

그래서 그 아들이 없는 상황에서 마지막으로 한 방송이 2019년 아침마당 '도전 노래자랑!'을 끝으로 방송 생활을 끝냈습니다.

그렇다고 여러분도 저처럼 입양해서 특별한 삶을 살라는 건 아닙니다. 여러분들은 지금 충분히 특별한 삶을 살고 있다고 생각합니다. 인생은 두 가지가 있다고 합니다. 외적인 치장에 관심이 많은 상품 인생과 내적인 단장에 관심이 많은 작품 인생이라고 합니다, 여러분은 이미 샬롬 학교를 통해 작품 인생에 돌입한 것이나 다름없다고 봅니다.

저는 딸에게 대한민국에 그런 학교는 하늘 아래 없고 그 나이에 그렇게 다양한 경험을 하는 너희들은 축복받은 아이들이라고 늘 말합니다.

현대병은 외로움이라고 합니다. 누군가 내 이야기에 귀 기울여 들어 주는 사람이 없다는 것입니다. 요즘 식당 풍경이 가족들이 모두 핸드폰만 들여다보고 서로 얼굴 마주 보고 대화를 하지 않는다는 것입니다. 우리 딸의 사춘기의 원인이, 바로 그 외로움이었습니다. 그런데 샬롬학교에 와서 그 외로움이 사라지니 사춘기도 사라졌습니다.

일반 학교는 수족관 속에 물고기와 같습니다. 두꺼운 유리벽처럼 학교라는 울타리에 갇혀 보호라는 이유로 가두어 놓은 것이지요.

그러다 어른이 되면 수족관의 유리 벽을 깨고 세상에 나가면 수족관 밖으로 내던져진 물고기처럼 헐떡이며 힘들게 살아가죠

따뜻한 물도 밝은 조명도 주어지는 먹이도 더 이상 없습니다. 자유로울 수는 있어도 스스로 통제하지 못하면 걷잡을 수 없이 무너질 수밖에 없다는 의미입니다.

여러분의 학교 샬롬 자유 학교는 수족관이 아닌, 바다에 물고기처럼 자유롭게 세상을 경험하고 바라봅니다.

특수층이란, 어떤 부류의 사람을 말하는 걸까요?

돈 많은 부자? 지위가 높은 권력자? 많이 배운 사람? 그런 사람은 어디서나 만날 수 있습니다.

요즘엔 책 읽는 사람이 많지 않습니다. 책을 읽는 사람이 특수층이 아닐까요?

제가 어렸을 때는 취미가 뭐예요?라고 물으면 망설임 없이 '독서요'라고 말하면 당연하게 받아들였습니다.

그러나 지금은 '취미가 독서입니다.'라고 말하는 것이 망설여지는 시

대를 맞았습니다.

전 세계적으로 한 달 독서량을 통계를 낸 것이 있습니다.

미국 6.6권 일본 6.1권 프랑스 5.9권 중국 2.6권 한국 0.8권, 그렇다면 우리나라는 세계 몇 위쯤 될까요? 166위로 한 달에 한 권을 읽지 못하는 국가가 한국입니다.

독서율 하락에 영향을 주는 요인으로 '일 때문에 시간이 없어서'라는 응답이 가장 많았고 다음으로 '다른 매체 콘텐츠 이용'이 많았습니다.

독서가 중요한 것은 알지만 다른 유혹이 너무 많죠. 그러나 한 달에 1권의 책을 읽으면 더 나은 삶을 살 수 있습니다.

책을 읽는 문화는 전 세계적으로 중요한 역할을 하며 우리나라 역시 독서를 중요시하는 부류가 중요한 역할을 하고 있는 특수층입니다.

그럼에도 불구하고 우리나라 사람들의 평균 독서량은 8.4권 한 달에 0.8권 한 권도 채 안 됩니다.

그러나 갈수록 독서량은 점차 줄어드는 추세라고 합니다.

핸드폰이나 다양한 디지털 기기 사용 증가가 영향을 미친 것으로 분석됩니다.

연령별로는 20-30대에 가장 적고 50대 이상은 과거 읽던 버릇이 아직 남아 있어 많이 읽는 편이라고 합니다.

책을 읽지 않는 이유는 시간 부족 디지털매체 의존도 핸드폰 TV가 독서량의 감소 요인으로 보고 있습니다.

우리 기독교인들에게는 독서가 아주 중요합니다. 책을 읽는 사람이 성경책도 읽는다는 통계가 나왔습니다.

　딸이 사춘기가 왔을 때, 저는 갱년기로 소통의 부재로 몸살을 하던 때가 있었습니다. 말이 좀 이상하긴 하지만 '사춘기 지랄 총량의 법칙'에 대해 딸과 함께 검색해 보았습니다.

　사춘기란? 지금까지와는 다른 새로운 시작을 하는 시기를 말합니다. 당연히 지금까지 내가 알던 아이가 아닌 낯선 아이가 내 앞에 있을 수밖에 없습니다. 살아 보면, 봄이 내내 지속되지는 않으니 사춘기 기간은 부모도 아이도 성장하는 동안 참고 기다려야 합니다.

　'지랄 총량의 법칙'은 누구나 평생 지랄하는 양이 비슷하다는 말로 아이들에게는 사춘기라는 이름으로 시작되는 것 같습니다. 가장 중요한 것은 '옆집 아이처럼 생각하세요'입니다.

　'서로의 생각이 일치하거나 서로가 만족할 수 있는 이상을 발견하는 것이 아니라 가야 할 올바른 방향을 향해 각자 달려가는 것입니다.'라고 적혀 있었습니다.

　나의 생각을 내려놓고 나의 한 가지만을 고집하지 않고 사방에서 생각해 보는 것이죠.

　딸의 생각은 중요하지 않고 내 뜻이 관철될 때까지 고집을 부리는 건 아닌가? 내 뜻과 내 생각만으로는 서로 소통할 수 없다는 것을 알게 되기까지 꽤 많은 시간이 걸렸습니다.

　지금은 조급해하지도 말고 내 생각대로 되지 않는 것에 대해 안달하지도 않고 아픔의 시간이 지나가도 그 길이 결코 잘못되지 않았다는 확신이 섰습니다.

　나와 너무나 다른 딸, 마치 모자이크처럼 서로 다른 조각 하나하나 아름다운 하나의 그림을 만들어 가는 것이 진정한 소통이라는 것을 알게 되었습니다.

　솔직히 말해 딸아이가 정체성 혼란에 빠져 난리를 치는 동안 저의 정체성을 제대로 찾았다는 것은 놀라운 일 아닙니까?

　나는 누구인가? 나는 안전한가? 생부모도 나를 버렸는데 내 어머니는 나를 버리지 않고 끝까지 지켜 줄까? 끊임없이 엄마를 시험하고 확인하려는 몸부림이었습니다.

　고아인 나를 하나님께서 자녀로 입양해 주셨는데 나는 아직도 과거에 매여 하나님 아버지를 신뢰하지 못하고 염려하고 근심하고 두려움에 사로잡혀 있는 나를 발견하게 됩니다.

　딸에게 질질 끌려가는 나, 주도권을 쥐고 강하게 밀어붙이는 나, 어느 것이 진정 나인지 심각하게 고민하던 때가 있었습니다.

　딸은 하나님의 자녀이고 그분의 작품이라는 걸 알고 나 또한 나는 그리스도인이고 하나님께서 나에게 약점이 있음에도 불구하고 우리를 즐거워하시고 좋아하신다는 것은 어떤 사람에게는 받아들이기 힘든 사실이지만, 입양을 통하여 나는 정말로 내 자신이 하나님께서 총애하시는 이들 가운데 속한다는 사실을 믿기 시작했던 것 같습니다. 아이와 나를 분리해서 생각하기 시작한 것입니다

　입양 가족들이 한곳에 모일 때는 더욱 그랬습니다, 나 같은 것도 입

양해 주셨는데 그럼에도 불구하고 무조건 자녀로 받아 주셨는데~

내가 하나님이 총애하시는 사람들 가운데 한 사람이라는 진리를 더 깊이 이해하게 되고 그분이 정말로 나를 좋아하신다는 생생한 진리를 붙잡을 때 그런 진리는 나로 하여금 삶을 즐거워할 수 있도록 도와주는 핵심적인 기초 진리가 되었습니다.

영적으로 둔감한 내가 하나님의 능력으로 그분을 사랑할 수 있게 되었다는 것입니다.

'맞다. 나는 그분을 불완전하게 사랑하고 있지만, 훨씬 그분을 더 사랑하고 실패와 갈등이 무엇인지 잘 안다. 하지만 동시에 하나님의 인자하시고 자비하신 품에 안기는 것이 무엇인지도 알고 있다.'

문득 든 생각은 바보처럼 살았지만, 바보를 이끄시는 우주를 다스리는 분에 의해 기적의 일상을 토로하고 있었습니다. 그리고 아이와의 첫 만남 첫사랑을 찾아 여행을 떠났습니다.

그때의 아이의 모습은 무엇이든지 잘하려고 인정받으려고 그리고 칭찬을 듣기 위한 몸짓으로 늘 피곤할 정도로 최선을 다하는 안타까움, 안쓰러울 정도로 사랑스러운 그런 모습이었습니다. 사춘기가 오면서 아이는 그 착한 가면을 벗어 던지고 극도의 정체성을 표출하기 시작했던 것입니다.

사춘기 청소년의 뇌를 자세히 살펴보면 파충류의 뇌가 같다는 거 아세요?

도 가운데 가장 높은 도는 '냅도'랍니다. 내가 모자라고 부족하고 실패와 좌절 속에 빠지면 빠질수록 더 많은 시간을 필요로 하는 것이죠.

이것이 무슨 뜻인가 하면 내가 정체성을 찾지 못하고 헤맬수록 아이의 사춘기는 점점 더 길어질 수밖에 없다는 뜻입니다.

저는 정체성을 찾았을까요? 네, 찾았습니다. 그래서 저는 아이의 사춘기가 고마운 이유입니다.

아담이 선악과를 먹었을 때 하나님은 "아담아! 네가 어디 있느냐?"고 물으셨습니다.

우리는 자신에게 늘 '나는 지금 어디에 있지? 왜? 뭐 때문에?'라고 물어야 합니다.

행복하세요? 행복의 이유는 뭐라고 생각하세요? 돈이 많아서 무엇이든지 다 가질 수 있는 것이 행복일까요?

돈이 없어도 무엇이든지 내가 원하는 것을 다 가질 수 있는 비법을 여러분에게 알려 드릴려고 합니다.

성경 말씀 중에 '이 모든 것을 너희에게 더하시겠다' 약속한 말씀이 마태 6장 33절에 있습니다.

그런데 조건이 있습니다. '먼저 그의 나라와 그의 의를 구하면'입니다.

그렇다면 여기에서 '그의 나라와 그의 의'는 무엇일까요? 제자 훈련을 받으면서 그것이 하나님의 뜻이라는 걸 알게 되었습니다.

그렇다면 하나님의 뜻은 무엇일까요? 주일학교 예배에서 찬송을 부르다가 그 답을 찾았습니다.

'항상 기뻐하라 쉬지 말고 기도하라 범사에 감사하라 이는 예수 안에서 우리에게 향하신 하나님 뜻이니라'

어떻게 항상 기뻐하고 쉬지 말고 기도하고 범사에 감사가 가능할까요? 그건 예수님이나 가능하다고 치부했던 적이 있었습니다.

그런데 가운데 쉬지 말고 기도하면 항상 기뻐할 수 있고 범사에 감사가 가능해진다는 걸 깨달았습니다. 어떻게 쉬지 말고 기도할 수 있을까요?

성경 말씀에 '염려하지 마라 근심하지 마라 걱정하지 마라 두려워하지 마라' 명령이 365번 나온다고 해요.

1년 365일 근심 걱정, 하지 않는 방법은 염려되는 일 두려운 일을 모두 기도로 바꾸는 것입니다.

기도할 때 우리는 자기 자신과 근심거리, 집착과 자기만족으로부터 벗어날 수 있기 때문입니다. 그것은 하나님의 사랑 안에서 모든 것이 새로워질 것이라는 단순한 믿음을 가지고 우리 자신의 것이라고 여겼던 모든 문제를 하나님께 내어 맡기는 행위입니다.

기도는 여쭙는 것입니다.

육신의 아버지도 감당할 수 없는 모든 일들을, 하나님 아버지는 다 들어주시고 대답해 주신다는 사실을 여러분이 안다면 기도를 안 할 이유가 없겠지요.

염려하는 것은 이방인이나 하는 것이고, 믿음이 적은 자들이나 하는 것이라고, 기록되어 있고, 그 후에 나오는 말씀은 '구하라 주실 것이요, 찾으라 찾을 것이요, 문을 두드리면 열릴 것이라'입니다.

우리가 하는 기도 내용을 보면 나의 주된 관심사가 무엇인지를 점검할 수 있습니다.

그래서 당신은 모든 것을 다 가지셨나요?라고 묻고 싶으시겠지요? 네 저는 다 가졌습니다.

여러분들이 듣기에 교만하게 들릴 수도 있지만 행색으로 보아서는 뭐 하나 변변히 가진 거 같지 않은데 말입니다.

저의 성향은 실수도 많이 하고 그런 탓에 늘 긴장이 되어 실패도 많이 합니다.

그래서 과거엔 걱정이 팔자인 사람이었습니다. 그 결과 눈이 안 보이는 녹내장도 앓아 보았고, 뇌종양으로 수술도 받았습니다.

그러나 6년 만에 뇌종양 완치 판정을 받았고, 눈도 0.2, 0.3의 시력을 가지고도 안경 없이 일상생활이 가능합니다.

어떤 문제 앞에서도 숙제 잘하는 학생처럼 문제를 풀어 나갑니다. 그리고 질문합니다. 풀릴 때까지 하나님은 당신의 자녀가 숙제를 못해 끙끙대게 내버려 두시지 않는 진정한 아버지입니다.

정말 당신은 염려근심을 하지 않습니까? 그걸 어떻게 증명할 수 있습니까?

22년 전 녹내장으로 눈이 멀었을 때도 그리고 19년 전 뇌종양으로 쓰러졌을 때 그 원인은 사업 부진으로 생긴 근심 걱정이었습니다. 잠언에 근심은 뼈를 썩게 한다는 말씀이 있습니다.

바보가 아닌 이상 어떻게 근심 걱정이 없을 수 있습니까? 주변에서 건강의 비결이 무엇이냐는 질문을 종종 듣습니다. 70이 넘은 나이에 아직 지병이 없고 뼈에 이상이 없다는 것이 그 증거입니다. 근심이 백해무익하다는 것을 알게 된 이후부터 근심을 멈출 수 있었습니다.

근심은 기도하라는 명령입니다. 우리의 생각이 곧 기도입니다.

강의를 끝낸 후, 마태복음 6:33 들어가기 전에 "여러분 행복하세요?"라고 물었다. 한 남학생이 자신 있게 '네'라고 답했다. 그 아이를 보는 순간 매우 놀랐다. 일반 학교에서는 놀림감이 될 수도 있는 특별한 외모를 가지고 있었다. 그 아이가 행복하다면 정말 좋은 학교다. 그 이유를 물었다.

좋은 친구들이 늘 곁에 있어서 행복하다고 했다.

또 예쁘게 생긴 여자아이가 우울하게 앉아 있다가 강의가 끝나니 얼굴이 환해지며 말했다. 저는 근심 걱정이 많아 늘 마음이 편하지 않았는데, 이젠 그런 거 하지 않을 거라며 편해졌다고 했다. 전에 그 여학생의 아버지를 만난 일이 있다. 어머니는 교수이고 아버지는 꽤 좋은 회사에 다니고 있었다. 외국에 머물며 딸은 외국어에 능통했고 사진작가로도 손색이 없을 정도로 다양한 달란트를 가지고 있는 아이였다. 그런데 언제부턴가 학교에 적응 못 하고, 부모와의 갈등이 고조되어 지금의 학교로 오게 되었다고 들었다.

아이들은 입을 모아 말했다. 에스더가 오자마자 자기는 입양된 아이라고, 자기소개를 해서 친구들이 많이 놀랐다고~ 어디서나 당당한 나의 딸, 자랑스러운 내 딸 덕분에 특강도 하고 아이들이 행복을 찾아가는데 길잡이가 된 것 같아 무거운 마음으로 갔다가 가벼운 마음으로 돌아왔다.

전도 편지

나의 전도는 편지를 통해 이루어집니다. 신약성경 절반이 전도 편지라는 사실이기 때문입니다.

예수님은 신화 속 이야기가 아닙니다. 사람들이 상상으로 만들어 낸 존재가 아닌 실제로 존재한 분이셨습니다.

현재 전 세계에서 예수 그리스도의 탄생을 기점으로 기원 전(B.C.)과 기원 후(A.D.)를 구분하는 달력을 사용하고 있잖아요.

A.D.는 우리 예수 그리스도의 해라는 의미이고 B.C.는 (Before Christ) 말 그대로 예수 그리스도가 태어나기 전이라는 의미입니다.

예수님은 2천 년 전에 이 땅에 와서 죽으셨고 부활하셔서 지금도 살아 계신다는 사실입니다.

롬 14:9. 이를 위하여 그리스도께서 죽었다가 다시 살아나셨으니, 곧 죽은 자 와 산자의 주가 되려 하심이라

롬 10:9. 네가 만일 네 입으로 예수를 주로 시인하며 또 하나님께서 그를 죽은 자 가운데서 살리신 것을 네 마음에 믿으면 구원을 받으리라

누구나 잘못을 하면 반드시 그 죄에 대한 대가를 치러야만 용서를 받을 수 있습니다.

그러나 그 대가는 너무나 고통스럽습니다.

때로는 감옥에 가기도 하고 벌금으로 엄청난 손해를 가져오기도 하지요.

그러나 누군가 나 대신 죗값을 치르고, 내 죄가 용서된다면? 그분이 누구인지 찾아뵈어야 도리가 아닐까요?

하나님은 온 우주를 만드시고 그 가운데 나를 보내 주신 나의 아버지이십니다.

그래서 나를 사랑하시고 나를 위해 하나밖에 없는 아들 예수를 이 땅에 보내시고 그를 십자가에 죽게 하심으로 나의 죄를 용서해 주셨습니다.

그분을 통하여 마음의 평안과 기쁨으로 천국의 복을 누리십시오.

사람은 누구나 '외로움'이라는 병을 앓게 되어 있어요.

그분 예수님을 만나면 결코, 외롭지 않을 겁니다.

'죽으면 끝이다'라고 생각하면 인생이 참으로 허망하게 느껴지실 것입니다.

외로움은 더욱 깊어질 것입니다.

아픔도 고통도 슬픔도 괴로움도 없는 다음 생을 기대하며 산다면 지금보다 훨씬 행복해지실 것입니다.

아픔에 집중하기보다는 우리의 친구 되시는 예수님과 아버지 되시는 하나님을 붙잡아 보세요.

분명 오늘은 행복하고 더 나아질 것입니다.

하나님이 지으신 하나님의 은총 아래 살기를 원합니다.

백조 이야기 아세요?

오리들 틈에서 각종 모욕과 수치심으로 왕따의 슬픔을 겪었던 미운 오리 새끼가 멋지게 하늘을 비상하는 백조들을 부럽게 바라보던 어느 날, 미운 오리 새끼는 공중으로 멋지게 날았습니다.

멋진 비상에 많은 이들이 환호했습니다.

기독교는 종교가 아닙니다. 몰랐던 것을 알아내는 것입니다. 하나님의 형상을 닮은 우리를 찾아 발견하는 것입니다.

하나님을 신뢰하고 그분을 따라가는 것입니다.

요 14:6. 예수께서 이르시되 내가 곧 길이요 진리요 생명이니 나로 말미암지 않고는 아버지께로 올 자가 없느니라

하나님을 믿는다는 것과 믿지 않는 것의 차이는 뭘까요?

종종 그걸 설명해야만 할 때가 있습니다.

보호 아래 있는 사람과 그렇지 않은 사람! 여기서 아래란? 위험한 상황에서 부모 뒤로 몸을 숨길 수 있는 상황을 말합니다.

바깥에는 폭풍이 몰아치지만, 안전히 집 안에 있는 가족을 가리킵니다.

천둥을 동반한 먹구름이 몰려오고 폭풍은 머리 위에서 맹렬하게 몰아칩니다.

번개가 번쩍하고 곧이어 크게 천둥이 울리고 작은 망치 수천 개가

지붕을 두드리는 것처럼 지붕에 비가 쏟아집니다.

커다란 유리창 안에서 그 광경을 바라보며 사실 폭풍 때문에 우리 집은 훨씬 더 안전한 곳으로 느껴집니다.

창밖은 춥고 목숨을 앗아갈 수도 있는 위험에 노출되어 있습니다.

그러나 안에 있는 우리는 안전합니다. 지붕이 사나운 폭풍에서 우리를 지켜 주기 때문입니다. 우리는 그분의 전능하신 보호 아래 있기 까닭입니다.

성경은 역사상 가장 많은 사람들로부터 사랑을 받는 동시에 증오와 미움의 대상이 되어 온 책입니다. 성경이 베스트셀러 자리를 한 번도 내주지 않은 이유는 나는 누구인가? 나는 어디서 왔는가? 내 삶의 목적은 무엇인가? 그리고 나는 어디로 갈 것인가? 와 같은 실존적인 물음 앞에 명쾌하게 답을 주는 유일한 책이기 때문입니다.

또한 성경은 하나님의 생각, 마음, 계획, 인간, 죄, 죽음, 구원, 용서, 가정, 인간관계, 미래 그리고 심판과 같은 중요한 문제들에 대해서도 매우 구체적으로 말씀하기 때문입니다.

낙엽을 보며 우리 인생을 봅니다. 낙엽 같은 인생 우리가 볼 때는 그냥 다 똑같이 떨어지는 거 같아 보이지만 그렇지 않다는 걸 오늘 알았습니다.

어떤 잎은 안 떨어지려고 안간힘을 쓰며 거부의 몸짓으로 떨어지고 어떤 낙엽은 순응하며 자연스럽게 떨어집니다. 그렇습니다. 이제 떠날 때를 알고 죽음을 차분히 기다리는 이가 있는가 하면 죽지 않으려고 발버둥 치는 이도 있습니다. 천국 소망을 가지고 죽음에 순응하는 것은 은혜입니다.

은혜는 예수님을 믿는 믿음이고 하나님의 선물입니다.

어느 날 중학교 동창에게서 전화가 왔습니다.

'신혜야, 네가 보내 준 전도 편지 내용 가지고 오늘 두 살 위인 친정 오라버니에게 전도했어.'

전화기 너머 친구의 음성은 한껏 격앙되어 있었습니다.

그 내용은 이랬습니다. 이 세상엔 내 마음대로 되는 것이 하나도 없습니다. 건강, 돈, 명예, 권력, 그러나 단 하나 마음은 내 마음대로 할 수 있습니다. 마음먹기 달렸다는 말도 있듯이 내 마음의 결정은 운명과 팔자가 달라지기도 합니다.

내 운명을 탓하기보다는 팔자려니 치부하기보다는 내 마음의 결정을 잘못해서라면 지금 당장 바로 잡으시면 됩니다.

우리는 그분께 맡기고 기도만 할 뿐입니다.

그 친구는 입을 열기만 했는데도 이리 기뻐서 자랑하는데 왜? 나는 그 입을 여는 것조차 힘들까? 전도라는 도구로 항상 기뻐할 수 있도록 은혜 주셨는데 우리는 하나님의 자녀 된 것만으로도 항상 기뻐할 수 있는데~

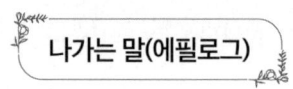
나가는 말(에필로그)

왜? 독서가 주는 유익이 많음에도 사람들은 책을 가까이하지 못할까?
그 이유는 '너무 두껍고 지루해서이다'라고 결론을 내리고 얇고 지루함을 깨는 책을 한번 써 볼까? 늘 꿈꾸어 왔다. 연세가 좀 있으신 어르신들도 공감하며 읽을 수 있는 그런 책 어디 없을까?
자녀의 사춘기로 고민하는 젊은 엄마들에게 희망을 주는 책이면 좋겠다. 사춘기는 가족들이 정체성을 찾아가는 여정이다. '두려워하거나 겁내지 말거라,' 그렇게 말하고 싶다.
아주 오래전에 읽은 『막 쪄낸 찐빵』이라는 아주 얇고 재밌는 책이 기억났다. 나도 그런 책을 한번 써 보고 싶다는 열망이 늘 있었다.
주변에 전도 하고 싶은 사람이 너무너무 많은데 어떻게 관계를 맺고 무슨 말부터 꺼내야 할지 늘 고민하고 있었다.
나에게 늘 기적 같은 일들을 베푸신 하나님을 말하고 싶었다.
아주 오래전 친정어머니의 칠순을 6개월 앞두고 어머니 회고록 집필을 시작했다. 아버지는 이미 10년 전 고인이 되셨는데도 어머니의 기억력은 아버지의 삶까지 놀라울 정도로 세밀하고 또렷하게 진술해 주셨다.

33년의 세월이 흘러 나 또한 칠순을 맞았다. 최근에야 외할머니 회고록을 읽은 큰아들(책이 출판될 당시 8세)이 재판을 하자고 했다.

다 없어진 책을 겨우 하나 확보해 이곳저곳 출판사 문을 두드려 보지만 평범한 한 촌노의 이야기에 흥미를 느낄 리 없다.

'주여! 어찌하오리까?'

우물쭈물하는 사이 칠순을 두 해나 넘겼다.

그때 생각해 낸 것이 주변에 글 좀 쓰는 이들에게 검열을 받고 소감문을 받아 내기에 이른다.

크리스천이든 비크리스천이든 관계없이 듣고 싶었다. 바빠서 책 읽을 시간이 없다며, 부담을 느끼는 이들도 있었고, 기회를 줘서 고마워하는 이도 있었다.

많은 독자들이 들려준 얘기는 '책 뚜껑을 여는 순간 어느새 끝나 버렸다.'며 아쉬워했다.

일단은 지루하지 않았다는 얘기다.

열한 명을 입양한 지인이 있다. 나로선 상상 못 할 놀라운 일이다. 그는 '입양 자녀의 힘들었던 지난날을 책으로 내려는 것에는 동의 못 하겠다. 그건 아이가 성장해서 본인이 말하는 거지 부모가 말하는 게 아니라고 생각한다.'라고 조언했다. 그는 아주 헌신적인 어머니다. 자식을 보호하고 싶은 부모의 보호본능이라 이해했다.

깊은 고민에 빠졌다. 딸에게 물었다.

'엄마가 책을 쓰는데, 네 얘기 써도 돼? 가출했던 거.'

나는 물어보면서도 가슴이 떨렸다. 싫다고 말하면, 책을 폐기해야 될 수도 있기 때문이다.

'응, 그건 가능허징' 아이의 너무도 간단한 대답에 안도의 숨을 내쉬며

'그래 네가 내 딸이라서 자랑스럽다' 딸은 다행히도 이미 지나간 일이고 지금의 자기를 더 단단하게 만들어 준 소중한 시간이었음을 인정하는 것 같았다.

언제 어디서나 당당한 우리 딸 숨기고 감추고 외면하려는 어른들을 부끄럽게 만드는 딸,

'딸아! 너는 결코 실패자가 아니야, 네 잘못이 아니야, 책임도 못 지면서 너를 낳고, 입양체험 한다고 널 집으로 데리고 갔다가 자신 없다고 돌려보낸 어른들의 잘못이야.'

아이의 사춘기로 인해 얻은 유익을 손으로 꼽으라고 하면 열 손가락으로도 모자랄 지경이다.

과거의 우리 모습이 어떠하든 하나님은 문제 삼지 않는다는 것을 아이는 아는 듯했다.

한계에 부딪쳤던 날들을 뒤돌아보면서 그날이야말로 내 인생 여정 가운데 가장 중요한 날이었음을 깨닫는다.

나의 내면세계를 정비하도록 가장 끊임없이 지지해 준 이는 유일하게 막내딸이다.

질서 잡힌 내면생활을 지향하도록 동기를 부여한 딸, 나를 그토록

영향력 있는 인물로 만들어 준 딸, 말씀하시는 하나님의 음성을 듣는 쓸 준비를 하고 하나님이 성찰을 통해 속삭이기 원하시는 것을 들으려는 기대감과 준비된 마음가짐이 생겨나게 만든 것이 바로 너, 나의 소중한 내 딸 바로 너~ 정체성 혼란으로 맨홀에 빠진 듯한 아득함에서 나를 건져 준 딸은 세상에 하나밖에 없는 하늘이 내려 주신 선물이다.

어느 독자가 '그걸 어떻게 다 기억하세요? 깜짝 놀랐습니다. 그럼 그렇지, 다 기록을 해 놓은 거군요?'

나는 가족들의 삶에서 일어난 일을 기록하기 좋아한다. 언젠가 우리 자녀들이 손자들이 이 기록들의 일부를 읽지 않을까 싶은데, 내가 그들의 성장 과정을 지켜보며 감사한 것들을 이후에라도 그들이 볼 수 있다면 보물처럼 귀한 것이 될 것이다.

이 모든 것은 하나님께 귀 기울이는 방법의 일부다. 나는 일기를 쓸 때 내가 지금 쓰고 있는 것이 사실상 하나님이 내게 말씀하시고자 하는 내용일 수도 있다고 생각한다. 내가 어떤 주제에 대해 생각하고 기록하려고 할 때 그 행위 속에서도 그분의 영이 일하고 계시리라 감히 추측한다. 그리고 그분이 기대하시는 결론이 무엇이며, 내가 무엇을 기억하기 원하시는지, 그분이 내 내면세계에 각인하기 원하시는 주제가 무엇인지 등을 알기 위해 마음을 살피는 일은 무척 중요하다.

일기는 좋은 순간뿐 아니라 어려운 순간도 기록할 수 있어 중대한 기여를 한다. 용기를 잃을 때, 심지어 절망할 때에도 내 기분을 묘사할 수 있었고, 마침내 어떻게 하나님의 영이 도와주셔서 내가 마음을 다

잡게 되었는지도 기술할 수 있었다. 이러한 기록은 다시 돌아볼 만한 특별한 대목이 되었다. 즉, 그것들은 내가 약할 때 도와주신 하나님의 능력을 찬양하게 해 주었다.

막내딸은 어렸을 때부터 엄마 입양 강의를 따라다니면서 수많은 언니, 오빠들로부터 인기와 환호와 사랑을 받았다. 그 아이 머릿속에는 입양은 부끄러운 것도 아니고 숨기고 싶은 이야기도 아니라고 가족이 되는 또 하나의 방법일 뿐이라고 어디서든 자랑스럽게 떠들어 댔다.

자기 정체성을 찾아가는 과정이 좀 요란스럽긴 했으나 솔직한 책을 쓰고 싶었다.

사춘기에 겪었던 아픔도 결코 부끄러운 일이 아니라는 것을 아이는 아는 듯했다.

입양하고 싶어 하는 부모들에게 딸은 '사춘기를 두려워하지 마세요.' 라고 말해 주고 싶은 거다.

나는 독자들을 믿는다. 내 딸이 잠시 탈선을 했다고 해서 손 가락질하며 비웃지 않을 것을 믿기에 오늘도 고백한다.

악을 가리면 선은 어떻게 나타나는가?

입양의 길을 가고 싶어 하는 사람들에게 좋은 얘기만, 성공한 입양만 얘기해서 덜컥 따라 했다가 사기당한 기분이 들면 어쩌나?

어머니도 전 재산 사기당한 이야기는 책에 넣지 말라고 하셨다. 기억하고 싶지 않은 한 부분이지만, 독자들은 말할 것이다.

'어머니, 당신 잘못이 아닙니다. 사기꾼들처럼 남에게 피해를 주며

살지 말라는 교훈으로 받겠습니다.'

어머니는 전 재산을 다 잃었어도 거기에 매몰되지 않고, 예수님께 당신을 내어 드리는 것이 최우선이어야 했으며 외부의 줄이 끊어졌을 때에도 삶이 전혀 흔들리지 않았다. 믿음이 어머니를 붙들어 주었다고 생각한다.

나 역시 비슷한 경험을 하면서 왜 힘든 고난을 겪어야 할까? 그렇다, 역사가 거듭 말하는 것이 그것이다. 고통에 처한 사람들은 하나님을 찾을 수밖에 없으며 그것 외에는 아무것도 할 수 없기 때문이다. 복 받은 사람이라는 말에 대해 의문을 제기하곤 한다. 어떤 복이 내면의 영적 훈련을 방해한다면 그것은 분명 복이 아니기 때문이다.

'어머니는 저의 훌륭한 스승이고 멘토셨습니다. 어머니가 내 어머니 되심이 고맙습니다. 존경하고 사랑합니다, 어머니! 천국에서 만나면 그때는 용기를 내서 고백할 겁니다.'

막내딸의 사춘기는, 무늬만 모녀 관계였던 우리 두 사람에게 입양이라는 복잡한 관계를 단순하게 만들고, 서로 깊어지고 넓어지는 데 유일하고 충분한 수단이 되었다.

사춘기를 겪으며 우리는 사랑의 진가를 발견했고 믿음의 깨달음을 성숙된 사랑을 할 수 있게 되었다. 올 투게더(altogether) 100%를 꽉 채울 수 있는 계기가 되었다.

누군가는 어머니 이야기와 딸의 이야기를 두 권의 책으로 분리하는 건 어떻겠느냐고 물었다.

나중에 어머니 이야기만 따로 떼어 '80대를 위한 책'으로 어르신들의 향수를 불러일으키고 싶다.

딸의 이야기는 사춘기를 겪고 있거나 앞으로 겪을 '젊은 엄마들을 위한 책'으로 펴 볼까 고민 중이다.

김신혜의 『덧붙이는 은혜』에서
인상 깊고, 감명받은 본문 발췌

발췌자: 이장우

1. 편안하고 **안일한 삶에 갇혀서 사단과 놀아나고 남을 돌아보지 못하고 나만 바라보는** 그런 모습을 원하는 것이 아닌. **하나님을 바라보고 남을 돌아볼 수 있는.** 하나님의 철저한 계획이었습니다.~ 주변을 돌아보게 하시고 용서하게 하시고 더 큰 기쁨으로 우리 가족에게 선물하시는 하나님의 계획은 참으로 놀랍습니다. 정말 놀랍습니다. 오늘도 감사하며 살아야겠습니다. 내 삶에 감사가 넘치게 해야 되겠습니다. **큰아들 드림**

2. **나의 꿈은** '외국인 근로자들을 위한 무료 급식이다. 붕어빵도 구워 주고 김치찌개도 끓여 주고 **각 나라로 된 성경책을 나누어 주고 싶다.**'

3. **마지막 때 성도의 중요한 사명 중 하나는 가정을 소중히 지키는 일**일 것이다. 가정에 헌신하는 것은, 교회에 헌신하는 것만큼이나 중요하다. 가족은 친구나 사업이나 사역보다 중요하다. 삶에서 중요한 것 1순위는 하나님 2순위는 가정 3순위는 사역 그리고 4순위는 사업이다. 그 순서를 거꾸로 살면 불행이 시작된다. 가정

의 행복은 인생의 행복과 비례한다. 나는 늘 사업을 1순위에 두지 않았나 심각하게 고민하면서 무언가 심상치 않은 일이 일어나고 있다고 느꼈다. '누구든지 자기 친족 특히 자기 가족을 돌보지 아니하면 믿음을 배반한 자요 불신자보다 더 악한 자니라.' (딤 5:8) 가족을 잘 돌보는 것은 다른 어떤 사명보다 소중한 사명이었다.

4. 이웃들과는 **사회적 거리를 두게** 하고 **가족들과는 친밀한 관계**를 가지게 만든다.

5. **중보기도란?** 모든 사람의 영혼 구원을 위해 기도하는 것이기에 중보기도를 하면, **하나님의 마음을 깊이 알게 되고 나를 향한 하나님의 계획과 그 뜻을 알 수 있다.** 고로, 나는 하나님이 하시는 일을 같이 하고 있는 동역자가 되는 것이고, 그것이 바로 그 나라와 그의 의를 구하는 것이다.

6. **입양과 위탁과 장애 어르신을 모시는 일**로 주변에서는 '대단하세요, 누구나 갈 수 있는 쉽지 않은 길인데'라고 응원하는 사람도 있지만 **그 반대**로 색안경을 끼고 정부에서 얼마나 지원을 받느냐고 노골적으로 물어 오는 이도 있다.

7. 분명 이런 일이 생기는 데는 **하나님의 계획과 의도**가 있을 거라는, 기대감 같은 것이 있다. 그것이 바로 그 어떤 상황에서도 염려 근심하지 않는 이유다. 그럴 때마다 사단 마귀는 마치 이래도 정말 염려근심 안 할 자신 있니? 하고 시험하는 것만 같다. 우리는 하나님의 영광에 초점을 맞추어 단 한 번뿐인 인생을 쓰도록 부름

받은 놀라울 만큼 귀한 존재들이다.

8. 하루 밥 세 끼 먹기 어려웠던 시절 **어머니는 건장한 고아 청년을 입양**했다. 그리고 성장하여 좋은 처자와 결혼하는 것까지 책임지셨다. 어쩌면 내가 입양을 겁 없이 해 댄 것도 그런 어머니의 영향인 듯싶다.

9. 성숙과 성화를 위해서라고 한다. **하나님의 영광을 창조하는 살아 있는 글**을 쓰고 싶어졌다.

10. **내 인생에서 가장 중요한 역할**을 한 여러 인물 중 한 분을 인정하지 않을 수 없는데 그 중차대한 인물은 바로 **내 혈연의 어머니**시다. 어머니와 나의 공통점은 하나님 이야기 속에서 잠잠하고도 열정적으로 그리고 쾌활하게 이어져 가고 있다는 느낌이 들었다.

11. **하나님이 내 인생과 결말을 위해** 무엇을 준비해 두셨는지 알게 된다. 앞서 발생했던 모든 것들이 절정으로 **풍부하게 펼쳐지는 자리**다. 내가 몰랐던 사실은 하나님이 지구를 조성하신 그때부터 이 순간을 이미 계획하셨다는 사실이다.

12. **나는 고난의 한가운데서** 스스로에게 가장 진실한 혹은 가장 거짓된 자아를 발견하게 된다. 자신의 과거를 읽어 냄으로 **현재의 삶을 어떻게 살아 낼지 좀 더 나은 깨달음을 얻는다.**

자신뿐 아니라 가족과 친구 그리고 원수의 이야기까지도 사랑하게 될 것이다. 내가 그랬던 것처럼 우리 자녀들도 믿음의 선배이신 **할아버지 할머니의 삶을 지표로 삼아 별을 따라가듯 갔으면** 좋겠다.

13. **'내성적이고 발표력이 부족하나 책임감 강하고 성실함'**, 아들과 나는 무대 체질이다.

    (학교 생활기록부의 선생님의 평가)

14. 어렸을 때 아버지 손잡고 나가면 '아그가 아버지를 꼭 닮았네'라고 했었다. 지금은 거울을 볼 때마다 거울 안에 나와 닮은 친정 어머니가 마주해 소스라치게 놀란다. **이렇게 엄마 아버지를 외모뿐 아니라 그 삶도 닮았다는 것이 신기할 뿐이다.** 입양한 것도 어머니 영향이 크다고 본다. 아버지는 목회를 하시면서 반 목수셨다. 아버지의 사례만으로는 우리 오 남매를 교육 시킬 수 없었던 부모님께서는 농사를 지으셨다. 아버지는 주로 집 안에서 할 수 있는 일을 찾다 보니 가축들을 키우셨다.

15. **유치원 교사로 피아노 강사로 일하다가 귀촌 후 감자떡 사업하다가 실패하고, 초중고 특수실무지도사로 있다가 은퇴 후에는 입양홍보 강사로 전국 유치원부터 초, 중, 고를 휘젓고 다녔다.** 그럴 즈음 요양사 고시(?)를

16. **다른 사람을 위해서 일하기 때문이다.** 이 사람 저 사람 찾아가 예수 믿으라고 말하면 가깝던 사이도 경계를 하며 문전박대당하고 이상한 사람 취급도 받아 봤지만, **지금은 당당하게 들어가 돈도 벌면서 당당하게 복음을 말한다.**

17. 결혼 전부터 남편과 '우리 아이는 하나만 낳고 나머지는 둘이든 셋이든 능력 닿는 데까지 입양을 하자'로 서로 합의를 보았다. 6세 사내아이를 입양할 때 내 나이 40세였다.

18. 아이의 환경을 바꾸어 주어야겠다는 생각을 했고, 운영하던 피아노학원을 접었다. 횡성 기차역. 부근 덕고산 자락에 집을 짓고 단둘이 지내다 보니 아이가 너무 외로워하는 거 같아 세 명의 사내아이를(3세, 6세, 9세) 위탁했다.

19. 그때 마침, 원주에서 감자떡으로 생계를 이어 가시는 노 권사님으로부터 감자떡을 배워 사업을 시작했다.

20. **수화 찬양 워십 댄스와 노래를 함께 부르고 장구와 북 꽹과리를 두들기며 놀았다.** 덕고산 자락 동네에서 가장 높은 곳에 위치한 우리 집에서 장구와 북 꽹과리 소리가 산 아래 마을로 퍼지면서 동네 어르신들은 저 집은 매일 저녁 굿 한다고 소문이 돌기도 했다.

21. 그 일로 인해 TV 23차례(서울 17회, 지방 6회) 출연하였고 아이들과 함께 전국으로 공연을 다녔다. 군부대. 양로원. 시립아동보호소 병원 등 나의 본업은 아이들 양육하는 것임이 분명했다. 그러나 나는 관계 중심보다 일에 더 집중하는 일 중심의 사람이라는 심리 평가를 받은 적 있다. 다시 감자떡 사업을 재개하였고 녹내장 수술 3년 만에 이명박 대통령 당선되던 날. **뇌종양으로 또 한 번 위기를 맞는다.**

22. 내게 선이 없고 거짓이 위선이 가득해서 참된 사랑으로 누군가

를 섬길 수 있다는 것은 불가능하다는 걸 입양하고 알았어요. 사실 그것은 우리가 하고 싶어서 하는 것이기 때문에 전혀 희생이라고 할 수는 없는 것이죠. **다만 하나님과 깊은 친밀감을 경험하라는 초대인 것 같아요.** 사도바울은 예수님의 아름다움을 경험하는 것이 너무나 고귀한 일이기 때문에 그것과 비교하여 그리스도를 위한 자신의 희생을 배설물로 여긴다고 고백했어요.

23. **정체성 혼란으로 방황하는 아이들을 통해 나의 정체성을 찾아간다는 것은 큰 축복입니다. 너와 나 그리고 우리 모두는 '하나님께서 사랑하시는 자'라는 것입니다.** 건강과 사역을 잃어버릴 수도 있고 영적 공격을 받아 관계가 깨어지고 부서질 수도 있어요. 하지만 **우리는 사랑받는 자임을 확실히 알 뿐만 아니라 사랑하는 자가 되기를 추구한다면 하나님 보시기에 성공한 거 아닐까요?** 정체성 혼란으로 방황하는 아이들을 통해 나의 정체성을 찾아간다는 것은 큰 축복입니다, 너와 나 그리고 우리 모두는 '하나님께서 사랑하시는 자'라는 것입니다. 건강과 사역을 잃어버릴 수도 있고 영적 공격을 받아 관계가 깨어지고 부서질 수도 있어요. 하지만 우리는 사랑받는 자임을 확실히 알 뿐만 아니라 사랑하는 자가 되기를 추구한다면 하나님 보시기에 성공한 거 아닐까요?

24. **'내 생애에 가장 잘한 선택이 첫 번째 하나님이고 두 번째 입양이고 세 번째가 막내딸 포기하지 않은 것입니다.'라고 답했다.** 막내딸은 자기를 끝까지 포기하지 않은 엄마가 좋고, 엄마는 자기

가 돌아가실 때까지 잘 모실 거라고 종종 진심인지 아부인지 모를 말을 한다. 진심이길 기대하면서 노후 준비는 제대로 한 것 같다.

25. **우리가 경계해야 할 것이 좋은 환경에서 고난 없는 신앙생활이 우리를 익숙해지게 하고 그것이 축복이라고 생각하는 것은 아주 위험하다.** 신애라씨는 딸 둘 입양했는데 그분은 '입양은 선교다'라고 정의를 한다. 입양은 아골 골짜기다. 고난을 통해 내가 진짜인지 가짜인지 담금질된다는 것이다.

26. **두 채는 외국인들에게 세를 주고 두 채는 우리 가족이 살고 있다, 이제 다섯 번째 집을 수리 중**이다. 해외에 나가서 선교를 하지 않더라도 우리나라에 들어온 외국인 근로자들에게 친절을 베풀고 그 나라 말로 된 성경책을 나눈다.

27. **~샬롬자유학교특강에서~**

    인생은 두 가지가 있다고 합니다. 외적인 치장에 관심이 많은 **상품 인생과 내적인 단장에 관심이 많은 작품 인생**이라고 합니다, 여러분은 이미 샬롬 학교를 통해 작품 인생에 돌입한 것이나 다름없다고 봅니다.

28. 입양 가족들이 한곳에 모일 때는 더욱 그랬습니다, 나 같은 것도 입양해 주셨는데 그럼에도 불구하고 무조건 자녀로 받아 주셨는데~ **내가 하나님이 총애하시는 사람들 가운데 한 사람이라는 진리를 더 깊이 이해하게 되고 그분이 정말로 나를 좋아하신다는**

생생한 진리를 붙잡을 때 그런 진리는 나로 하여금 삶을 즐거워할 수 있도록 도와주는 핵심적인 기초 진리가 되었습니다. 영적으로 둔감한 내가 하나님의 능력으로 그분을 사랑할 수 있게 되었다는 것입니다

29. 아담이 선악과를 먹었을 때 하나님은 "아담아! 네가 어디 있느냐?"고 물으셨습니다. 우리는 자신에게 늘 '나는 지금 어디에 있지? 왜? 뭐 때문에?'라고 물어야 합니다.

30. 그런데 조건이 있습니다. '먼저 그의 나라와 그의 의를 구하면'입니다. 그렇다면 여기에서 '그의 나라와 그의 의'는 무엇일까요? 제자 훈련을 받으면서 그것이 하나님의 뜻이라는 걸 알게 되었습니다. 그렇다면 하나님의 뜻은 무엇일까요? 주일학교 예배에서 찬송을 부르다가 그 답을 찾았습니다. 항상 기뻐하라 쉬지 말고 기도하라 범사에 감사하라 이는 예수 안에서 우리에게 향하신 **하나님** 뜻이니라, 어떻게 항상 기뻐하고 쉬지 말고 기도하고 범사에 감사가 가능할까요? 그건 예수님이나 가능하다고 치부했던 적이 있었습니다.

31. 그러나 6년 만에 뇌종양 완치 판정을 받았고 22년 전 녹내장으로 눈이 멀었을 때도 그리고 19년 전 뇌종양으로 쓰러졌을 때 그 **원인은 사업 부진으로 생긴 근심 걱정**이었습니다. 잠언에 근심은 뼈를 썩게 한다는 말씀이 있습니다.

32. 어떤 복이 **내면의 영적 훈련**을 방해한다면 그것은 분명 복이 아

니기 때문이다.
33. '어머니는 저의 훌륭한 스승이고 멘토셨습니다. 어머니가 내 어머니 되심이 고맙습니다. 존경하고 사랑합니다, 어머니!, 천국에서 만나면 그때는 용기를 내서 고백할 겁니다.'

덧붙이는 은혜

ⓒ 김신혜, 2025

초판 1쇄 발행 2025년 10월 20일

지은이	김신혜
펴낸이	이기봉
편집	좋은땅 편집팀
펴낸곳	도서출판 좋은땅
주소	서울특별시 마포구 양화로12길 26 지월드빌딩 (서교동 395-7)
전화	02)374-8616~7
팩스	02)374-8614
이메일	gworldbook@naver.com
홈페이지	www.g-world.co.kr

ISBN 979-11-388-4814-5 (03810)

- 가격은 뒤표지에 있습니다.
- 이 책은 저작권법에 의하여 보호를 받는 저작물이므로 무단 전재와 복제를 금합니다.
- 파본은 구입하신 서점에서 교환해 드립니다.